高等教育跨境电子商务专业"校行企"协同育人系列教材

"一带一路"跨境电商

主　编　毕红毅
副主编　宋雅馨　张绍辉　张劲青

电子工业出版社
Publishing House of Electronics Industry
北京·BEIJING

内 容 简 介

本教材系统全面地介绍了"一带一路"跨境电商的相关内容，在融合"一带一路"新的理论成果的基础上，探讨跨境电商的交易流程、消费者行为、物流、支付与退税、选品策略等，从而实现理论与实践的融合。本教材既有理论阐述又有实践操作，每章设置了学习目标，并包含引例，结尾安排了思考题和讨论题（项目实训）。通过对本教材的学习，学生可以掌握跨境电商的基本概念和理论，在此基础上学习平台运营基础知识，再结合"一带一路"各国实际跨境电商的国别特征，能形成完整的"一带一路"跨境电商知识体系。

本教材适合作为普通高等教育本科院校、应用型本科院校及高职院校的国际贸易、国际商务、电子商务、跨境电商、市场营销等经管类相关专业的教学用书，还可供电商行业工作人员及普通消费者了解行业发展、提高技能所用。

未经许可，不得以任何方式复制或抄袭本书之部分或全部内容。
版权所有，侵权必究。

图书在版编目（CIP）数据

"一带一路"跨境电商 / 毕红毅主编. —北京：电子工业出版社，2024.2
ISBN 978-7-121-47261-9

Ⅰ. ①一… Ⅱ. ①毕… Ⅲ. ①"一带一路"—电子商务—教材 Ⅳ. ①F713.36

中国国家版本馆 CIP 数据核字（2024）第 037041 号

责任编辑：王二华
印　　刷：三河市君旺印务有限公司
装　　订：三河市君旺印务有限公司
出版发行：电子工业出版社
　　　　　北京市海淀区万寿路 173 信箱　　邮编 100036
开　　本：787×1092　1/16　　印张：16.75　　字数：356.44 千字
版　　次：2024 年 2 月第 1 版
印　　次：2024 年 2 月第 1 次印刷
定　　价：55.00 元

凡所购买电子工业出版社图书有缺损问题，请向购买书店调换。若书店售缺，请与本社发行部联系，联系及邮购电话：(010) 88254888，88258888。
质量投诉请发邮件至 zlts@phei.com.cn，盗版侵权举报请发邮件至 dbqq@phei.com.cn。
本书咨询联系方式：wangrh@phei.com.cn。

前 言

2023年是"一带一路"倡议提出10周年,经过多年的努力,高质量共建"一带一路"已取得一定成果。截至2023年1月,我国已累计与151个国家、32个国际组织签署了200余份共建"一带一路"合作文件,合作开发了3000多个项目,投资规模近1万亿美元。中国目前经济总量稳居世界第二位,制造业规模、外汇储备稳居世界第一位,已建成世界最大的高速铁路网、高速公路网,在交通、水利、能源、信息等基础设施建设方面也取得了重大成就。未来,中国将以高水平开放推动高质量发展,与世界合作共赢,持续推进"一带一路"经贸合作走深走实,以实际行动证明"一带一路"是造福各国的发展之路,也是惠及世界的幸福之路。

中国与"一带一路"沿线国家电商领域的政策沟通不断深入,"一带一路"电商合作机制正逐步建立。截至2023年9月,中国已经与29个国家和地区签署了电商合作备忘录,建立了双边电商合作机制。中国与"一带一路"沿线国家的跨境电商交易额同比增速超过20%,与柬埔寨、科威特、奥地利等国的交易额同比增速超过100%。近年来,我国在跨境电商领域推进跨境电商综合试验区建设,各个综合试验区与"一带一路"沿线国家积极开展政策、技术和贸易标准对接,探索专线物流等跨境电商物流新模式,鼓励海外仓和跨境电商基础设施连通合作。随着网络技术的发展,以跨境电商为载体的新型数字贸易也将推动"一带一路"进一步高质量发展。

"一带一路"跨境电商的发展对国内高等院校跨境电商的人才培养提出了新的要求,许多学校顺应经济社会的发展,开设跨境电商专业(方向),培养跨境电商行业急需的专业人才。但目前国内面向"一带一路"沿线国家跨境电商市场的专门教材稀缺,现存的跨境电商类教材偏重于第三方平台操作实务,无法满足"一带一路"沿线国家跨境电商市场发展的新要求。因此,编写"一带一路"跨境电商教材具有重要的理论和现实意义。

本教材具有以下特色。

(1)视角新颖、内容独特。本教材是目前国内少有的体现"一带一路"沿线国家跨境电商发展的教材。高质量发展是全面建设社会主义现代化国家的首要任务,共建"一带一路"是我国坚持高质量发展和高水平对外开放的重要组成部分。本教材借鉴国内外现有跨境电商教材的重要内容,突出"一带一路"沿线国家跨境电商的差异化需求,既注重跨境电商的基本知识和基础理论,又注重理论联系实际。

（2）内容全面、结构合理。全书内容包含3篇：环境篇（第一～三章）、运营基础篇（第四～九章）、运营管理篇（第十～十二章）。其中，环境篇着重从"一带一路"跨境电商"五通"建设、"一带一路"经济走廊及相关法律法规与规章方面介绍"一带一路"沿线国家跨境电商的发展；运营基础篇主要介绍了"一带一路"跨境电商平台、交易流程、消费者行为、贸易术语与报价、物流、支付与退税；运营管理篇主要介绍了"一带一路"跨境电商选品、平台知识产权规则与数据安全及海关监管政策。本教材覆盖了跨境电商全流程及"一带一路"沿线各国的具体业务差异。

（3）教材内容数字化，使用便捷。本教材采用数字化新形态，教材内插有二维码，用移动终端扫描即可获得教材的电子学习资源、重要知识点及延伸阅读的深度学习资源。

（4）选用我国企业案例，增强民族自信。本教材注重对我国企业案例的搜集整理和研究运用，展现我国不同类型的所有制企业通过跨境电商新业态，实现由传统企业向数字化企业的转型，展示了我国企业在面临重大挑战时所展现的自强不息、守正创新的坚强民族品格和相互合作、公平竞争、互利共赢的人类命运共同体理念，将民族自信、文化自信理念融入教材内容，用中国理论解读中国实践，讲好中国故事。

本教材由山东财经大学燕山学院教授毕红毅担任主编，山东财经大学燕山学院教师宋雅馨、山东财经大学副教授张绍辉、山东管理学院副教授张劲青担任副主编。各章节的作者分别如下：第一章，毕红毅、任宁；第二章，张劲青；第三章，李冰洁、卿漕；第四章，周丽、宋雅馨；第五章，宋雅馨；第六章，毕红毅；第七章，孙园园；第八章，孙园园；第九章，赵红莉；第十章，魏丹丹；第十一章，魏丹丹；第十二章，李冰洁、张绍辉。

本教材既可作为学习跨境电商理论和实践的教学书籍，又可作为"一带一路"跨境电商企业的培训用书。

本教材的顺利出版要感谢电子工业出版社的大力支持和帮助，感谢新疆伊犁师范大学霍尔果斯商学院岳清唐教授的建议与支持。本教材在撰写过程中参考了不少国内外学者的研究成果，在此一并向有关作者表示衷心的感谢。

由于主客观条件，本教材难免有不足之处，衷心期盼专家、学者及广大读者给予批评指正。

毕红毅

2023年07月31日

于山东财经大学燕山学院

目 录

环境篇

第一章 "一带一路"跨境电商"五通"建设 1

第一节 "一带一路""五通"建设 1
一、政策沟通 2
二、设施联通 3
三、贸易畅通 4
四、资金融通 4
五、民心相通 5

第二节 "一带一路""五通"指数 6
一、"五通"指数的意义 6
二、"五通"指数指标体系 6

第三节 "一带一路"跨境电商"五通"建设内容 8
一、跨境电商政策沟通 8
二、跨境电商设施联通 8
三、跨境电商贸易畅通 12
四、跨境电商资金融通 13
五、跨境电商民心相通 13

本章小结 15
关键词 15
思考题 15
讨论题 16

第二章 "一带一路"经济走廊 17

第一节 新亚欧大陆桥经济走廊 18
一、新亚欧大陆桥经济走廊的建设背景 18
二、新亚欧大陆桥经济走廊建设的重要性 18

第二节 中国—中南半岛经济走廊 19
　　一、中国—中南半岛经济走廊的建设背景 19
　　二、《东盟互联互通总体规划2025》 20
　　三、RCEP 21
第三节 中巴经济走廊和中国—中亚—西亚经济走廊 25
　　一、中巴经济走廊 25
　　二、中国—中亚—西亚经济走廊 26
第四节 21世纪海上丝绸之路 27
　　一、21世纪海上丝绸之路的建设背景 27
　　二、21世纪海上丝绸之路建设的基本路径 28
　　三、21世纪海上丝绸之路建设的合作机制 28
　　四、21世纪海上丝绸之路建设的五大举措 29
本章小结 30
关键词 30
思考题 31
讨论题 31

第三章 "一带一路"沿线国家跨境电商相关法律法规与规章 32
第一节 我国跨境电商相关法律法规与规章 32
　　一、我国跨境电商法律法规与规章的发展历程 32
　　二、我国有关跨境电商主要法律法规与规章的制定部门 34
　　三、我国有关跨境电商平台的主要法律法规与规章 35
第二节 欧盟跨境电商相关法律法规 41
　　一、欧盟跨境电商法律法规概述 41
　　二、欧盟跨境电商的增值税立法 41
　　三、欧盟跨境电商的电子签名立法 42
　　四、欧盟跨境电商的个人信息及数据安全立法 42
　　五、欧盟跨境电商的消费者权益保护立法 42
　　六、欧盟跨境电商的知识产权保护立法 43
第三节 俄罗斯及其他沿线国家跨境电商相关法律法规 44
　　一、俄罗斯跨境电商的法律法规概述 44
　　二、中亚（部分）国家跨境电商的法律法规概述 45
　　三、巴西跨境电商的法律法规概述 47

四、韩国、新加坡跨境电商的法律法规概述 ... 47

本章小结 ... 50

关键词 ... 50

思考题 ... 50

讨论题 ... 50

运营基础篇

第四章 "一带一路"跨境电商平台 ... 52

第一节 跨境电商平台的分类及商业模式 ... 52

　　一、跨境电商平台的分类 ... 53

　　二、出口跨境电商的主要商业模式 ... 58

　　三、进口跨境电商的主要商业模式 ... 59

第二节 跨境电商平台的主流经营模式 ... 62

　　一、第三方平台模式 ... 62

　　二、独立站模式 ... 63

　　三、第三方平台和独立站的差异性分析 ... 63

本章小结 ... 64

关键词 ... 65

思考题 ... 65

讨论题 ... 65

第五章 "一带一路"跨境电商交易流程 ... 66

第一节 "一带一路"跨境电商出口交易流程 ... 66

　　一、中国制造商/供应商 ... 67

　　二、跨境电商平台 ... 67

　　三、支付企业 ... 67

　　四、跨境物流 ... 68

　　五、海关/商检 ... 68

　　六、仓储/配送 ... 69

第二节 "一带一路"跨境电商进口交易流程 ... 69

第三节 "一带一路"跨境电商交易磋商 ... 70

　　一、跨境电商交易磋商的主要方式 ... 70

　　二、跨境电商交易磋商的主要内容 ... 70

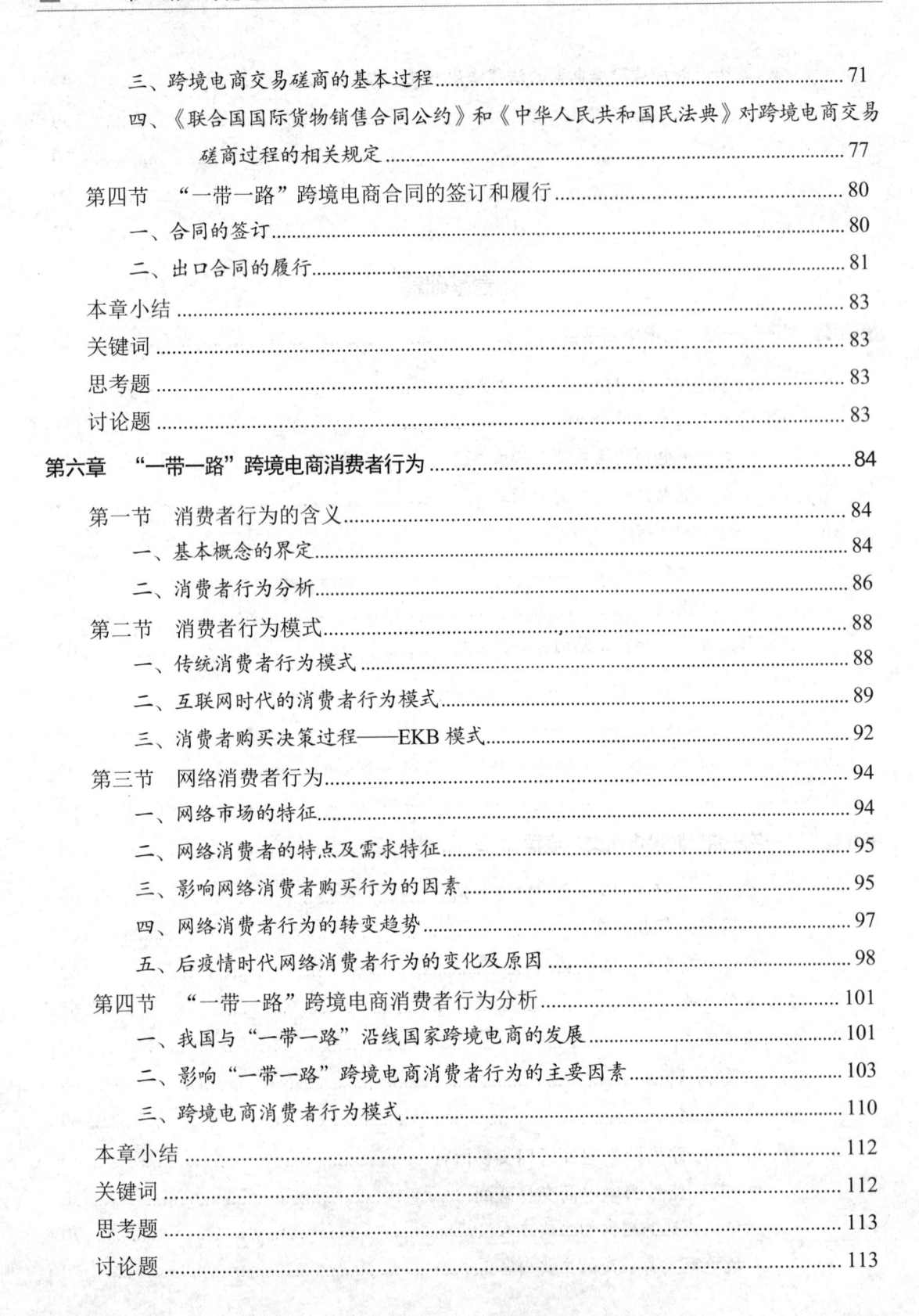

三、跨境电商交易磋商的基本过程 71
四、《联合国国际货物销售合同公约》和《中华人民共和国民法典》对跨境电商交易
磋商过程的相关规定 77

第四节 "一带一路"跨境电商合同的签订和履行 80
一、合同的签订 80
二、出口合同的履行 81

本章小结 83
关键词 83
思考题 83
讨论题 83

第六章 "一带一路"跨境电商消费者行为 84

第一节 消费者行为的含义 84
一、基本概念的界定 84
二、消费者行为分析 86

第二节 消费者行为模式 88
一、传统消费者行为模式 88
二、互联网时代的消费者行为模式 89
三、消费者购买决策过程——EKB模式 92

第三节 网络消费者行为 94
一、网络市场的特征 94
二、网络消费者的特点及需求特征 95
三、影响网络消费者购买行为的因素 95
四、网络消费者行为的转变趋势 97
五、后疫情时代网络消费者行为的变化及原因 98

第四节 "一带一路"跨境电商消费者行为分析 101
一、我国与"一带一路"沿线国家跨境电商的发展 101
二、影响"一带一路"跨境电商消费者行为的主要因素 103
三、跨境电商消费者行为模式 110

本章小结 112
关键词 112
思考题 113
讨论题 113

第七章 "一带一路"跨境电商贸易术语与报价 114

第一节 跨境电商贸易术语概述 114
一、贸易术语的含义 115
二、INCOTERMS 2020 概述 115

第二节 贸易术语的选择 116
一、适合陆运及空运的贸易术语的选择 116
二、适合水运的贸易术语的选择 122

第三节 商品的报价 126
一、作价原则和作价方法 126
二、出口商品报价 129
三、价格的换算 133
四、出口盈亏核算 133
五、价格条款 135

本章小结 135
关键词 136
思考题 136
讨论题 136

第八章 "一带一路"跨境电商物流 137

第一节 B2B 跨境电商物流 137
一、物流概述 138
二、物流方式 140
三、跨境物流运输单据 144
四、国际货物运输保险 146

第二节 B2C 跨境电商物流 151
一、邮政物流 151
二、国际快递 155
三、专线物流 158

第三节 海外仓 160
一、海外仓概述 160
二、海外仓选品分析 162

本章小结 162
关键词 163

思考题 ... 163
讨论题 ... 164

第九章 "一带一路"跨境电商支付与退税 ... 165

第一节 "一带一路"沿线国家跨境电商支付概述 ... 166
一、跨境电商支付的概念 ... 166
二、"一带一路"倡议助推跨境电商支付发展 ... 166

第二节 "一带一路"跨境电商支付方式 ... 167
一、跨境电商线上支付方式 ... 167
二、跨境电商线下支付方式 ... 177
三、跨境电商支付方式所存在的问题 ... 184

第三节 "一带一路"跨境电商支付模式 ... 186
一、跨境电商人民币支付模式 ... 186
二、跨境电商第三方支付模式 ... 186

第四节 "一带一路"跨境电商支付风险及控制 ... 188
一、跨境电商支付风险 ... 188
二、跨境电商支付风险控制 ... 189

第五节 "一带一路"跨境电商出口退税 ... 190
一、出口退税的概念 ... 191
二、出口退税的货物 ... 191
三、出口退税的流程 ... 192

本章小结 ... 194
关键词 ... 195
思考题 ... 195
讨论题 ... 195

运营管理篇

第十章 "一带一路"跨境电商选品 ... 196

第一节 "一带一路"跨境电商选品概述 ... 196
一、跨境电商选品的含义及思路 ... 196
二、跨境电商选品的基本原则及注意事项 ... 198

第二节 "一带一路"跨境电商选品的策略 ... 199
一、根据货源定位选品 ... 199

二、根据平台选品 202
三、根据客户需求选品 205
四、根据竞争对手选品 205
五、根据本国文化选品 206
六、根据客户端选品 206

第三节 "一带一路"沿线国家跨境电商市场选品的差异 206
一、东南亚市场 207
二、独联体市场 207
三、中东市场 208
四、东欧市场 209

本章小结 209
关键词 210
思考题 210
项目实训 210

第十一章 "一带一路"跨境电商平台知识产权规则与数据安全 212

第一节 "一带一路"跨境电商知识产权概述及侵权表征 213
一、"一带一路"跨境电商知识产权的概述 213
二、"一带一路"跨境电商知识产权的侵权表征 214
三、预防知识产权侵权 215

第二节 "一带一路"跨境电商平台知识产权保护规则 218
一、全球主流跨境电商平台知识产权保护规则 218
二、"一带一路"跨境电商平台知识产权保护规则——东盟 223
三、"一带一路"跨境电商平台知识产权保护规则——俄罗斯 224
四、"一带一路"跨境电商平台知识产权保护规则——欧盟 225
五、"一带一路"跨境电商平台知识产权保护规则——非洲 226

第三节 "一带一路"跨境电商平台知识产权投诉及纠纷解决 226
一、"一带一路"跨境电商平台知识产权投诉 226
二、"一带一路"跨境电商纠纷解决 227

第四节 "一带一路"跨境电商个人数据安全与隐私保护 230
一、"一带一路"跨境电商个人数据安全 230
二、"一带一路"跨境电商个人隐私保护 231
三、"一带一路"数据跨境流动的合作与协调 232

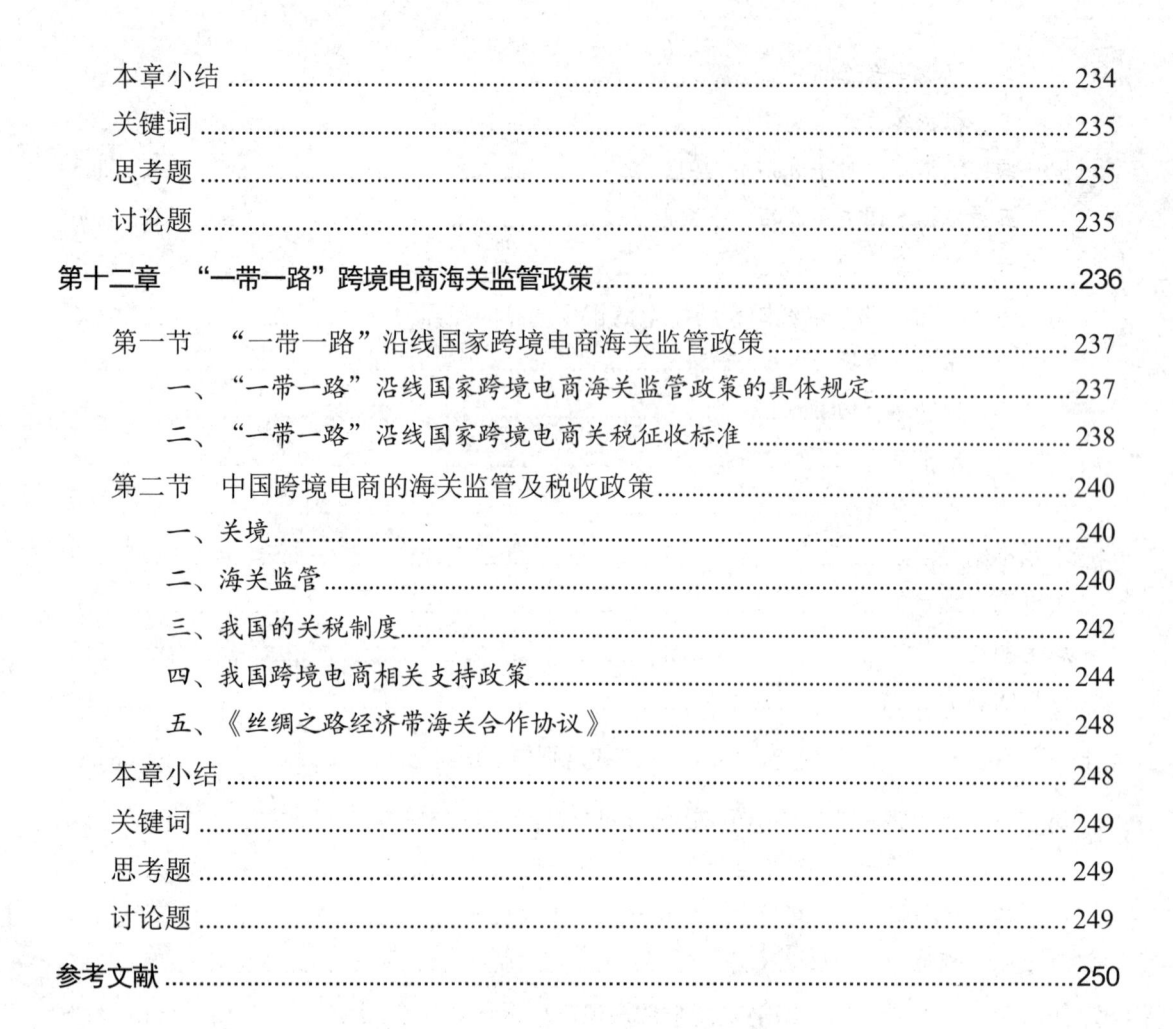

本章小结 234
　　关键词 235
　　思考题 235
　　讨论题 235

第十二章 "一带一路"跨境电商海关监管政策 236
　第一节 "一带一路"沿线国家跨境电商海关监管政策 237
　　一、"一带一路"沿线国家跨境电商海关监管政策的具体规定 237
　　二、"一带一路"沿线国家跨境电商关税征收标准 238
　第二节 中国跨境电商的海关监管及税收政策 240
　　一、关境 240
　　二、海关监管 240
　　三、我国的关税制度 242
　　四、我国跨境电商相关支持政策 244
　　五、《丝绸之路经济带海关合作协议》 248
　本章小结 248
　关键词 249
　思考题 249
　讨论题 249

参考文献 250

环境篇

第一章

"一带一路"跨境电商"五通"建设

【学习要点】

1. 构建丝绸之路经济带要创新合作模式,加强"五通"建设,即政策沟通、设施联通、贸易畅通、资金融通和民心相通,以点带线、以线带面,逐步形成区域大合作格局。
2. "一带一路"沿线国家"五通"指数报告对沿线逾百个国家的"五通"发展水平进行了指数化分析。
3. 跨境电商的发展与"一带一路"倡议的"五通"建设呈现动态并进、互相促进的关系。

【学习目标】

1. 了解"一带一路""五通"建设的内容;
2. 了解"一带一路""五通"指数及其指标体系;
3. 了解"一带一路"跨境电商"五通"建设的内容;
4. 了解"一带一路"跨境电子支付的发展;
5. 了解共建21世纪"数字丝绸之路"的意义。

第一节 "一带一路""五通"建设

"五通"是指"一带一路"沿线国家的政策沟通、设施联通、贸易畅通、资金融通和民心相通,"五通"概念的雏形最早开始于2013年"一带一路"建设初期。2015年3

月，中华人民共和国国家发展和改革委员会（以下简称国家发展改革委）、中华人民共和国外交部（以下简称外交部）、中华人民共和国商务部（以下简称商务部）联合发布《推动共建丝绸之路经济带和21世纪海上丝绸之路的愿景与行动》，对于"五通"的概念进行了完善，明确了"五通"建设的主要内容。

一、政策沟通

政策沟通是推进"一带一路"建设的重要保障。自"一带一路"倡议提出以来，我国成功搭建了以高峰论坛为引领、以多双边合作机制为支撑的"一带一路"复合型国际合作框架，并在此框架下不断加强与"一带一路"共建国家的战略对接、规划对接、机制平台对接和项目对接，在凝聚各方发展共识、形成建设合力方面发挥了重大作用。我国与"一带一路"共建国家的政策沟通主要体现在以下几个方面。

一是成功举办"一带一路"国际合作高峰论坛。2017年5月，首届"一带一路"国际合作高峰论坛在北京召开，标志着"一带一路"框架下最高规格的官方国际对话机制建立。高峰论坛的定期举办将对"一带一路"的高质量发展起到引领带动作用。

二是"一带一路"的朋友圈不断扩大。"一带一路"倡议的合作范围逐步向非洲、拉丁美洲、南太平洋、西欧等地区拓展，"一带一路"倡议作为我国为世界提供的公共产品，正在成为真正意义上的国际合作平台。

三是加快推动规划对接与项目对接。在共建"一带一路"框架下，截至2023年我国已与20多个国家共同编制并签署了合作规划或行动计划。这些文件明确了我国与相关国家合作的具体内容、资金来源和实施机制，商定了双方重点合作项目，为推动我国与相关国家项目对接及务实合作指明了方向和路径。

四是有序拓展专业领域的沟通合作，政策及规则标准对接成为工作重点。我国积极推动与沿线国家在交通、税收、贸易、审计等专业领域的政策及规则标准对接，与相关国家和国际组织在各专业领域签署了100多项多双边合作文件。此外，中国国家标准化管理委员会还专门发起建立了"一带一路"共建国家标准信息平台，从标准化领域对"一带一路"共建国家有关标准信息进行分类和翻译。上述举措都大大促进了我国与相关国家间的政策及规则标准的交换、沟通、共享和对接，为推动"五通"建设领域的合作提供了必要基础。

五是建立完善多边常态化工作机制。我国在中欧班列、港口、金融、海关、会计、税收、能源、环保、文化、智库、媒体等专业领域发起成立了20多个"一带一路"多边对话合作平台，签署了多项中外地方合作协议。这些都大大丰富了我国与相关国家和国际组织开展政策沟通的渠道，提高了"一带一路"建设政策沟通的效率及保障能力，使"一带一路"建设政策沟通更加便捷、高效。

六是大力推广第三方市场合作新模式。第三方市场合作是在"一带一路"背景下中国首创的国际经贸合作新模式，即秉持着和平合作、开放包容、互学互鉴、互利共赢的丝绸之路精神，中国企业根据项目特点和需要，以市场为导向，联合外国企业共同在第三方国家市场为项目落地提供整体解决方案，实现优势互补，促进项目高效运作。表现形式主要是中国与发达国家合作开发发展中国家市场，灵活创新中外企业的合作方式，坚持质量效益优先，是将中国的优势产能、发达国家的先进技术和广大发展中国家的发展需求有效对接，协同发挥各自企业的优势、实现互利多赢，共同推动第三方国家的产业发展、基础设施水平提升和民生改善的务实举措。第三方市场合作新模式为发达国家参与共建"一带一路"提供了有效途径。越来越多的发达国家公司、金融机构正积极与我国合作，深度参与开拓第三方市场。例如，中国丝路基金与欧洲投资开发银行建立了第三方合作的市场基金；中国人民银行与欧洲复兴开发银行签署了加强第三方市场投融资合作谅解备忘录；中车集团与德国西门子就部分重点项目达成第三方合作协议等。第三方市场合作有助于各国企业优势互补，共同推动第三方国家的产业发展、基础设施水平提升和民生改善，实现"1+1+1＞3"的协同效果。

总之，我国与"一带一路"共建国家政策沟通的广度、深度不断拓展，常态性对话沟通机制持续增加，不断涌现出一些新亮点，为"一带一路"建设开展全面务实合作及实现高质量发展提供了有力支撑。

二、设施联通

（一）设施联通的内涵

设施联通是指各个国家或地区间基础设施的互联互通，其中既包括交通基础设施，如公路、铁路等，又包括公共设施，如通信、电力、能源管道等。它为跨境旅游、跨境电商、跨境物流等跨境合作提供了便利前提，为深化经济合作提供了重要基础。基础设施互联互通是"一带一路"建设的优先领域，是"一带一路"建设的"血脉经络"。

（二）设施联通包含的内容

（1）在尊重相关国家主权和安全关切的基础上，沿线国家应加强基础设施建设规划、技术标准体系的对接，共同推进国际骨干通道建设，逐步形成连接亚洲各次区域及亚欧非之间的基础设施网络，建设中充分考虑气候变化影响，强化基础设施绿色低碳化建设和运营管理。

（2）抓住交通基础设施的关键通道、关键节点和重点工程，优先打通缺失路段，畅通瓶颈路段，配套完善道路安全防护设施和交通管理设施设备，提升道路通达水平。推进建立统一的全程运输协调机制，促进国际通关、换装、多式联运有机衔接，逐步形成兼容规范的运输规则，实现国际运输便利化。推动口岸基础设施建设和港口合作建设，畅通陆水联运通道，增加海上航线和班次，加强海上物流信息化合作。拓展建立民航全面合作的平台和机制，加快提升航空基础设施水平。

（3）加强能源基础设施互联互通合作，共同维护输油、输气管道等运输通道安全。推进跨境电力与输电通道建设，积极开展区域电网升级改造合作。

（4）共同推进跨境光缆等通信干线网络建设，提高国际通信互联互通水平，畅通"信息丝绸之路"。加快推进双边跨境光缆等建设，规划建设洲际海底光缆项目，完善空中（卫星）信息通道，扩大信息交流与合作。

三、贸易畅通

投资贸易合作是"一带一路"建设的重点内容。贸易畅通旨在研究国家间的经贸往来、产业投资、能源资源合作和产能合作等问题，致力于推进贸易便利化进程，消除贸易壁垒，促进区域内生产要素的自由流动，构建良好的贸易环境，提高资源配置效率和融入市场的能力，为实现国家间的互利互惠、共同发展打下坚实基础。

随着资本、技术、人才、信息等生产要素在全球范围内的自由流动和优化配置，能否背靠"一带一路"沿线国家庞大的市场，不断取消各种有形和无形的贸易壁垒，解决投资贸易便利化问题，构建区域内和各国良好的营商环境，积极同沿线国家共同商建自由贸易区，激发并释放合作潜力，做大做好合作"蛋糕"，成为决定"一带一路"贸易畅通的关键。

四、资金融通

资金融通是"一带一路"建设的重要支撑，是"一带一路""五通"建设的关键环节。"一带一路"覆盖中亚、南亚、西亚、东南亚和中东欧等60多个国家和地区，其中大多数为新兴市场或发展中经济体，普遍存在国民储蓄率低、金融市场不发达等问题，原有的融资模式越来越无法承担推动经济发展的重任。

（一）资金融通的重要意义

（1）资金融通是实现设施联通的基础。"一带一路"倡议初始阶段把设施联通作为优先领域，以运输通道的互联互通为纽带，以经济走廊为依托，率先建立亚洲基础设施互联互通的基本框架。根据沿线国家的自然资源禀赋和劳动力成本比较优势，"一带一路"倡议推进了国际运输大通道建设，加快发展高铁、轨道交通，弥补了内陆国家经济地理的不足，通过推动沿线各国共同编组陆运、海运、空运和资讯等立体交通大网络，带动沿线基础设施建设投资强劲增长，产生了大量的资金缺口，需要资金融通来满足投资需求。

（2）贸易畅通对资金融通提出了更高的要求。交通基础设施的建设推动了资源和能源的开发利用，进一步加强了"一带一路"沿线国家全方位的贸易服务往来。要实现投资贸易便利化、消除投资和贸易壁垒，积极同沿线国家共同商建自由贸易区，都离不开资金融通的支持。

（3）资金融通的发展与政策沟通息息相关。"一带一路"沿线国家存在法规政策不相容、地缘政治风险居高不下、文化宗教冲突等风险因素，因此加强政策沟通是把"一带一路"建设成和平之路的重要保障。无论是政府间合作，还是各国商业机构的沟通磋商，都需要寻找更多的利益契合点，都离不开资金融通的支持。

（二）资金融通的主要内容

（1）深化金融合作，推进亚洲货币稳定体系、投融资体系和信用体系建设。扩大沿线国家双边本币互换、结算的范围和规模，推动亚洲债券市场的开放和发展，积极发挥亚洲基础设施投资银行（Asian Infrastructure Investment Bank，AIIB）、金砖国家新开发银行（New Development Bank）等金融机构的作用，大力推动丝路基金更好地服务"一带一路"高质量发展。深化中国—东盟银行联合体、上合组织银行联合体务实合作，以银团贷款、银行授信等方式开展多边金融合作。支持沿线国家政府和信用等级较高的企业及金融机构在中国境内发行人民币债券。符合条件的中国境内企业及金融机构可以在境外发行人民币债券和外币债券，鼓励在沿线国家使用所筹资金。

（2）加强金融监管合作，推动签署双边监管合作谅解备忘录，逐步在区域内建立高效监管协调机制。完善风险应对和危机处置制度安排，构建区域性金融风险预警系统，形成应对跨境风险和危机处置的交流合作机制。加强征信管理部门、征信机构和评级机构之间的跨境交流与合作。充分发挥丝路基金及各国主权基金的作用，引导商业性股权投资基金和社会资金共同参与"一带一路"重点项目建设。

五、民心相通

民心相通于2013年提出，符合经济全球化时代利益交融、文明交汇、人民交流的大潮流。民心相通意在传承丝绸之路精神，通过推动各国民众之间的交往、交流、交融，通民心、达民意、汇民情，实现增进信任、促进友谊、深化合作、共同发展的目的，其内涵主要体现在3个方面。

一是理念认同。理念认同就是加强理念沟通，弘扬和平合作、开放包容、互学互鉴、互利共赢的丝绸之路精神，在文化不同、国情不同、制度不同、发展阶段不同的各国人民之间搭建起理解、互信与合作的桥梁。

二是利益契合。利益契合就是夯实物质基础，找准"一带一路"沿线国家民众的突出利益关切，以推进发展战略对接为统领，以促进发展的大项目合作为重点，以有利于改善民生的具体合作项目为优先,在不断扩大我国同相关国家利益汇合点的过程中,注重使人民从合作中获得更多实实在在的利益,提升满意度,从而提高"一带一路"合作的民意支持率。

三是感情友好。感情友好就是升华友好情谊,积极推动同相关国家民众之间的交流,加强人文、旅游、教育、科技、媒体、智库等各领域的往来,结成内容丰富、形式多样、深入基层的交流合作对子,从人的层面不断拉近相互之间的心理距离,促进心灵相通,使友谊的纽带变得更加牢固。

民心相通是"一带一路"建设的社会根基,也是"一带一路"建设能否真正取得成功的根本落脚点。

第二节 "一带一路""五通"指数

一、"五通"指数的意义

政策沟通、设施联通、贸易畅通、资金融通和民心相通是对互联互通的具体化、系统化描述,在此基础上构建的"五通"指数反映了各国在政治环境、基础设施、贸易水平、营商环境、金融环境、民间交流等宏观层面上的互联互通水平。

为了量化"一带一路"沿线国家互联互通的水平与进展,2018年9月7日,北京大学"五通指数"课题组发布全球首份2018年"一带一路"沿线国家"五通指数"报告。该报告对"一带一路"沿线94个国家的政策沟通、设施联通、贸易畅通、资金融通和民心相通的发展水平进行了指数化分析,根据指标数据之间的逻辑关系建立了科学的分层指数结构,较全面、客观、科学地反映了我国与"一带一路"沿线国家互联互通的现实情况。

二、"五通"指数指标体系

"五通"指数指标体系由5个一级指标、15个二级指标和41个三级指标组成(见表1-1)。这些指标综合反映了"五通"在"一带一路"倡议中起到的作用。

表1-1 "五通"指数指标体系

一级指标	二级指标	三级指标
A 政策沟通	A1 政治互信	A11 高层交流频繁度
		A12 伙伴关系
		A13 政策沟通效度
	A2 合作机制	A21 驻我国使馆数
		A22 双边重要文件数
	A3 政治环境	A31 政治稳定性
		A32 清廉指数

续表

一级指标	二级指标	三级指标
B 设施联通	B1 交通设施	B11 物流绩效指数
		B12 是否与中国直航
		B13 是否与中国铁路联通
		B14 是否与中国海路联通
	B2 通信设施	B21 电话线路覆盖率
		B22 互联网普及率
	B3 能源设施	B31 石油输送力
		B32 天然气输送力
		B33 电力输送力
C 贸易畅通	C1 畅通程度	C11 关税水平
		C12 非关税贸易壁垒
		C13 贸易条件指数
		C14 双边贸易额
	C2 投资水平	C21 双边投资水平
		C22 中国对该国直接投资流量
		C23 该国对中国直接投资流量
	C3 营商环境	C31 跨国贸易自由度
		C32 商业管制
D 资金融通	D1 金融合作	D11 货币互换合作
		D12 金融监管合作
		D13 投资银行合作
	D2 信贷体系	D21 信贷便利度
		D22 信用市场规范度
	D3 金融环境	D31 总储备量
		D32 公共债务规模
		D33 货币稳健性
E 民心相通	E1 旅游活动	E11 旅游目的地热度
		E12 来华旅游人数
	E2 科研交流	E21 科研合作
		E22 百万人拥有孔子学院数量
	E3 民间往来	E31 我国网民对该国的关注度
		E32 该国网民对我国的关注度
		E33 友好城市数量
		E34 民众好感度

（资料来源：北京大学"五通指数"课题组 2018 年 9 月 7 日）

第三节 "一带一路"跨境电商"五通"建设内容

跨境电商的发展与"一带一路"倡议的"五通"建设呈现动态并进、互相促进的关系。"五通"建设为跨境电商的发展提供了基础条件，尤其是政策沟通和设施联通，是跨境电商发展的重要保障；跨境电商的发展是贸易畅通的具体体现，是信息化时代贸易升级的表现，有利于进一步促进资金融通和民心相通。

一、跨境电商政策沟通

"一带一路"跨境电商为"互联网+"贸易的发展提供了交流合作的平台和制度保障。沿线国家可借鉴中国发展跨境电商的经验，设立相关促进跨境电商发展的示范平台、示范企业，以及保税区、物流园区等，为跨境电商合作营造良好的政策环境和营商环境。

二、跨境电商设施联通

为促进"一带一路"倡议的实施，为中国"走出去"的企业和运营商参与跨国基础设施项目提供决策参考，帮助各方把握趋势、发现机遇、规避风险，中国对外承包工程商会与大公国际信用评级集团有限公司携手开发了"一带一路"国家基础设施发展指数（以下简称发展指数），首期发展指数报告于2018年6月1日正式发布。该报告是国际基础设施投资与建设领域的第一个综合发展指数报告，被誉为"一带一路"基础设施合作的"晴雨表"。

近几年，国际经济、科技、文化、安全、政治等格局发生了重大变化，在新形势下，高质量共建"一带一路"已成为各方共识。面对不断变化的行业发展形势，中国对外承包工程商会2022年第五次发布了《"一带一路"国家基础设施发展指数报告2021》，该报告以71个重点国家（包括63个"一带一路"国家和8个葡萄牙语国家）为研究对象，从发展环境、发展需求、发展热度和发展成本四个维度深入分析了基础设施行业的发展情况，并对基础设施行业的短期发展趋势进行了预测和展望。

（一）沿线国家基础设施发展整体向好

随着"一带一路"倡议国际影响力的提升，各国相继出台经济刺激政策，经济复苏的预期不断增强，相关国家在基础设施互联互通领域的合作日渐紧密，为国际基础设施投资建设行业的发展提供了广阔的发展空间。从发展指数得分来看，2021年，发展指数开始了止跌回升。但面对复杂的国际局势，"一带一路"国家基础设施发展仍存变数，把握机遇、迎接挑战，推动"一带一路"国家基础设施高质量、可持续发展是各方的共同目标。

（二）东南亚的发展指数得分居于首位

2021年，除南亚的发展指数得分下降之外，其他地区的发展指数得分均有所上升（见表1-2）。其中，东南亚的发展指数得分居于首位。得益于旺盛的建设需求、友好的发展环境、较强的投资吸引力和成本优势，东南亚的印度尼西亚、马来西亚、菲律宾、越南、泰国等国的发展指数排名均较为靠前，基础设施发展整体优势显著。中东欧的发展指数得分垫底，中东欧的国家数量多，各国的基础设施发展环境和基础设施建设成本差异较大。从国家来看，立陶宛、希腊、爱沙尼亚、罗马尼亚、塞浦路斯、黑山等国的发展指数不高，拉低了该地区的发展指数得分；但北马其顿、保加利亚等国在企业经营成本等方面具有较大优势，相关国家的基础设施行业仍具有潜力。而新冠疫情在印度大规模暴发，对南亚基础设施的发展造成了较大冲击，是导致南亚发展指数得分下降的主要原因。

表1-2 各区域的发展指数变化情况

区域	2021年		2020年	
	指数分数/分	排名	指数分数/分	排名
东南亚	125	1	119	1
独联体和蒙古国	115	2	114	2
葡萄牙语国家	112	3	108	5
西亚北非	110	4	107	6
中亚	110	5	110	4
南亚	110	6	111	3
中东欧	107	7	103	7

（资料来源：中国对外承包工程商会，中国信保国家风险数据库）

（三）区域贸易协定助推基础设施合作升级

当前国际经贸格局与全球治理体系正在经历深刻变革，区域贸易协定作为多边合作体系补充进入发展的快车道。2020年11月《区域全面经济伙伴关系协定》（RCEP）正式签署，2021年非洲大陆自由贸易协定正式生效。与以WTO为代表的多边贸易体制相比，区域贸易协定在产业覆盖面、投资准入等方面的规则更加具体，从而也为"一带一路"沿线国家的基础设施发展带来了新的机遇。一方面，在更加优越的营商环境和政策支持下，国际承包商加快在规划、设计、咨询、运营等多个领域与东道国企业的合作，深度参与相关各国基础设施开发的各个阶段。国际承包商在提升本地化水平的同时，还有效带动了各方在资本、技术、人才等方面的合作。另一方面，区域贸易协定为整合区域经济、促进各国发展注入了新的动力，使相关国家的城市化建设、工业升级、交通物流建设等提高了对基础设施的需求，以产业园区、电力能源、公路铁路、机场港口等为代表的多个领域涌现出了越来越多的项目机会。

（四）交通业为基础设施发展提供了有力支撑

交通业是促进"一带一路"沿线国家设施联通、贸易畅通、民心相通不可或缺的重要纽带和桥梁，也是助推国际基础设施发展最主要的动力来源。近年来，"一带一路"沿线国家交通运输业的发展取得了一系列成果，一批境内外铁路、公路、港口、机场和桥梁等基础设施项目相继开工建设，国际道路、海运、航空、快递等运输服务网络逐步完善，不但促进了设施联通，而且为推动"一带一路"全面建设发挥了先行和基础作用，"一带一路"沿线部分港口投资项目情况不完全汇总如表1-3所示。以中国与印度尼西亚共建的"一带一路"的标志性项目——雅万高铁为例，雅万高铁自2016年1月动工修建，2023年5月完成联调联试。该高铁连接印度尼西亚首都雅加达和第四大城市万隆，全长142千米，列车最高运营时速达350千米。建成通车后，雅万高铁预计可为印度尼西亚创造3万个就业岗位；雅加达和万隆实现了资源互通，将带动沿线地区打造一条"高铁经济带"。

表1-3 "一带一路"沿线部分港口投资项目情况不完全汇总

投资项目	具体情况	投资规模
深水港（柬埔寨）	由天津优联投资发展集团有限公司承建	28亿美元
科伦坡港（斯里兰卡）	科伦坡港口城项目由中国交通建设集团有限公司和斯里兰卡国家港务局合作开发	一期工地开发投资14亿美元
瓜达尔港（巴基斯坦）	巴基斯坦将把瓜达尔港租赁给中国，为期43年，用于建设（瓜达尔港）首个经济特区	一期总投资2.48亿美元 中方出资1.98亿美元
马六甲皇京深水港（马来西亚）	中国电力建设集团有限公司EPC总承包的马来西亚马六甲皇京港深水补给码头	投资80亿马币
恰巴哈尔港（伊朗）	2013年中国主动向伊朗提供6000万欧元（约合4.83亿元人民币）用于升级恰巴哈尔港	
吉布提港（吉布提）	中国招商局国际有限公司以1.85亿美元收购吉布提港口23.5%的股份	
皎漂港（缅甸）	中国中信集团有限公司与泰国正大集团、中国港湾工程有限公司、中国招商局国际有限公司、天津泰达、云南建工集团有限公司组成联合体中标皎漂特区的工业园和深水港项目	90亿美元 第一阶段投资32亿美元
吉大港（孟加拉国）	中国已承诺设立一家投资基金专门对吉大港建设提供援助，整个建设工程可能需要花费90亿美元	

续表

投资项目	具体情况	投资规模
北阿巴科岛新建港（巴哈马）	由中国进出口银行提供优惠贷款、由中国港湾工程有限公司公司总承包北阿巴科岛新建港项目	预算金额3900万美元
巴加莫约港（坦桑尼亚）	中国招商局国际有限公司投资100亿美元承建坦桑尼亚巴加莫约港项目	

（资料来源：中国对外承包工程商会、中经网"一带一路"统计数据库）

"一带一路"沿线国家的标志性项目建设促进了"一带一路"沿线国家的经济复苏，另外标志性项目的地理范围之广、社会经济价值之大，对地区乃至全球的社会经济发展都具有举足轻重的意义。

（五）中欧班列架起国际合作生命线

从总量和中欧铁路覆盖的国家范围来看，中欧班列是当之无愧的中欧地区产业链的"大动脉"。中国国家铁路集团有限公司的数据显示，截至2022年1月，中欧班列已通达欧洲23个国家共180个城市，累计开行超5万列、运送货物超455万标箱、货值达2400亿美元。依托中欧班列，我国以铁路运输对"一带一路"沿线国家的进出口增长幅度高于水路运输、公路运输和航空运输，中欧班列不仅打通了国际通道，还为保障国际产业链、供应链稳定，推动"一带一路"高质量发展做出了积极贡献。

（六）新政策、新金融、新技术为发展提供新动能

"一带一路"倡议背景下的国际基础设施发展模式正出现新的变化，新政策、新金融、新技术的出现为"一带一路"跨国基础设施建设的发展注入了新动能。

从政策环境方面来看，相关国家和地区先后通过新政策以加强国际合作、激发增长潜力，推动跨国基础设施建设向纵深发展。中国政府在构建具体行业的国际标准、打造国际合作新平台、营建"丝路明珠"等方面积极推动"一带一路"项目建设；俄罗斯明确提出"冰上丝绸之路"的概念，积极推动北极航道与"一带一路"倡议的对接；我国与波罗的海三国签署了《波海铁路项目协议》，进一步推动"一带一路"跨国基础设施的建设。

从金融环境方面来看，由于"一带一路"沿线国家多为财政和金融实力有限的发展中国家，金融环境的变化对相关国家基础设施投资和建设的影响至关重要。2017年以来，国际多边金融机构、各国中央银行及商业银行积极拓宽"一带一路"基础设施建设融资路径，为改善"一带一路"跨国基础设施建设的金融环境做出了重要贡献。其中，亚洲基础设施投资银行通过主权担保融资、非主权担保融资等项目为基础设施互联互通提供了融资支持。

2017年，瑞士、俄罗斯等国的中央银行同中国人民银行签署了双边本币互换协议，降低了汇率风险，保障了跨国基础设施项目的资金安全。

从技术环境方面来看，为了更好地满足"一带一路"跨国基础设施建设的需求，一批达到国际领先水平的技术正以跨国基础设施建设项目为依托，服务于"一带一路"沿线国家的发展。其中，以特高压直流输电技术、高铁集成技术为代表的工程建筑类技术的应用，为相关跨国基础设施建设项目的顺利建成打下了基础。

三、跨境电商贸易畅通

（一）跨境电商让"一带一路"贸易更畅通

随着"一带一路"建设的走深、走实，跨境电商的朋友圈不断扩大，交流合作不断加深，中国与"一带一路"沿线国家在跨境电商领域的合作持续推进。2016年以来，中国与多个国家签署电商合作备忘录并建立双边电商合作机制，使跨境电商成为经贸合作的新渠道和新亮点，成为促进"一带一路"贸易畅通的重要渠道。

（二）跨境电商贸易畅通的举措

1. 政府层面

延伸阅读2

（1）深入推进合作。随着"一带一路"经贸合作的深入推进，中国与"一带一路"沿线国家将在更大范围、更宽领域和更高层次上开展跨境电商合作，共同推进沿线国家的产业园区、工业园区及高科技园区等相关资源与跨境电商进行对接。跨境电商的发展将带动沿线国家整合相关资源，促进经贸合作，实现中国与沿线国家的互利共赢和共同发展。

（2）鼓励跨境电商企业"走出去"。除加强海外仓、保税仓建设外，政府应该采取措施鼓励跨境电商企业在沿线国家进行投资或与当地电商平台开展合作，并注重将我国自身发展经验与当地文化相结合。

2. 企业层面

（1）跨境电商企业"走出去"要与相关要素的海外布局相结合，面向目标市场建立物流园区、海外仓及终端网点，同时把自身平台转化成东道国和目标市场的本地化电商平台。另外，非跨境电商企业应积极利用跨境电商渠道和模式，通过自建跨境电商平台，或者与已有的中国跨境电商企业共同开拓市场，提升供应链的生产保障能力和物流反应速度。

（2）跨境电商企业要做好市场调研，利用大数据分析进行精准营销，加快海外仓、保税仓及展示中心等基础设施建设，并提高人才本地化水平，从而提升海外运营效果。

四、跨境电商资金融通

（一）跨境电子支付

跨境电子支付是指为两个或两个以上不同国家和地区的交易者提供清算的专业化服务。跨境电子支付是跨境电商交易活动必不可少的组成部分。跨境电商主要包括两类支付模式：一类为线上模式，即第三方支付平台（涉及跨境网购、外贸 B2B 等）；另一类为线下模式，即传统金融机构（涉及跨境购物、境外 ATM 取现和刷卡消费等），如银行、消费金融公司。

全球金融科技巨头 FIS 发布的《2022 年全球支付报告》指出，全球电商的发展趋势加快，中国等市场的现金使用率加速下跌。2021 年，数字钱包交易在中国电商总交易额中占比近 83%，占全球电商总交易额的近一半（49%），预计至 2025 年数字钱包交易将占全球电商总交易额的 53%。作为数字钱包的全球领导者，中国目前正逐步推进数字人民币的试点，数字人民币有望作为一种货币被大规模使用。

（二）人民币跨境支付系统

人民币跨境支付系统（Cross-border Interbank Payment System，CIPS）是专司人民币跨境支付清算业务的批发类支付系统，是人民币跨境支付清算的主渠道，由中国人民银行监管，具有主权特征。首先，CIPS 的定位是支持特定币种（主要是人民币）在特定情境下（跨境支付时）的清算需求，是由中国人民银行建立的主要支持本币的清算系统。其次，CIPS 提供资金清算服务，通过与中国人民银行的大额支付系统相连，完成账户内资金的借记或贷记。CIPS 有助于推动中国与"一带一路"沿线国家的经贸往来，对促进人民币的国际化起到了重要支撑作用。

五、跨境电商民心相通

（一）联合培养跨境电商人才

跨境电商不仅限于买和卖，其催生的新型服务业也在快速发展，其中不仅包括为商家提供代运营、数据分析等服务，还包括为消费者提供购物比较、试用等服务。作为新型服务贸易，跨境电商为中国带来了新机遇，也对各国跨境电商人才提出了更高要求。

近几年，全球贸易复苏受到前所未有的挑战，而跨境电商凭借线上交易、非接触式交货、交易链条短等优势在逆境中异军突起。目前，我国中小微跨境电商业务已经覆盖全球 200 多个国家和地区，出口对象包括欧美发达国家、中东阿拉伯国家、东南亚及非洲等发展中国家市场。但"一带一路"沿线国家的跨境电商人才短缺，联合加快培养跨境电商人才已成为当务之急。

（二）加快智慧园区建设

"一带一路"智慧园区就是中国深度全球化及互联互通的试验田，是打通己学和彼学的关键。在实践中，"一带一路"智慧园区应包括政府、企业、智库和媒体四大主体，并着力推动四大主体在园区内的有机结合来实现聚智、聚新和聚金效应。

地方政府应在"一带一路"智慧园区内提供扶持与便利化政策，着力吸纳新型智库及国内外知名智库。此举可为地方发展提供众多人才支持，吸引各国优秀人才、研究中心、孵化基地来智慧园区落户，也可吸引当地的资源和资金进入智慧园区，形成内外联动、双向互济的开放新格局，实现聚智效应。

智慧园区可以推动国内外智库加强科研合作，共建联合实验室（研究中心）、国际技术转移中心、产业合作中心、新产品孵化中心等，共同提高科技创新能力。此外，智慧园区也是会展经济及生产性服务业的载体，在资讯及培训等方面发挥作用，实现聚新效应。

此外，地方政府在"一带一路"智慧园区内除继续鼓励原有产业发展之外，还可考虑扶持新项目，特别是地方特色项目的发展，从而吸引动漫影视、美食文化、中医药、现代农业、中华民俗和日用品等产业在智慧园区落地生根，实现聚金效应。

（三）共建21世纪"数字丝绸之路"

当前，在创新发展战略的驱动下，中国在人工智能、纳米技术、量子计算机等前沿技术领域居于世界前列，同时中国已成为全球第二大数字经济体，在网民数量、网络交易额、移动互联网发展等方面处于领先地位。这些都为"数字丝绸之路"的建设奠定了良好的基础。因此，推动大数据、云计算助力智慧城市建设，做好数字技术对"数字丝绸之路"的技术支撑，加强数字经济与"一带一路"倡议的深度融合，共建21世纪"数字丝绸之路"已成为当务之急。"数字丝绸之路"有助于克服"一带一路"沿线国家的文化差异、信息不对称与信任问题，推动沿线国家在信息基础设施、贸易、金融、产业、科教文卫等领域的全方位合作。

（四）加强科研合作，提升国际协同创新能力

科研合作与学术交流合作是教育合作的重要组成部分，中外科学家协同合作、联合攻关重大科研问题，不仅有助于提高我国参与全球治理和竞争的能力，也有助于提升我国的科技创新影响力。自2017年共建"一带一路"科技创新行动计划启动以来，中国与"一带一路"沿线国家在科技人文交流、共建联合实验室、科技园区合作、技术转移等方面开展合作，共同迎接新一轮科技革命和产业变革，推动创新之路建设。截至2021年年底，中国已和84个国家建立科技合作关系，支持联合研究项目1118项，在农业、新能源、卫生健康等领域启动建设了53家联合实验室，"创新丝绸之路"建设朝气蓬勃。此外，在推进"一

带一路"建设的过程中,我国高校也充分发挥优势,将学校的优质学科资源与"一带一路"建设实际需求进行对接,加强了与"一带一路"沿线国家科研院校的合作。

总之,科研合作的对外开放是推动"一带一路"倡议提质增效的重要维度,是国家实施高水平对外开放的重要环节。将科研合作有机融入"一带一路"建设,有助于推动"一带一路"的创新、协调、绿色、开放、共享发展,同时它也是推动中国和"一带一路"沿线国家民心互通的"软联通"纽带。

本章小结

万物得其本者生,百事得其道者成。"一带一路"沿线国家要创新合作模式,加强"五通"建设,即政策沟通、设施联通、贸易畅通、资金融通和民心相通,以点带线、以线带面,逐步形成区域大合作格局。

为了量化"一带一路"沿线国家互联互通的水平与进展,2018年9月7日北京大学"五通指数"课题组发布全球首份2018年"一带一路"沿线国家"五通指数"报告。该报告对"一带一路"沿线94个国家的政策沟通、设施联通、贸易畅通、资金融通和民心相通的发展水平进行了指数化分析。该指数结合各国的基本现状与发展态势,为我国政府进行相关科学决策、企业投资、智库研究等提供了重要参考。

跨境电商的发展与"一带一路"倡议的"五通"建设呈现动态并进、互相促进的关系。"五通"建设为跨境电商的发展提供了基础条件,尤其是政策沟通和设施联通,是跨境电商发展的重要保障;跨境电商的发展是贸易畅通的具体体现,是信息化时代贸易升级的表现,有利于进一步促进资金融通和民心相通。

关键词

"五通"建设　　第三方市场合作新模式　　设施联通　　贸易畅通
资金融通　　　"五通"指数　　　　　　跨境电子支付　　人民币跨境支付系统

思考题

1. "一带一路""五通"建设的主要内容是什么?
2. "一带一路""五通"指数及其指标体系的内容是什么?
3. 我国与"一带一路"共建国家的政策沟通主要体现在哪些方面?
4. 试分析第三方市场合作新模式在"一带一路"中的发展潜能。

讨论题

在"一带一路"建设过程中，中国始终强调，不是另起炉灶、推倒重来，而是实现战略对接、优势互补。中国同有关国家的协调政策包括俄罗斯提出的欧亚经济联盟、东盟提出的互联互通总体规划、哈萨克斯坦提出的"光明之路"、土耳其提出的"中间走廊"、蒙古国提出的"发展之路"、越南提出的"两廊一圈"、英国提出的"英格兰北方经济中心"、波兰提出的"琥珀之路"等。中国同老挝、柬埔寨、缅甸、匈牙利等国的规划对接工作也全面展开。中国同40多个国家和国际组织签署了合作协议，同30多个国家开展了机制化产能合作。

问题：你认为我国是如何通过与"一带一路"有关国家的政策对接，共建21世纪"数字丝绸之路"的？

第二章

"一带一路"经济走廊

【学习要点】

1. 新亚欧大陆桥经济走廊是六大经济走廊中的第一个,从中国出发连通亚欧,是"一带一路"在贸易畅通领域及设施联通中的重要一环,为货物的便捷化通关提供了有力保障。

2. 中国—中南半岛经济走廊是中国连接中南半岛的大陆桥,也是中国与东盟合作的跨国经济走廊。"一带一路"正在成为中国与东盟合作的新亮点。

3. 中巴经济走廊是贯通南北丝路的关键枢纽,是一条包括公路、铁路、油气和光缆通道的贸易走廊,也是"一带一路"的重要组成部分。

4. 中国—中亚—西亚经济走廊东起中国,向西经中亚至阿拉伯半岛,是丝绸之路经济带的重要组成部分。

【学习目标】

1. 掌握新亚欧大陆桥经济走廊、中国—中南半岛经济走廊、中巴经济走廊的建设背景;

2. 了解中国—中亚—西亚经济走廊的建设概况。

"一带一路"是世界上跨度最大、最具发展潜力的经济合作带。沿线大多是新兴经济体和发展中国家,人口约占全球人口总数的63%,大都处于经济发展的上升期,具有巨大的市场潜力。我国海上丝绸之路和陆上丝绸之路的各节点城市纷纷组建了各种形式的跨境电商平台,铺就了一条"网上丝绸之路",将中国企业的优质商品向全世界出售,同时把国外的优质商品引入国内。"网上丝绸之路"跨境电商平台由国家批准,由地方政府和海关、检验检疫等部门共同搭建。各部门在清关、报关、报检等方面出台了一系列优惠措施,简化了通关手续,缩短了通关时间。跨境电商凭着全球化、网络化、便捷、直接等优势,成为我国外贸发展新的增长点,成为"一带一路"建设的重要推动力。

第一节 新亚欧大陆桥经济走廊

新亚欧大陆桥、中国—中南半岛、中国—中亚—西亚、中蒙俄、中巴和孟中印缅六大经济走廊已经成为"一带一路"倡议的战略支柱。作为"一带一路"倡议的主要内容和骨架,这些优先发展的经济走廊将沿线60多个发展中国家列为中国对外交往的优先和重点对象,并将"一带一路"倡议的构想落到了实处。

新亚欧大陆桥经济走廊是六大经济走廊中的第一个,从中国出发连通亚欧,是"一带一路"在贸易畅通领域及设施联通中的重要一环,为货物的便捷化通关提供了有力保障。

一、新亚欧大陆桥经济走廊的建设背景

新亚欧大陆桥,又名"第二亚欧大陆桥",是指东起中国连云港西至荷兰鹿特丹的国际化铁路干线,国内部分由陇海铁路和兰新铁路组成。新亚欧大陆桥途经江苏、山东、安徽、河南、陕西、甘肃、青海、新疆8个省、自治区,65个地、市、州的430多个县、市,到中哈(哈萨克斯坦)边界的阿拉山口出国境。出国境后可经3条线路抵达荷兰鹿特丹,全长10 900千米,辐射全球30多个国家和地区。

2015年3月,国家发展改革委、外交部、商务部联合发布的《推动共建丝绸之路经济带和21世纪海上丝绸之路的愿景与行动》勾勒出了"一带一路"倡议的大框架,其中新亚欧大陆桥经济走廊建设居于共建国际大通道和经济走廊建设的重要位置。新亚欧大陆桥与中国古丝绸之路重合较多,在"一带一路"倡议中占有极为重要的地位。

二、新亚欧大陆桥经济走廊建设的重要性

新亚欧大陆桥经济走廊在地理区位上对其他经济走廊的建设具有引领、示范效应。它东西两端连接着太平洋与大西洋的两大经济中心,辽阔狭长的中间地带即亚欧腹地,地域辽阔,虽然交通不够便利、自然环境较差,但空间容量大、资源富集,开发前景好、开发潜力大,是人类社会赖以生存和发展的物华天宝之地。经过多年发展,新亚欧大陆桥逐渐变成了亚欧大陆的"金腰带",极大地促进了沿线国家的经贸往来,成了"一带一路"倡议下互联互通的典范。

在新亚欧大陆桥经济走廊建设中，中欧班列起到了至关重要的作用。随着中欧贸易的不断发展，尤其是在"一带一路"倡议提出后，为争夺对外经济发展的主动权，不少城市相继开通了中欧班列，班列数呈爆发式增长。中欧班列依托新亚欧大陆桥和西伯利亚大陆桥，形成西、中、东3条运输通道，凭借速度快、成本低的陆路运输优势，辐射整个亚欧大陆。中欧班列的开行为中国与欧洲、中亚的贸易往来打开了便捷通道，我国通过"中欧班列+跨境电商"新渠道向全球企业分享了我国扩大开放、消费升级带来的发展红利。

新亚欧大陆桥经济走廊的建设使很多货物可以在出发地检验、目的地验收，极大地提高了交易效率，降低了交易成本。日渐增多的中欧班列激活了亚欧大陆的陆上贸易，不仅扩大了物资交流的范围，增加了货物品种和商品数量，还加深了国家之间的相互联系，进一步推动了整个亚欧大陆的专业化分工与合作和经济一体化进程，为未来政府与非政府之间的双边、多边合作和自由贸易区建设提供了更有利的市场环境。

新亚欧大陆桥辐射全球30多个国家和地区，不同的文明及利益的碰撞难免会出现摩擦，使这条以较短的运输路线和优越的地理位置为优势的"黄金运输通道"在实际运行过程中存在风险。可以说，在新亚欧大陆桥经济走廊建设过程中，机遇与风险并存，想要防范、化解可能遇到的风险，国家不仅需要对风险进行充分估计和研判，还需要出台和完善相应的政策。

第二节 中国—中南半岛经济走廊

中国—中南半岛经济走廊是中国与"一带一路"沿线国家规划建设的六大经济走廊之一。该走廊以中国广西南宁和云南昆明为起点，以新加坡为终点，纵贯中南半岛的越南、老挝、柬埔寨、泰国、缅甸、马来西亚等国家，是中国连接中南半岛的大陆桥，也是中国与东盟合作的跨国经济走廊。

一、中国—中南半岛经济走廊的建设背景

2014年12月20日，在曼谷举行的大湄公河次区域经济合作第五次领导人会议上，我国着眼于次区域经济合作的方向和重点，就发掘新的增长动力和合作模式，深化中国同中南半岛五国关系提出了3条建议，分别为共同规划建设全方位交通运输网络和产业合作项目、打造融资合作的新模式、促进经济社会可持续和协调发展。2016年5月26日，第九届泛北部湾经济合作论坛暨中国—中南半岛经济走廊发展论坛在广西南宁举行，本届论坛发布了《中国—中南半岛经济走廊倡议书》，促成中国—中南半岛跨境电商结算平台、中国—东盟（钦州）华为云计算及大数据中心等9个项目签约，总投资额达784亿元人民币。

作为"一带一路"倡议的战略支柱、主要内容及重要骨架，中国—中南半岛经济走廊建设目前取得了重大突破，已成为中国与东盟合作的至关重要的跨国经济通道，"一带一路"正在成为中国与东盟合作的新亮点。

2017年，中国—中南半岛经济走廊开启整体战略对接工作。2017年11月13日，在第20次东盟—中国（"10+1"）领导人会议上通过并发表《中国—东盟关于进一步深化基础设施互联互通合作的联合声明》；东盟承诺将"一带一路"倡议和《东盟互联互通总体规划2025》对接，在经贸、金融、人员、基础设施等领域深化合作，推动东盟和中国进一步互联互通。2019年11月3日，在第22次中国—东盟（"10+1"）领导人会议上，中国和东盟就"一带一路"倡议和《东盟互联互通总体规划2025》对接、智慧城市合作等发布了声明，进一步对接发展规划，推动双方就高质量共建"一带一路"迈出重要步伐，为实现全面互联互通注入新动力。

中国—中南半岛经济走廊建设过程中存在一些问题需要我们给予关注。例如，相关国家的制度差异较大，个别国家政局动荡不稳；文化繁杂多样，非传统安全因素突出；经济发展水平不平衡，市场开放存在一定的难度等。

二、《东盟互联互通总体规划2025》

2016年9月，东盟在老挝万象通过了《东盟互联互通总体规划2025》，其愿景是创建一个全面、无缝衔接和互联互通的东盟。该规划主要关注5个战略领域：可持续基础设施建设、数字创新、物流、进出口管理和人员流动。

一是在可持续基础设施建设方面，东盟每年至少需要1100亿美元的基础设施投资以支持未来发展。《东盟互联互通总体规划2025》旨在帮助投资者通过完善项目准备，提高基础设施生产力及支持城市践行可持续发展等方面抓住可持续基础设施建设的投资机会。

二是在数字创新方面，预计到2030年东盟的数字技术价值将达到6250亿美元，因此有必要建立数字服务的配套监管体制，并搭建基于数字技术的开放平台，以便小微企业及中小企业更好地使用这些技术。

三是在物流方面，提高物流的竞争力可以降低物流成本并为东盟民众创造更多的商业机会。《东盟互联互通总体规划2025》将解决东盟贸易过程中所遇到的物流瓶颈。

四是在进出口管理方面，东盟成员国已大幅降低关税，使消费者获益。《东盟互联互通总体规划2025》重点关注统一标准、相互认证、规范技术及应对贸易扭曲的非关税措施等。

五是在人员流动方面，东盟的境外游客数量在2025年可能达到1.5亿人。《东盟互联互通总体规划2025》将整合旅游信息并简化签证申请流程。

截至 2021 年 8 月，东盟已在《东盟互联互通总体规划 2025》的 5 个战略领域实施了多项举措。

三、RCEP

（一）RCEP 的签订

RCEP 构想最早由东盟 10 国在 2011 年提出并发起，它以东盟—中国、东盟—日本、东盟—韩国、东盟—澳大利亚—新西兰及东盟—印度 5 个自由贸易协定为基础，想要建立一个覆盖亚太地区主要国家的大规模自由贸易区。2012 年 11 月，东盟 10 国与中国、日本、韩国、澳大利亚、新西兰和印度共 16 个国家在东亚峰会上共同发布了《启动<区域全面经济伙伴关系协定>谈判的联合声明》，从而正式启动 RCEP 谈判进程。2019 年 11 月，印度政府表示，基于保护国内劳工与农民的需要，决定暂不加入 RCEP。

2020 年 11 月 15 日，在经历 8 年的艰难谈判后，在第四次 RCEP 领导人会议上，包括东盟 10 国、中国、日本、韩国、澳大利亚和新西兰在内的 15 个成员国正式签署协议。2022 年 1 月 1 日，RCEP 正式生效，文莱、柬埔寨、老挝、新加坡、泰国、越南等 6 个东盟成员国和中国、日本、新西兰、澳大利亚等 4 个非东盟成员国正式开始实施协定。RCEP 的生效实施标志着全球人口最多、经贸规模最大、最具发展潜力的自由贸易区正式落地。

（二）RCEP 的内容

1. RCEP 的主要内容

RCEP 文本包括序言、20 个章节和 4 个附件。

20 个章节具体如下：初始条款和一般定义，货物贸易，原产地规则，海关程序和贸易便利化，卫生和植物卫生措施，标准、技术法规和合格评定程序，贸易救济，服务贸易，自然人临时流动，投资，知识产权，电子商务，竞争，中小企业，经济技术合作，政府采购，一般条款和例外，机构条款，争端解决，最终条款等。

4 个附件分别为关税承诺表、服务具体承诺表、投资保留及不符措施承诺表、自然人临时移动具体承诺表。

受新冠疫情的影响，全球经济持续低迷，且呈现出较大的地区差异性。RCEP 的签署在一定程度上改善了区域内的贸易投资环境，缓解了成员国所面对的外部经济压力，并给区域内国家稳定产业链和供应链，以及实现经济平稳复苏带来了积极影响。但 RCEP 的后续生效实施与适时升级，仍面临成员国发展的差异性与利益诉求的复杂性、区域内既有的自由贸易协定规则相互叠加、区域大国利益协调等现实问题的挑战。未来仍需要以循序渐进、多方协商的方式，推动 RCEP 不断深化和拓展。

2. RCEP 中与推动跨境电商发展相关的主要内容

RCEP 中与跨境电商相关的内容主要体现在以下 4 个方面：提高贸易便利化水平、创造有利的电商环境、促进跨境电商的发展与合作及构建电商对话与争端解决机制。

1）提高贸易便利化水平

（1）无纸化贸易：每一缔约方应当努力接受以电子形式提交的贸易管理文件与纸质版贸易管理文件具有同等法律效力；努力使电子形式的贸易管理文件可公开获得，并增强对其的接受度。

（2）电子认证和电子签名：允许各方确定适当的电子认证技术和电子交易实施模式，不予限制；鼓励使用可交互操作的电子认证，不得否认电子签名的法律效力，除非其法律和法规另有规定。

2）创造有利的电商环境

（1）线上消费者保护：缔约方应认识到采取和维持透明及有效的电商消费者保护措施的重要性，采取和维持法律法规保护消费者免受欺诈和误导，并加强各主管部门的合作；发布消费者如何寻求救济和企业如何遵守法律要求的相关信息。

（2）线上个人信息保护：每一缔约方应当考虑相关国际标准、原则，采取和维持保护电商用户信息的法律框架，向其电商用户公布个人信息保护的相关信息；鼓励法人通过互联网公布其与个人信息保护相关的政策和程序，保护从任一缔约方转移来的个人信息。

（3）非应邀商业电子信息：每一缔约方将非应邀商业电子信息减少到最低程度，对未遵守者具有相关追索权，加强关切问题的监管与合作。

（4）国内监管框架：在考虑电商的国际公约和示范法的基础上，采取和维持监管电子交易的法律框架，避免施加不必要的监管负担。

（5）海关关税：维持其目前不对缔约方之间的电子传输征收关税的现行做法，但不得阻止缔约方对符合本协定的电子传输征收税费、费用或其他支出。

（6）透明度：每一缔约方应当通过各种方式尽快公布所有相关措施，并尽快答复另一缔约方关于特定信息的相关请求。

（7）网络安全：缔约方应认识到网络安全相关主管部门的能力建设及针对网络安全进行交流合作的重要性。

3）促进跨境电商的发展与合作

（1）计算设施的位置：尊重各缔约方计算设施的通信安全和保密要求，不设不合理的商业行为交换条件，且不得阻止任一缔约方采取和维持合法、非歧视和保护其基本安全利益所必要的任何措施。

（2）通过电子方式跨境传输信息：尊重每一缔约方对于通过电子方式跨境传输信息的监管惯例，任一缔约方不得阻止跨境传输信息，且保留各缔约方采取和维持措施的权力。

（3）电商合作：每一缔约方应当在适当时就帮助中小型企业克服使用电子商务障碍、构建电子商务法律框架及分享信息经验和最佳实践等多方面开展合作，努力采取建立在国际论坛等既有合作倡议上的合作形式。

4）构建电商对话与争端解决机制

（1）电商对话：缔约方应认识到对话，包括在适当时与利益相关方对话，对于促进电商发展和使用的价值，考虑合作机遇与相关问题，并提出相应建议。

（2）争端解决：发生分歧时缔约方应当先善意地进行磋商，尽最大努力达成共同满意的解决方案，未能解决分歧时可提交至 RCEP 联合委员会，不得就电商下产生的任何事项诉诸非电商法律层面进行解决。

（三）RCEP 的签署给区域经济带来的发展机遇

1. 大力促进成员国的经济发展

RCEP 生效将有力促进亚太区域经济一体化进行，推动经济发展，成为推动地区和全球经济发展的一个新引擎。

一是有力提振成员国对经济增长的信心。RCEP 成员国共同推动协定如期生效，对外发出反对保护主义和"脱钩""断链"、支持自由贸易和维护多边贸易体制的强烈信号，将进一步提振各成员国携手实现经济增长的信心。

二是促进区域贸易投资大幅增长。在原有"10+1"自由贸易协定基础上，RCEP 在货物、服务、投资开放水平等方面均创新高，采用了涵盖 15 国的原产地规则，加上众多新的便利化措施，必将进一步扩大贸易创造效应，带来蓬勃商机。

三是巩固和促进区域产业链、供应链和价值链融合。RCEP 实现了众多经贸规则和标准的统一，将大幅优化区域内的整体营商环境，降低企业成本，推动区域内经济要素的自由流动，强化成员国间的生产分工合作，拉动区域内消费市场扩容升级，实现区域内产业链、供应链和价值链的进一步融合。

RCEP 还将通过加大对发展中经济体和最不发达经济体的经济技术援助力度，逐步弥补成员国间的发展差距，有力促进区域协调均衡发展，推动建立开放型区域经济一体化发展新格局。

2. 有力推动成员国跨境电商的发展

1）简化海关程序，提高清关效率和跨境物流时效

RCEP 采取预裁定、抵达前处理、信息技术运用等促进海关程序的高效管理手段，简化海关通关手续，包括降低甚至消除邮政小包征收关税的风险、降低海外物流仓储建设成

本等,使港口航运、跨境电商类企业直接受益。例如,当进口缔约方取得清关所需信息后,应当在48小时内放行货物;对于易腐货物,如海鲜、水果和蔬菜等生鲜货物,进口缔约方在收到清关信息后6小时内应当放行;允许空运货物加快通关等。

2)降低跨境交易成本

RCEP各缔约方之间采用双边两两出价的方式对货物贸易自由化做出安排,协定生效后区域内90%以上的货物贸易将最终实现零关税,且各国根据自己的国情承诺立刻将关税降到零或过渡期降税到零(过渡期的时间主要为10年、15年和20年等),自由贸易区内有望在较短时间内兑现所有货物贸易自由化的承诺,进而使缔约国消费者享受到物美价廉的海外商品。

3)助推我国跨境电商模式的推广

我国跨境电商的发展已经走在了世界前列,而发展跨境电商已经成为成员国的共识。RCEP中列出了很多鼓励缔约方加强电商合作与交流的条款,这将有利于我国跨境电商模式在RCEP成员国中推广,实现共同发展。我国跨境电商模式的推广将会促进数字贸易技术出口,并加速RCEP区域跨境电商监管方式的数字化进程。

4)优化区域跨境电商的供应链和价值资源

受"逆全球化"和新冠疫情的双重影响,全球产业链、供应链和价值链仍存在着较大的不确定性,面临着"断供"的风险。RCEP签署后,区域内各成员国的资源、商品流动,技术和服务资本合作及人才合作会更加便利,有利于创造价值和整合资源。此外,通过优化RCEP区域内跨境电商的供应链和价值资源,也有利于缓解各种不利外部环境的负面影响,促使我国跨境电商在全球价值链中的地位逐步攀升。

5)促进跨境电商加速转型升级

RCEP中重点提到要鼓励搭建跨境电商发展服务平台,推动配套物流服务体系建设,以及支持和建设更多的海外仓,这将促进我国跨境电商加速转型升级,提供更多优质产品,服务更多国家的消费者。此外,伴随着RCEP的签署和生效,跨境电商市场将会从野蛮生长逐步转向规范发展,并围绕跨境电商形成一个紧密的生态链和服务链,继续促进我国跨境电商加速转型升级。

(四)RCEP与"一带一路"共同推进区域之间的经济合作

东盟是中国周边外交的优先方向和高质量共建"一带一路"的重点地区,东盟各国都是"一带一路"倡议的重要伙伴。在共建"一带一路"合作过程中,中国和东盟双方将确保经济、财政、金融、环境方面的可持续性,积极开展健康、绿色、数字等新领域合作,不断提升合作韧性和活力,为构建更为紧密的中国—东盟命运共同体做出积极贡献。

RCEP 在协调跨境贸易和投资规则方面扮演着重要角色，"一带一路"倡议则在推动基础设施建设方面发挥着重要作用，双方具有一定的功能互补性。RCEP 与"一带一路"倡议可以相互促进，共同推进区域合作。未来应充分发挥 RCEP 在贸易、投资、知识产权领域的规则优势，为更好地推动"一带一路"倡议发展提供经验借鉴。同时，发挥"一带一路"倡议在政策协调、互联互通、金融合作、人文交流等方面的综合效应，推进 RCEP 尽快落地，促进区域内产业链、供应链融合，以实现更大规模的经济效应。

第三节 中巴经济走廊和中国—中亚—西亚经济走廊

一、中巴经济走廊

（一）中巴经济走廊的建设背景

2013 年 5 月，我国提出中巴经济走廊构想，目的是加强中国与巴基斯坦（以下简称中巴）之间交通、能源、海洋等领域的交流与合作，加强两国互联互通，促进两国共同发展。中巴经济走廊北起喀什、南至巴基斯坦瓜德尔港，全长 3000 千米，北接丝绸之路经济带，南连 21 世纪海上丝绸之路，是贯通南北丝路的关键枢纽，是一条包括公路、铁路、油气和光缆通道的贸易走廊，也是"一带一路"的重要组成部分。2015 年 3 月，国家发展改革委、外交部、商务部联合发布的《推动共建丝绸之路经济带和 21 世纪海上丝绸之路的愿景与行动》明确提出，中巴、中印孟缅两条经济走廊与推进"一带一路"建设关联紧密，要进一步推动合作，取得更大进展。中巴经济走廊项目于 2015 年 4 月 20 日启动，中巴关系由战略合作伙伴关系升级为全天候战略合作伙伴关系。其中，以中巴经济走廊为引领，以瓜德尔港、能源、交通基础设施和产业合作为重点，形成"1+4"的经济合作布局。这是中巴开展务实合作共同打造"命运共同体"的关键内容。

（二）《中巴经济走廊远景规划》

2017 年 12 月 18 日，《中巴经济走廊远景规划（2017—2030 年）》（以下简称"《规划》"）发布仪式在巴基斯坦计划发展部举行。《规划》是经两国政府批准的国家级规划，由两国政府有关部门共同编制，其目的是深入对接中国"一带一路"倡议和巴基斯坦"2025 发展愿景"，指导规划经济走廊建设，推动两国协同发展。《规划》中的短期项目面向 2020 年，中期项目面向 2025 年，长期项目展望至 2030 年。《规划》共分为前言、走廊界定和建设条件、规划愿景和发展目标、指导思想和基本原则、重点合作领域、投融资机制和保障措施 6 部分。《规划》分析了中巴两国建设中巴经济走廊的具体基础条件、面临的机遇和存在的共同挑战，明确了中巴两国规划愿景和发展目标，阐述了指导思想和基本原则，指明了互联互通、能源、经贸及产业园区、农业开发与扶贫、旅游、民生与民间交流和金融合作七大重点合作领域,确立了投融资机制的建设方针,制定了建立保障机制和保护措施的未来规划。

(三)中巴经济走廊的建设概况及跨境电商的发展

1. 中巴经济走廊的建设概况

截至2021年9月,中巴经济走廊第一阶段的22个优先项目已基本完成,有效解决了巴基斯坦的用电和运输问题。在第一阶段的建设中,中巴双方不仅努力改善能源短缺问题,还把着力点放在基础设施建设上,从而为第二阶段的产业合作打下了坚实的基础。从2021年起,中巴经济走廊建设顺利进入第二阶段,发展重点也逐渐转向产业领域和扩大两国的农业合作。

在中巴经济走廊框架下,中巴双方通过各项基础设施的建设,极大地促进了区域之间的互联互通。中巴经济走廊充分发挥了巴基斯坦的过境运输功能,使中国西部地区的产品得以通过瓜德尔港、卡拉奇、白沙瓦等国际物流节点运往中东、印度洋地区国家。中巴经济走廊不仅改善了巴基斯坦的贸易和投资环境,提高了巴基斯坦对外资的吸引力,同时也产生了良好的溢出效应,引起了周边国家和中东国家甚至欧洲国家的浓厚兴趣。

2022年7月21日,中巴经济走廊国际合作协调工作组第三次会议以视频方式召开。中巴双方同意推进第三方合作,包括向阿富汗延伸,继续深化媒体合作讲好"走廊故事",创新和扩大智库合作,为经济走廊的发展提供更多民意和智力支撑。

2. 中巴经济走廊给跨境电商带来的发展机遇

尽管欧美市场依旧是中国出口的主要市场,但新冠疫情之后东南亚、拉丁美洲、中东市场的高增长速度也让大家看到了更多新的商机。继美国、中国之后,巴基斯坦已成为亚马逊上卖家数量第三多的国家。作为"一带一路"倡议的旗舰项目,中巴经济走廊在促进区域经济发展和全球联通性方面的成效显著;而政府和政策上的助力,无疑给中巴之间跨境电商的发展带来了难得的机遇。

二、中国—中亚—西亚经济走廊

(一)中国—中亚—西亚经济走廊的建设概况

中国—中亚—西亚经济走廊东起中国新疆,西至波斯湾、阿拉伯半岛和地中海沿岸,主要涉及哈萨克斯坦、吉尔吉斯斯坦、塔吉克斯坦、乌兹别克斯坦、土库曼斯坦等5个中亚国家,以及伊朗、土耳其等国,是丝绸之路经济带的重要组成部分。

中国同哈萨克斯坦、吉尔吉斯斯坦、塔吉克斯坦、乌兹别克斯坦等国家签署了与共建丝绸之路经济带相关的双边合作协议,这为中国同中亚国家加强务实合作创造了良好的政策条件。2014年6月5日,国家主席习近平在中国—阿拉伯国家合作论坛第六届部长级会议开幕式上发表了重要讲话，倡导构建中国同阿拉伯国家"1+2+3"的合作格局，即以能源合作为主轴，以基础设施建设、贸易和投资便利化为两翼，以核能、航天卫星、新能源三大领域为新的突破口，全面加强中国同阿拉伯国家之间的合作，以期为中国同阿拉伯国家的关系发展和丝绸之路经济带建设创造良好条件。而自2013年以来中国同西亚国家高层互访频繁，进一步加强了中国同西亚国家之间的政策协调。

在"一带一路"建设总体布局中，中国—中亚—西亚经济走廊建设涉及的国家最多、地域空间最大、工程项目最繁杂、任务也最艰巨。目前，中国—中亚—西亚经济走廊的建设项目主要包括中国—中亚天然气管道、卡姆奇克隧道、安格连火电厂项目、安伊高铁二期项目、瓦赫达特—亚湾铁路项目、杜尚别2号热电厂等。

建设中国—中亚—西亚经济走廊是一个极其庞大且繁杂的系统工程，需要相关各方进行坚持不懈的努力。由于沿线区域政治安全形势复杂多变，目前仅开通了前往中亚的定期班列，向西亚方向的延伸暂未取得实质性突破。受制于种种主客观因素，我国与这些国家潜在的合作优势与发展潜力有待进一步挖掘和释放。

（二）中国—中亚—西亚经济走廊对跨境电商发展的促进作用

西亚的互联网基础设施建设较为成熟，有些国家的网络覆盖率达到90%以上。但西亚的电商市场发展较晚，其电商发展仍处于规模小、渗透率低的阶段。近年来，随着中亚国家贸易环境的改善及跨境电商的普及，中亚国家的互联网用户数呈几何倍数增长，为中国跨境电商卖家和中亚企业达成合作提供了基础设施保障，越来越多的中国跨境电商卖家开始瞄准这个极具潜力的市场。

第四节　21世纪海上丝绸之路

21世纪海上丝绸之路虽然不是六大经济走廊之一，但是是"一带一路"中的"一路"，故也放在本章进行说明。海上丝绸之路自秦汉时期开通以来，一直是东西方经济文化交流的重要桥梁。古代海上丝绸之路从中国东南沿海出发，经过中南半岛和南海诸国，穿过印度洋，进入红海，抵达东非和欧洲，成为中国与外国贸易往来和文化交流的海上大通道，并推动了沿线各国的共同发展。历史证明，由海上丝绸之路带动的不同文化的交流碰撞，推动了世界的进步和发展，国际化视野的开放交流也因此成为世界发展的思想共识。

一、21世纪海上丝绸之路的建设背景

2013年10月3日，为进一步发展中国与东盟的海洋合作伙伴关系，国家主席习近平

提出共同建设21世纪海上丝绸之路。2015年3月，为推进实施"一带一路"倡议，让古丝绸之路焕发新的生机活力，国家发展改革委、外交部、商务部联合发布了《推动共建丝绸之路经济带和21世纪海上丝绸之路的愿景与行动》。

21世纪海上丝绸之路的战略合作伙伴并不仅限于东盟，而是以点带线、以线带面，串起联通东盟、南亚、西亚、北非、欧洲等各大经济板块的市场链，发展面向南海、太平洋和印度洋的战略合作经济带。东盟地处21世纪海上丝绸之路的十字路口，是必经之地，是21世纪海上丝绸之路战略的首要发展目标，而中国和东盟有着广泛的政治基础、坚实的经济基础，21世纪海上丝绸之路符合双方的共同利益和共同要求。

二、21世纪海上丝绸之路建设的基本路径

21世纪海上丝绸之路建设的基本路径：以国际经贸合作为核心，以海上运输通道和基础设施建设为骨架，以沿线的重点港口、中心城市、资源区块、产业园区为支撑体系，以互联互通和贸易投资便利化为手段，以利益共同体和命运共同体为战略方向，推动以南海和战略通道为主的海上合作及共同开发，实现海上的联通便利化，同时推动丝绸之路经济融合，形成开放式国际经济合作带，打造具有强大产业聚集效能的经济走廊，以利益交融、互利共赢的一体化伙伴关系，重构丝路经贸合作新格局，参与和引领全球经济治理，拓展国际合作发展新空间。

三、21世纪海上丝绸之路建设的合作机制

（一）外交与安全合作机制

任何一个国际经济决策都伴随着外交决策，尤其在政经博弈复杂的21世纪海上丝绸之路沿线。一是要重视外交工作的高层引领作用，将经济工作置于首要位置，形成经济和外交相互促进的良性机制。二是要与21世纪海上丝绸之路沿线国家加强沟通协调，加紧商签投资保护、交通运输、贸易便利化、金融合作、司法协助等相关的一些协议，推动海上国际合作，共同保护海上航道安全，打击海上跨国犯罪，推进"南海行为准则"的谈判。三是整合现有多边协商机制，建立沿线国家和地区共同参与的战略平台，共同商讨、解决事关21世纪海上丝绸之路建设的经济、外交和安全问题。四是提高国家领导人、经济和外交高级官员互访和相互交流的频率，增进了解和战略互信。

（二）海洋、港口与城市合作机制

首先，要用好现有合作机制，在与印度尼西亚、马来西亚、泰国、越南等国签署双边海洋领域合作谅解备忘录和协议的基础上，继续推动与更多国家签订双边或多边海洋合作

协议，探索建立海洋部门的多边联席制度，共同开展海洋经济、环保、科技和渔业等各个领域的合作。

其次，要根据各个省市的比较优势和在"一带一路"中的定位，建立各省市与21世纪海上丝绸之路沿线重点国家和地区的城市合作机制。以对方首都、港口、地方首府和经济发达城市为重点，通过产业园区共建、友好城市协作、海上丝绸之路世界文化遗产联合申报等多种形式建立合作关系。

最后，要建立21世纪海上丝绸之路港口合作机制。以上海、天津、宁波-舟山、广州、深圳、湛江、汕头、青岛、烟台、大连、福州、厦门、泉州、海口、三亚等沿海港口城市为主，与东盟、南亚和中东各主要港口建立港口城市联盟和"一对一"的港口合作关系，建立合作开发与运营重要港口的机制。

（三）经贸合作机制

经贸合作是21世纪海上丝绸之路建设的主渠道和优先领域。不同于其他区域贸易协定，21世纪海上丝绸之路既不是一个制度性的安排，又不是一个架构性的组织，更不是一个排他性的区域组织。21世纪海上丝绸之路经贸合作机制要吸收和整合现有亚太经贸合作机制，融入中国元素，形成独特的多元化合作机制。要大力推动中国—东盟"10+1"升级版，更好地发挥亚太经合组织（APEC）的作用，积极做好亚欧会议（ASEM）、亚洲合作对话（ACD）、亚信会议（CICA）、中阿合作论坛、中国—海湾合作委员会战略对话和大湄公河次区域经济合作（GMS）等多边合作平台，同时还要充分发挥各类境内外投资贸易博览会、国际论坛等区域和次区域平台的作用。

四、21世纪海上丝绸之路建设的五大举措

21世纪海上丝绸之路建设应该着眼于以下五大举措。

一是打造建设支点体系，突出国家的总体设计，明确需求导向，确定21世纪海上丝绸之路建设的核心区域、重点对象、优先领域、重大项目及关键节点，按照轻重缓急有序谋篇布局，精准发力、重点突破。

二是基础设施互联互通是21世纪海上丝绸之路建设的优先领域，也是将其红利惠及沿线地区最直接有效的手段。要在战略支点体系的基础上，打造陆海空一体化的互联互通网络，提升互联互通水平。

三是通过大力推进自由贸易区战略，参与重构东亚生产分工体系，推动服务贸易自由化，加快境外经贸区建设，创新亚太金融合作，推进21世纪海上丝绸之路经贸合作。

四是加强海洋开发与合作，推动与21世纪海上丝绸之路沿线国家在渔业捕捞、能源开发、海洋船舶、海洋工程设备和海洋科技研发等领域的跨国合作。

五是大力推进人文交流，充分发挥 21 世纪海上丝绸之路历史文化的天然纽带作用，积极开展各类文化产业和文化贸易合作，深入实施人脉工程，加强教育、智库、媒体、非政府组织等的交流。

21 世纪海上丝绸之路是构建和平稳定周边环境的战略举措，是中国与东盟之间开拓新的合作领域、深化互利合作的战略契合点，有利于搁置争议、增进共识、合作共赢，构建和平稳定、繁荣共进的周边环境；也是新形势下中国应对挑战、用开放倒逼改革的重要途径；还是拓展中国经济发展空间的深远谋划，不仅有助于中国与 21 世纪海上丝绸之路沿线国家在港口航运、海洋能源、经济贸易、科技创新、生态环境、人文交流等领域开展全方位合作，还对促进区域繁荣、推动全球经济发展具有重要意义，同时将大大拓展中国经济发展空间，为中国经济持续稳定发展提供有力支撑，并最终促进沿线国家共同繁荣，实现互利共赢。

本章小结

新亚欧大陆桥经济走廊是六大经济走廊中的第一个，从中国出发连通亚欧，是"一带一路"在贸易畅通领域及设施联通中的重要一环。在新亚欧大陆桥经济走廊建设过程中，机遇与风险并存，想要防范、化解可能遇到的风险，国家不仅需要对风险进行充分估计和研判，还需要出台和完善相应的政策。

中国—中南半岛经济走廊是中国连接中南半岛的大陆桥，也是中国与东盟合作的跨国经济通道，"一带一路"正在成为中国与东盟合作的新亮点。RCEP 中与跨境电商相关的内容主要体现在以下 4 个方面：提高贸易便利化水平、创造有利的电商环境、促进跨境电商的发展与合作及构建电商对话与争端解决机制。RCEP 与"一带一路"倡议可以相互促进，共同推进区域合作。

中巴经济走廊是贯通南北丝路的关键枢纽。中国—中亚—西亚经济走廊东起中国新疆，西至波斯湾、阿拉伯半岛和地中海沿岸，是丝绸之路经济带的重要组成部分。经贸合作是 21 世纪海上丝绸之路建设的主渠道和优先领域。

关键词

| 新亚欧大陆桥经济走廊 | 中国—中南半岛经济走廊 | RCEP |
| 中巴经济走廊 | 中国—中亚—西亚经济走廊 | 21 世纪海上丝绸之路 |

第二章 "一带一路"经济走廊

思考题

1. RCEP 中与跨境电商相关的内容有哪些？
2. 简要回答 RCEP 的实施如何推动跨境电商的发展。
3. 21 世纪海上丝绸之路建设的五大举措有哪些？

讨论题

中国与中亚国家之间的贸易品类丰富，中亚国家对中国出口原材料，包括石油、天然气、黄金、铝等，中国则对其出口高附加值商品，包括机械、设备、电气工程、工业配件等。虽然中国是中亚国家最大的贸易伙伴之一，但中亚国家在中国外贸出口中所占的份额仅为 1.1%，双边贸易规模仍有很大的提升空间。2022 年，中国与中亚国家的跨境电商贸易额同比增长了 95%，近 300 家中亚企业入驻中国跨境电商平台。2023 年 5 月 18 日至 19 日，中国—中亚峰会在陕西省西安市召开。国家主席习近平与中亚五国（哈萨克斯坦、塔吉克斯坦、吉尔吉斯斯坦、乌兹别克斯坦、土库曼斯坦）总统共同签署《中国—中亚峰会西安宣言》。本次峰会提出开展国际贸易"单一窗口"互联互通、促进跨境通关便利化等合作，挖掘中国—中亚跨境电商合作对话机制潜力。

问题：请思考跨境电商平台应如何帮助中亚供应商开拓中国市场，从而进一步推动中亚国家与中国的经济合作，实现更加紧密的互惠共赢？

第三章

"一带一路"沿线国家跨境电商相关法律法规与规章

【学习要点】

1. 随着我国跨境电商的快速发展，各部门先后出台各项法律法规，对跨境电商的发展起到了积极的推动作用。
2. 《中华人民共和国电子商务法》为跨境电商提供便利，但也要求跨境电商平台合法合规，对跨境电商平台的发展具有重大影响。
3. 学习研究"一带一路"沿线主要国家跨境电商相关的法律法规，可以帮助我国跨境电商企业了解"一带一路"沿线主要国家的跨境电商法律规则，避免法律盲区。

【学习目标】

1. 了解我国跨境电商相关的法律法规与规章；
2. 熟悉《中华人民共和国电子商务法》的实施对跨境电商平台的影响；
3. 掌握跨境电商平台面临的主要法律风险及应采取的防范措施；
4. 熟悉"一带一路"沿线主要国家跨境电商相关法律法规；

第一节 我国跨境电商相关法律法规与规章

一、我国跨境电商法律法规与规章的发展历程

我国发展跨境电商采取先试点后推广的方式，2012年确定上海、重庆、杭州、宁波和

郑州5个城市为跨境电商服务试点城市，2013年和2014年，跨境电商服务试点城市增加了包含广州、深圳等在内的多个城市。2015年3月，中国（杭州）跨境电商综合试验区设立，截至2022年年底，国务院已先后分七批设立165个跨境电商综合试验区，覆盖31个省、区、市，基本形成了陆海内外联动、东西双向互济的发展格局。伴随我国跨境电商的发展，相关法律法规与规章也在不断完善。

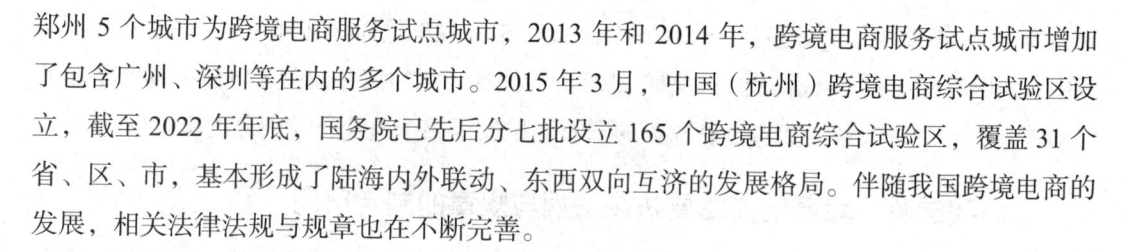

（一）起步期：2004—2007年

这一阶段，相关的法律法规与规章主要有《中华人民共和国电子签名法》（2004年8月28日第十届全国人民代表大会常务委员会第十一次会议通过）、《国务院办公厅关于加快电子商务发展的若干意见》（国办发〔2005〕2号）、《商务部关于促进电子商务规范发展的意见》（商改发〔2007〕490号）等若干法律法规。通过这些法律法规，我国初步规范了电商行业的发展。

（二）迅速发展期：2008—2012年

伴随着我国跨境电商的迅速发展，我国日益重视并积极制定相关法律法规与规章。这一阶段，相关的法律法规与规章主要有《跨境贸易人民币结算试点管理办法》《跨境贸易人民币结算试点管理办法实施细则》（银发〔2009〕212号）、《商务部关于加快流通领域电子商务发展的意见》（商商贸发〔2009〕540号）《关于调整进出境个人邮递物品管理措施有关事宜的公告》（海关总署公告〔2010〕43号）等，这些法律法规与规章涉及跨境电商的监管、支付结算等方面，相关政策呈点状分布，侧重于支持引导。

（三）深入发展期：2013年至今

随着跨境电商正日益成为对外贸易发展的新动能、转型升级的新渠道和高质量发展的新抓手，我们有必要从国民经济发展层面对跨境电商进行通盘考虑，同时解决企业在跨境电商操作层面、实施层面遇到的困难和问题，从而更好地推动跨境电商高质量发展。在这一阶段，我国陆续发布了《国务院办公厅转发商务部等部门关于实施支持跨境电子商务零售出口有关政策意见的通知》（国办发〔2013〕89号）、《国务院办公厅关于支持外贸稳定增长的若干意见》（国办发〔2014〕19号）、《关于跨境贸易电子商务进出境货物、物品有关监管事宜的公告》（海关总署公告〔2014〕56号）、《国务院办公厅关于促进进出口稳定增长的若干意见》（国办发〔2015〕55号）、关于设立跨境电子商务综合试验区的系列批复（国函〔2015〕44号、国函〔2016〕17号、国函〔2018〕93号、国函〔2019〕137号、国函〔2020〕47号、国函〔2022〕8号、国函〔2022〕126号等）、《中华人民共和国电子商务法》（2018年8月31日第十三届全国人大常务委员会第五次会议通过，以下简称《电子商务法》）、《关于跨境电子商务出口退运商品税收政策的公告》（财政部 海关总署 税务总局公告 2023 年第 4 号)等多项法律法规与规章,相关政策呈面状铺开,向实施层面推进。其中,《电子商务法》是我国电商领域首部综合性法律,它约束和规范了电商市场,提升了市场整体品质,在保障消费者合法权益的同时也推动了整个电商行业规范健康发展。

二、我国有关跨境电商主要法律法规与规章的制定部门

除由全国人民代表大会和全国人民代表大会常务委员会制定的各项有关跨境电商的法律法规外,国务院及其组成部门和直属机构、省、自治区、直辖市人民政府及省、自治区政府所在地的市和设区市的人民政府,可以在它们的职权范围内制定有关跨境电商的各项规章,以期有效加强对跨境电商的监管,切实推动跨境电商的高质量发展。

(一)国务院及其组成部门和直属机构制定的有关跨境电商的法规与规章

国务院及其组成部门和直属机构是跨境电商相关政策和指导性意见的主要制定者,自 2013 年我国跨境电商开始发展起,国务院及其组成部门和直属机构就与时俱进,相继颁布法规与规章批准建立跨境电商综合试验区,要求各部门落实跨境电商基础设施建设,以及要求优化和完善支付、税收、结汇、检验、通关等环节。

(二)海关总署制定的有关跨境电商的规章

海关总署作为跨境电商监管体系中的关键环节,在跨境电商规章制定上发挥着重要的作用。近年来,海关总署制定了多项规章来保证跨境电商快速发展。例如,海关对跨境电商监管实行全年(365 天)无休息日,货物到达海关监管场所后 24 小时内办结海关手续;已开展跨境电商监管业务的海关制定了联动工作作业机制、应急预案和全年无休息日跨境电商通关总体工作方案,加大了海关便捷措施的宣传力度,全面落实有关要求,确保跨境电商企业充分享受通关便利。

(三)其他部门制定的有关跨境电商的规章

跨境电商涉及国家的多个部门,因此除国务院及其组成部门和直属机构,以及海关总署外,其他部门也纷纷制定或参与制定了有关跨境电商的规章。跨境电商涉及的部门有国家发展改革委、中华人民共和国财政部(以下简称财政部)、中华人民共和国工业和信息化部、中华人民共和国农业农村部、商务部、国家税务总局、中华人民共和国国家市场监督管理总局、中华人民共和国交通运输部、中华人民共和国国家邮政局、中华人民共和国国家外汇管理局(以下简称国家外汇管理局)、中国人民银行等。这些部门从自身的业务范畴出发,针对跨境电商制定或参与制定了相关规章,这些规章的制定对跨境电商的发展起到了极大的促进作用。

总体来看,这些法律法规与规章从重点关注出口,到开始重视进口,并逐步深入跨境电商的方方面面,大到总体制度、环境建设,小到税收、支付、通关、海外仓等跨境

电商的具体环节，为跨境电商的发展创造了各种有利的条件。

三、我国有关跨境电商平台的主要法律法规与规章

跨境电商平台是指在跨境电商活动中为交易双方或多方提供网页空间、虚拟经营场所、商品或服务推荐、交易规则、交易撮合、交易发布等服务的网络信息系统。按照平台运营方，跨境电商平台可分为第三方平台和自营型平台，前者通过线上搭建商城，整合物流、支付、运营等服务资源，吸引商家入驻并提供跨境交易服务；后者通过线上搭建平台，整合供应商资源，自行采购并出售商品。由于平台经营者不仅为平台内经营者和消费者提供了虚拟网络活动市场，同时也集中反映了各跨境电商主体的经营规则与法律诉求。因此，对跨境电商行为的规范、管制及法律责任的认定和处罚，很大程度上其实是对跨境电商平台经营者的规范与管制[①]。

2020年9月10日，中华人民共和国最高人民法院印发的《关于审理涉电子商务平台知识产权民事案件的指导意见》（法发〔2020〕32号）第四条规定，依据《电子商务法》第四十一条、第四十二条、第四十三条的规定，电商平台经营者可以根据知识产权权利类型、商品或者服务的特点等，制定平台内通知与声明机制的具体执行措施。但是，有关措施不能对当事人依法维护权利的行为设置不合理的条件或者障碍。

（一）《电子商务法》的实施对跨境电商平台的影响

1. 加强跨境电商平台对行业的监管义务

跨境电商平台的监管职责是维系跨境电商市场交易秩序的重要保障，如何确保跨境电商（平台内）经营者信息的真实性和有效性，一直是业界和消费者关注的问题。《电子商务法》第二十七条规定了电商平台经营者对申请进入平台销售商品或提供服务的经营者的身份核验、登记义务，第二十八条规定了电商平台经营者向市场监管部门和税务部门提供平台内经营者的身份信息，并协助监管的义务。这两条规定将电商平台的信息审核、登记的制度与工商部门的注册登记制度进行了较好的衔接，更好地保障了平台内经营者信息的真实性和有效性。

纳税是跨境电商发展的核心环节，《电子商务法》第十一条规定电商经营者应当依法履行纳税义务，并依法享受税收优惠。即使是无须办理市场主体登记的便民劳务活动和零星小额交易活动的经营者，在首次纳税义务发生以后，也应当依照税收征收管理法律、行政法规的规定申请办理税务登记，并如实申报纳税。这意味着平台内经营者被赋予纳税义务之后，需要诚信纳税，否则需要承担法律责任。第二十九条和第三十六条则分别规定了电

[①] 杨雅芬，施佳.电商法实施对我国跨境电商平台的影响及策略[J].杭州电子科技大学学报（社会科学版），2021，17（05）：28-33.

商平台经营者对平台内经营者违法违规行为的处置、报告及公示义务，一旦发现平台内经营者不具备相关经营资质或发生有损消费者安全的质量问题，电商平台经营者有权且需要采取必要措施进行干预，并报告给有关部门。

《电子商务法》的落地实施使跨境电商平台不仅可以为相关行政管理部门"打前哨"，同时也能为政府监管部门提供第一手信息，这是利用跨境电商平台在监管方面的创新。

2. 明确跨境电商平台保障、平台稳定运行和防范网络犯罪的义务

随着互联网的不断普及，网络用户大幅增长，网络安全事件频发，网络安全威胁日益突出，特别是跨境电商行业涉及国内外多方主体，网络交易安全风险也较大。一旦平台网络安全危及交易双方的利益，就会降低人们对跨境电商平台的使用频率，进而影响跨境电商的发展。《电子商务法》第三十条指出维护平台稳定运行，保障网络安全是电商平台经营者开展业务的基本要求。该条款明确规定电商平台经营者应承担平台内网络安全的义务，强调电商平台经营者对消费者信息的安全保障义务，这个规定敦促跨境电商平台经营者必须具有保障其经营领域内网络安全的经济能力和技术能力。此外，赋予跨境电商平台经营者这项责任也有法律渊源可以追溯，如《中华人民共和国消费者权益保护法》《中华人民共和国侵权责任法》中就有类似规定，即交易场所在其空间范围以内需要承担交易安全责任。因此，跨境电商平台作为电子交易的发生场所，应当依法承担安全保障义务。

3. 确立跨境电商平台对平台规则和制度的制定与公示义务

《电子商务法》第三十一条规定电商平台经营者应当记录、保存平台上发布的商品和服务信息、交易信息，并确保信息的完整性、保密性、可用性。商品和服务信息、交易信息保存时间自交易完成之日起不少于三年。第三十二至三十五条规定了电商平台规则和服务协议的相关内容，即电商平台经营者需要在与平台内经营者签订服务协议的时候公开其协议条件，并且公平公正对待所有经营者，不能差别对待，以确保经营者和消费者的利益。第二十二条和第三十五条涉及跨境电商平台"二选一"的问题，尤其第三十五条规定了电商平台经营者不得对平台内经营者进行不合理限制或附加不合理条件，或者向平台内经营者收取不合理费用。这是一条具有前瞻性和包容性的条款，它是基于我国《中华人民共和国垄断法》《中华人民共和国反不正当竞争法》《中华人民共和国消费者权益保护法》的立法体系提出的，主要目的是规范电商平台经营者的行为，防范那些影响力较大的电商平台滥用自己的市场优势地位，欺压平台内的中小经营者，促进市场公平竞争，保护中小经营者和消费者的权益。

对中小跨境电商经营者而言，选择第三方跨境电商平台进行交易是个不错的选择，尤其是那些积累了大量用户流量、有针对性发展区域的第三方跨境电商平台。这类跨境电商平台往往拥有相对成熟完善的跨境交易规则，在市场上占据一席之地。一旦中小跨境电商

经营者入驻并获得消费者的认可，很可能会拥有广阔的交易市场。但是，随着第三方跨境电商平台在跨境电商领域发挥着越来越重要的作用，很容易产生自然垄断的现象。因此，如何建立高效的跨境电商平台规则和制度，规范跨境电商平台的竞争行为就显得至关重要。

4. 明确跨境电商平台在争议纠纷方面的权利和义务

《电子商务法》第四十一至四十五条规定了知识产权相关方面的内容，统称为"电商知识产权保护制度"，在打击假货和防止恶意投诉方面起着积极的作用。在电商行业，其争议纠纷主要包括知识产权侵权和交易纠纷问题，特别是在跨境电商领域，最容易发生知识产权侵权问题，且这种侵权行为具有广泛性、普遍性和严重性。

在《电子商务法》出台前，《信息网络传播权保护条例》（国务院令第468号，以下简称《条例》）等相关法律明确了"避风港原则"的适用规则。虽然是针对著作权项下的信息网络传播权的规定，但在司法实践中，网络交易平台是知识产权侵权的重灾区，因此对于著作权之外的商标权侵权等，均参照、适用《条例》所明确的"避风港原则"及其相应规则。《电子商务法》在继承《条例》等以往法律规定的基础上进行创新，明确电商平台内知识产权侵权的通知处理流程，即权利人在获得构成侵权的初步证据之后，有权通知电商平台经营者采取必要措施阻止其权利受到侵犯。电商平台经营者一旦接到通知，应当及时采取删除、屏蔽、断开链接、终止交易和服务等必要措施，并将该通知转送平台内经营者，否则需要承担连带、民事甚至加倍赔偿的责任。这在加强电商平台经营责任的同时，也增加了电商平台的经营成本。一旦存在知识产权侵权行为，电商平台再也无法以"避风港原则"回避平台应尽的审查责任。另外，为了应对电商平台上出现的各类在线交易纠纷，保护消费者的合法权益，《电子商务法》提到推动和建立电商争议解决机制。其中，第五十八至六十三条较为全面地规定了电商平台经营者在投诉、举报、调解等争议解决方面的权利和义务，这些均为推动电商争议解决机制的建立奠定了良好的法律基础和制度基础。

总之，《电子商务法》的落地实施有助于解决跨境电商领域存在的问题，同时也明确了跨境电商平台更多的责任和义务。作为消费者和平台内经营者的沟通桥梁，跨境电商平台经营者应该根据法律法规的要求切实规范自身的发展，协助相关部门做好监管工作，保护消费者的合法权益，成为促进跨境电商行业长远稳健发展的重要力量。

（二）跨境电商平台面临的主要法律风险及应采取的防范措施

1. 跨境电商平台需要承担的主要法律责任

从跨境电商平台的商业模式可以看出，跨境电商平台除需要承担国内电商平台的一般责任外，还需要承担跨境电商平台的特殊责任，另外当跨境电商平台作为供应商采购商品并在平台销售商品时还需要承担供应商的责任。

根据《电子商务法》《关于完善跨境电子商务零售进口监管有关工作的通知》(商财发〔2018〕486号)、《关于跨境电子商务零售进出口商品有关监管事宜的公告》(海关总署公告〔2018〕194号),跨境电商平台应当承担以下法律责任。

(1)在境内及时办理工商登记,并按照相关规定在海关办理注册登记,接受相关部门的监管,配合开展后续管理和执法工作。

(2)向海关实时传输附有电子签名的跨境电商零售进口交易电子数据,并对交易的真实性、消费者身份的真实性进行审核,承担相应责任。

(3)建立平台内交易规则、交易安全保障、消费者权益保护、不良信息处理等管理制度。

(4)对申请入驻平台的商家进行主体身份真实性审核,在网站公示主体身份信息和消费者评价、投诉信息,并向监管部门提供平台入驻商家等信息;与申请入驻平台的商家签署协议,就商品质量安全主体责任、消费者权益保障等方面明确双方责任、权利和义务。

(5)平台入驻商家既有进口电商企业,又有国内电商企业的,跨境电商平台应建立相互独立的区块或频道为进口电商企业和国内电商企业提供平台服务,或者以明显标识对跨境电商零售进口商品和非进口商品予以区分,避免误导消费者。

(6)建立消费纠纷处理和消费者维权自律制度,消费者在平台内购买商品,其合法权益受到损害时,跨境电商平台须积极协助消费者维护自身合法权益,并履行先行赔付责任,保障消费者的知情权。

(7)建立商品质量安全风险防控机制,在平台的醒目位置及时发布商品风险监测信息、监管部门发布的预警信息等。督促跨境电商企业加强质量安全风险防控,当商品发生质量安全问题时,敦促跨境电商企业做好商品召回、处理及报告工作。对不采取主动召回处理措施的跨境电商企业,可采取暂停其跨境电商业务的处罚措施。

(8)建立防止跨境电商零售进口商品虚假交易及二次销售的风险控制体系,加强对短时间内同一购买人、同一支付账户、同一收货地址、同一收件电话反复大量订购,以及盗用他人身份进行订购等非正常交易行为的监控,采取相应措施予以控制。

(9)根据监管部门的要求,对平台内的在售商品进行有效管理,及时关闭平台内禁止以跨境电商零售进口形式入境商品的展示及交易页面,并将有关情况报送相关部门,接受海关稽核检查等。

(10)当知识产权权利人有证据证明其知识产权受到侵害时,跨境电商平台接到知识产权权利人要求的,应采取删除、屏蔽、断开链接、终止交易和服务等必要措施,以尽知识产权保护的责任。

2. 跨境电商平台面临的主要法律风险

1）与跨境电商企业之间的法律风险

跨境电商平台主要为跨境电商企业提供订单展示、支付等服务，而跨境电商企业负责发货、退换货等，且双方之间会就该交易签订合同。在这种情况下，跨境电商平台作为纯平台型企业，主要会面临如下风险。

（1）对跨境电商企业销售资质审查不严格而引起的法律风险。跨境电商平台需要承担平台内经营者的身份、资质审核义务，如未尽到该义务，跨境电商平台存在被行政处罚、对消费者赔偿等风险。

（2）由跨境电商企业销售的商品存在瑕疵、质量不合格或为假冒伪劣商品等引起的法律风险。该风险主要在跨境电商企业销售商品的过程中发生，一旦跨境电商平台事前、事中未注意监管，事后也未及时补救，可能届时不仅需要向消费者负责，还需要向被侵犯利益的第三人（如知识产权权利人）负责。

（3）因跨境电商企业违约而引起的法律风险。因跨境电商平台会就跨境电商企业入驻平台销售签订一些协议，如果跨境电商企业因主观或客观原因中途违约或不履行合同义务，对跨境电商平台来说也存在一定风险。

2）与消费者之间的法律风险

不管是作为国内电商平台，还是跨境电商平台，我国相关法律均规定了提供撮合交易的电商平台须保障消费者权益的责任。跨境电商平台与消费者之间存在的法律风险主要围绕《中华人民共和国消费者权益保护法》《电子商务法》《关于完善跨境电子商务零售进口监管有关工作的通知》（商财发〔2018〕486号）、《关于跨境电子商务零售进出口商品有关监管事宜的公告》（海关总署公告〔2018〕194号）中规定的各种责任。

（1）消费者权益保护的法律风险。当消费者在跨境电商平台内购买到不合格商品后，跨境电商平台不仅需要协助消费者追究跨境电商企业的售后责任，还可能承担先行赔付的责任。

（2）个人信息收集的法律风险。消费者在选择跨境电商平台购买商品前，需要在平台内提交个人信息予以注册。对于这些个人信息，跨境电商平台不得擅自使用、传输或用于牟利等，否则是对消费者个人信息的一种侵犯。

3）与相关部门之间的法律风险

跨境电商平台需要向相关部门，如市场监督管理部门、海关等承担一些法律责任，包括办理工商注册登记、海关注册登记，如实传输平台内的交易信息，提供平台入驻的商家信息，根据监管部门要求，对平台内的在售商品进行有效管理、依法纳税及接受海关稽核

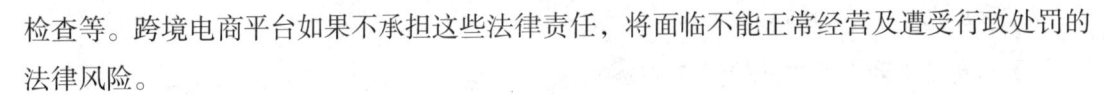

检查等。跨境电商平台如果不承担这些法律责任，将面临不能正常经营及遭受行政处罚的法律风险。

3. 跨境电商平台应采取的防范措施

针对上述跨境电商平台经营过程中需要承担的法律责任及可能面临的主要法律风险，建议跨境电商平台从以下防范措施中寻找可行且适合自身的措施并进行优化组合，提前预判并防范有关风险。

1）督促跨境电商企业及时办理工商、海关注册登记及取得许可证

督促跨境电商企业依据市场监管部门和海关注册登记管理的相关规定，及时向其所在地市场监管部门、海关办理注册登记；同时，跨境电商平台作为电商平台的一种，也需要办理电商平台资质许可。

2）按照规定及时申报平台内的交易信息、数据

与跨境电商企业不同的一点是，跨境电商平台不仅需要申报交易信息，还需要将平台入驻企业信息及保障消费者权益的措施等申报给相关部门。因此，跨境电商平台应按照各项规定及时、如实地申报各项信息，一旦发现异常交易信息，包括异常企业信息，应及时向海关或有关部门披露，积极配合调查，将风险最小化。

3）重视内部合规管理，建立合规体系

跨境电商平台作为特殊的交易平台，应高度重视日常经营活动中的合规管理，必要时可请专业人士进行内部合规风险排查，建立与跨境电商企业、消费者之间的风险防火墙；定期梳理相关政府部门的监管要求，并按要求承担平台主体责任。

4）规范与跨境电商企业之间的合约

在跨境电商平台面临的主要法律风险中，最主要的就是与跨境电商企业之间的风险。因此，跨境电商平台应就跨境电商企业入驻该平台中的事项约定清楚、具体、详尽，如双方合作期限、跨境电商企业销售的商品范围、类型，跨境电商企业应保证其自身销售资质及销售商品合格、不侵权的承诺，以及跨境电商企业违反义务或承诺的违约责任等。一旦对方违约，跨境电商平台在与对方协商不成的情形下，应及时寻求法律途径解决，尽量降低自身风险。

5）构建消费者权益、知识产权的保护机制

跨境电商企业销售不合格、假冒伪劣商品时，跨境电商平台主要需要承担防止知识产权侵权及侵犯消费者权益的责任。跨境电商平台为防范该类风险，一方面，应提前、主动建立商品质量安全风险防控、售后及知识产权预警机制；另一方面，在前述事件发生后，跨境电商平台应及时协助消费者维护权益、必要时履行先行赔付的责任，再向跨境电商企业追偿。针对知识产权侵权事件，跨境电商平台应对商品涉及的知识产权进行核实，同时

如果接到知识产权权利人发出的侵权通知，应当及时采取删除、屏蔽、断开链接、终止交易和服务等必要措施，并将该通知转送平台内跨境电商企业，以降低自身风险。

6）建立健全个人信息保护制度

跨境电商平台应按照法律法规和双方的约定，合法收集、存储、使用个人信息，未经被收集者同意，不得向他人提供或用于其他盈利目的，同时应当采取技术措施和其他必要措施，确保其收集的个人信息安全，防止信息泄露、毁损、丢失。如果发生或可能发生个人信息泄露、毁损、丢失的情况时，应当立即采取补救措施，及时告知消费者并向有关部门报告，以降低自身风险。

第二节 欧盟跨境电商相关法律法规

一、欧盟跨境电商法律法规概述

长期以来，欧盟的经济实力和经济韧性之所以能够领先世界，靠的就是其结构完整、自成体系的实体经济基础及产业发达的内部统一经济结构支撑。1997年4月15日，欧盟委员会提交《欧洲电子商务提案》，该提案主要对税收政策进行了制定与调整。同年，欧盟通过了《欧洲电子商务动议》和《波恩部长级会议宣言》，在确立明确性、简易性、中立性三原则的同时，主张在电商领域保持税收中性。此后，欧盟跨境电商立法逐步在贸易便利化、知识产权保护、竞争政策调整、政府采购升级等层面不断进行改革和尝试。

二、欧盟跨境电商的增值税立法

随着跨境电商全球化的进一步发展，欧盟关于内部及外部跨境电商的税收合规政策也在不断更新，其根本目的在于保护和培育欧盟内部的跨境电商企业，打破美国对欧洲跨境电商市场的长期垄断和蚕食现象。1998年2月，欧盟发布了不考虑征收新税，在增值税征税系统下将少数商品的交易视为提供劳务，在欧盟境内购买劳动力要征收增值税、境外不征税三项关于跨境电商的税收原则。另外，欧盟在跨境电商税收政策上采取了内外迥异的模式，跨境电商增值税仅适用于非欧盟成员国的跨境电商企业或平台，不再征收成员国的跨境电商增值税。自2021年7月1日起，欧盟增值税改革正式实施，主要是针对欧盟内部和非欧盟国家（地区）卖往欧盟的跨境货物的相关措施。新跨境电商增值税方案的实行将填补进口增值税税金流失的漏洞，增加线上市场的增值税收入，确保欧盟企业的公平竞争，促进电商货物跨境销售，并打击增值税欺诈，以确保欧盟企业与非欧盟企业的公平竞争。另外，欧盟是最早将数字服务纳入增值税立法的国际组织，并对B2C业务中的数字服务采用消费地原则征税。欧盟宣布自2015年1月1日起，成员国的消费者通过互联网购买数字服务时，数字服务提供商无论是否是欧盟成员国，均须按消费者所在国增值税适用税率代收增值税，并代缴至消费者所在国税务机关。

欧盟近年来在跨境电商层面的增值税改革政策主要如下。

（1）推出一站式注册申报服务，并且将其扩大到欧盟和非欧盟内部国家及生产地公司不在欧盟而进行跨境将商品卖往欧盟的远程销售活动。

（2）推出进口一站式服务方案：申报价值在150欧元以下的货物可通过进口一站式服务进行快速清关。

（3）废除远程销售起征额（适用于全欧范围年销售额超过阈值1万欧元）。

（4）终止低于22欧元的进口增值税豁免政策，创造公平竞争的环境。

（5）由跨境电商平台或海关申报人负责收取和缴纳增值税。

三、欧盟跨境电商的电子签名立法

1999年，欧盟通过《关于建立有关电子签名共同法律框架的指令》（以下简称《电子签名指令》），致力于构建欧盟内部各成员国统一使用的跨境电商活动的电子签名法律框架。为了减少贸易商和消费者面临的不确定性，欧盟委员会于2015年12月9日向欧盟议会和理事会提交了《关于在线及远程货物买卖合同若干问题的指令（草案）》（以下简称《指令》），《指令》在符合欧盟现行的、关于在"单一数字市场"中适用法律和管辖权的规则下，对货物合同在线及远程交易中的瑕疵担保与权利救济等方面进行了调节。

四、欧盟跨境电商的个人信息及数据安全立法

在数字经济时代，公民个人信息与国家公共数据在跨境电商流转过程中的安全问题已然引起了巨大关注和讨论。2018年，欧盟出台了《通用数据保护条例》，该条例第三条第二款规定，即便某一实体并未在欧盟境内成立，只要其向欧盟境内的个体提供货物或服务，或者监控了欧盟境内个体的行为，则其中涉及的个人信息处理均要受到《通用数据保护条例》的规制。跨境电商交易活动中，跨境电商平台收集的用户个人信息、商家交易数据、用户浏览习惯等都会成为其商业行为决策的重要基础和信息来源。跨境电商的交易行为不仅会产生数据，还会使数据进行跨境流动。数据合集与个人信息、隐私信息含混不清不仅增加了数据保护和使用上的难度，还会影响跨境电商平台和国家智库等机构利用数据进行平台竞争和对国际经济环境的宏观判断及决策，可能导致消费者交易活动中的搜索成本差异、算法歧视及算法"黑箱"等问题的出现。

五、欧盟跨境电商的消费者权益保护立法

欧盟对消费者权益进行了多方位、多角度、深层次地立法保护。2020年12月，欧盟

委员会向欧洲议会和欧洲理事会提交了《数字服务法（草案）》并正式公布。《数字服务法（草案）》倡导跨司法管辖区主管当局在执法方面的合作，特别是在解决跨境问题时，《数字服务法（草案）》确认和更新了 2000/31/EC1《电子商务指令》的目标，呼吁采取以保护消费者权益为核心的跨境电商交易活动规则，对互联网平台及企业等在线中介服务机构的法律责任和义务制定了新规则，加强了对特大型超级在线平台的监管，旨在建立更加开放、公平、自由竞争的欧洲数字市场，促进欧盟数字产业的创新和发展，为欧盟消费者提供更加安全、透明和值得信赖的在线服务。2021 年 7 月 16 日，《欧盟市场监管和商品合规条例》正式实施。《欧盟市场监管和商品合规条例》加强了对欧盟外部跨境电商经营者的监管与审查，加强了对外部跨境电商经营者在欧盟投放商品的限制。《欧盟市场监管和商品合规条例》规定欧盟指令项下的商品需要有一个在欧盟设立的负责商品合规的经营者才可以投放到欧盟市场，否则商品就不能投放到欧盟市场。如果商品合规经营者的名称、注册的商号或注册商标、联系方式没有按照要求标注出来或无法识别，海关将暂缓放行并通知市场监管机构。如果市场监管机构认为商品存在风险或不符合欧盟规定，就可以通知海关不予放行。分析发现，此规定对于中小跨境电商卖家的影响最大，极大地限制了其在欧洲市场开拓业务的范围，打击了其深耕欧洲市场的信心。

六、欧盟跨境电商的知识产权保护立法

欧洲是世界上最早对知识产权保护进行立法监管的地区。欧盟自成立以来，颁布的主要涉及知识产权的法律法规有《欧洲专利公约》《欧洲专利审查指南》《欧洲共同体商标条例》《信息社会的著作权及邻接权指令》。除颁布众多的法律法规外，欧盟坚持国家间在知识产权领域的司法互信原则，设置了专门处理涉及跨境电商知识产权纠纷和争端的功能性法院——统一专利法院（Unified Patent Court，UPC）。2014 年 3 月，欧盟正式公布涉及跨境电商对著作权管理的新法案《集体权利管理指令》，简化了网络音乐提供商设立跨境服务的流程，规定了授予版权许可机构和收取版税机构须遵守的最低标准等，促进了对数字内容的许可和获取。

欧盟对于知识产权的执法不仅贯穿于线上交易和线下纠纷的非诉讼或仲裁环节，还注重海关对知识产权跨境交易的审查。

2012 年 12 月，欧盟竞争力委员会通过"2013—2017 年打击知识产权侵权行动计划"。该行动计划强调，欧盟层面仍须加强跨境电商领域的新型知识产权的海关稽查和保护力度，特别是针对跨境进行网络交易的小件货物（主要是零售商品）。知识产权的有关执法部门利用电子支付系统能够很快锁定在欧洲境内侵犯知识产权的跨境电商，并按照法律对其提起诉讼，追究其侵权责任。《欧盟知识产权海关保护条例》明确了欧盟各国海关在对跨境电商

进行知识产权监管时可以实施的简易执法程序，欧盟各国的海关通常采用特殊销毁方式，迅速销毁掉跨境进口的小批量的侵权商品。该条例有效遏制了欧盟境内通过跨境电商进境的假冒和盗版商品，保护了欧盟境内知识产权所有人的合法权益。

第三节 俄罗斯及其他沿线国家跨境电商相关法律法规

一、俄罗斯跨境电商的法律法规概述

俄罗斯是世界上最早进行电商立法的国家之一，颁布了一系列法律法规来管理电商的竞争秩序、保护知识产权和消费者权益，出台了专项或涵盖电商领域活动的法律法规和电商发展计划。

（一）俄罗斯跨境电商的电子签名立法

1995年1月，俄罗斯制定了规范电商活动的法律——《俄罗斯联邦信息、信息化和信息保护法》，规定电子交易合同中的电子签名权需要经过授权才能取得，为后续电商监管模式与规则的制定奠定了基础。2002年，俄罗斯颁布实施《俄罗斯联邦电子数字签名法》，规定了国家机构、法人和自然人在有效电子文件上唯一合法的电子签名及加密生成技术，规定了互联网电子合同中电子签名的方式、确认、效力、保存期限和管理办法等问题。《俄罗斯联邦电子签名法》于2011年3月出台，主要在电子签名的使用目的、原则平衡、类型选择、同属性确认及网络环境安全等方面做了新的立法规范，为俄罗斯跨境电商的发展提供了法律保障和政策指引。

（二）俄罗斯跨境电商的知识产权保护立法

2013年7月2日，俄罗斯联邦发布第187-FZ号联邦法，审议并通过了《关于修改俄罗斯联邦若干针对信息通信领域知识产权保护的立法》，并于2013年8月1日正式生效实施。该法主要对《俄罗斯联邦民法典》及《俄罗斯联邦民事诉讼法》中关于信息通信领域的知识产权纠纷解决方案和实体保护做出了修正，进一步明确了跨境电商知识产权纠纷的管辖权和范围。为便利和提高效率，《俄罗斯电信网络知识产权法》还规定知识产权专利申请也可以通过填写法院官方网站上的表格向法院提出，并按照联邦法律规定的程序用合格的电子签名签署。该法在程序和实体上对跨境电商出现的知识产权争议问题做出了详细规定，极大地满足了跨境电商活动的效率、成本和制度需要。

（三）俄罗斯跨境电商领域主要法律法规

（1）2001年，《俄联邦电子商务法》正式出台，明确了电商领域的法律调整关系及电子信息通信的使用规则，规定了电商主体的权利和义务、订立电子合同的规则，并确认了电子文件的法律凭证。

(2)《2001—2006年俄联邦电子商务发展目标规划》于2001年颁布。该规划拟采取一系列措施鼓励电商的发展，其中包括开展电商试点、开发具有示范作用的电商系统、在俄罗斯各地区建立电商系统、通过网络进行国家采购以带动电商的发展、建立电商教学和咨询中心等。

(3)《2002—2010年俄罗斯信息化建设目标纲要》于2002年颁布。其主要目的如下：一是为了适应世界信息技术发展的潮流；二是为了满足发展国内电子通信、电子政务、电子商务并尽快与国际接轨的需要。

(4)《俄罗斯联邦国家支付系统法》于2011年出台，其确定了支付系统的概念，规定了对电子货币汇兑业务的要求，包括对电子货币运营商、货币支付和接收系统运营商，以及电子货币支付基础设施服务商（业务中心、清算和结算中心）的行为进行监管，俄罗斯中央银行为主管部门。

二、中亚（部分）国家跨境电商的法律法规概述

由于政治环境和国家经济发展目标的差异，中亚国家对于跨境电商的发展还处于起步或萌芽阶段，大部分国家的跨境贸易多为大宗货物或基础建设投资等形式，不仅在法律规范文本方面欠缺，还在支持跨境电商活动发展所需要的电子信息技术、跨境交易平台或企业、电子签名认可等层面存在不足。

这里主要以发展状况较好，政治环境和社会经济秩序较为稳定的乌兹别克斯坦和哈萨克斯坦为介绍蓝本。

（一）乌兹别克斯坦跨境电商的法律法规

为规范跨境电商领域的相关主体及经营者的电商合同关系，2016年乌兹别克斯坦推出《电子商务法》。该法第三条规定调整对象是电商合同关系，如商品、工程的购买与销售关系等。第四条明确了电商合同的基本原则，包括平等参与电商活动原则、意思自治原则、电子贸易自由原则和保护电商参与者等在内的诸多合法权益原则。第五条交代了修订此法的目的是支持和鼓励电商行业的发展，通过境内外电商开展的创业活动为电商创业领域吸引投资、引进现代技术和设备，为电商经营单位提供其从事电商活动所需的法律、经济、统计、生产技术、科学技术等信息，促进电商领域的科学技术研究、人员培训等各方面的完备，促进电商领域的国际合作与国内技术和营商环境建设，加快推进乌兹别克斯坦双边和多边经济贸易合作与往来的全球化开放及融入程度提档升级。

乌兹别克斯坦《电子商务法》中还涉及关于电子合同效力的若干细节问题，电子合同与纸质签订的合同在法律行为、法律后果等层面具有相同的法律效力。电子合同要约发出并追认（确认）后，跨境电商活动参与的双方或多方被视为做出承诺，且要约和承诺均可通过电

子信息发送及接收。第十条规定了电子商务参与方的身份分类，货物或产品的买方、卖方只能为法人或自然人，销售者只能是法人实体或个人企业家。

（二）哈萨克斯坦跨境电商的法律法规

长期受国内政治、经济、社会、技术因素的影响，哈萨克斯坦的电商发展速度、规模和质量呈现出后劲不足的现象，无法满足跨境电商发展需要的优良物质基础。哈萨克斯坦在不断加强电商生态建设的过程中也逐渐开始发展本国中小电商并给予大量税收等方面的政策性帮助、发展国内外物流和快递服务所需的基础设施和人员队伍，以及关注本国跨境电商企业与国际大型跨境电商平台的合作。

1. 哈萨克斯坦跨境电商的税收立法

2017年12月，哈萨克斯坦共和国参议院通过了《哈萨克斯坦共和国税款和其他应缴财政款法（税法）》，该法于2018年1月1日正式生效实施。该法对跨境电商的税收问题做出了规定，从2018年起正式开始对外国跨境电商企业税收政策实施与国际接轨的方案，普遍适用增值税征收模式。自2022年1月1日起，哈萨克斯坦《税法典》中关于向外国互联网公司征收增值税的条款正式生效。所有通过互联网平台提供商品和服务的外国公司，即通过跨境电商平台向哈萨克斯坦公民销售商品的外国公司都必须缴纳税率为12%的增值税。具体程序方面也进一步精简，对外国公司采用简化程序征税，不需要提供纳税申报表，只需向该国税务机关提交一份缴纳增值税确认函。从传统的行为税或商品税转换到普遍适用的增值税，哈萨克斯坦此举不仅完善了跨境电商交易监管过程中的税收改革政策，也在很大程度上填补了跨境互联网平台企业电子支付监管的漏洞。

2. 哈萨克斯坦跨境电商的知识产权保护立法

在知识产权领域，哈萨克斯坦同世界知识产权组织达成协议，采取知识产权立法入编式技术路径，将其增设在本国民法典之中，以独立成编形式进行规定，并没有选择立法成本较高、立法周期较长的单一立法模式。依据知识产权入编的规定，哈萨克斯坦在中央政府下设哈萨克斯坦知识产权局，统一管理全国的知识产权事务并发布专利成果进出口清单。2022年6月20日，哈萨克斯坦议会通过了《关于修改和补充哈萨克斯坦共和国有关完善知识产权领域立法和提供受国家保障的法律援助的一些法案》，该法案于2022年8月21日正式生效。该法案除重点引入知识产权保护长期空白的"地理标志和原产地名称"外，还进一步扩大了专利保护的范围，明确了跨境电商活动中出现的专利成果未经授权被他人复制或仿制的法律援助制度。此外，该法案对专利、商标外观等涉及的知识产权保护日期进行了延长并规定了初次保护时长，极大地缩短了行政审查的时间，有利于保护跨境电商企业的合法权益及促进跨境电商企业进行产品和服务创新，提升市场活力和竞争力。

三、巴西跨境电商的法律法规概述

巴西拥有丰富的自然资源和完整的工业基础,其电商市场规模占南美电商市场的34%。巴西目前虽然还不是共建"一带一路"国家,但拉丁美洲和加勒比地区的20多个国家已同我国签署了"一带一路"合作文件,并从相关合作中受益。我国欢迎巴西成为"一带一路"合作的重要参与方,这对于南美市场的开拓和实现中巴合作共赢发展具有重要作用。

(一)巴西跨境电商的税收法律规范

巴西复杂的税制结构和高额税费,使跨境电商企业在跨境物流、支付方式和通关效率方面付出了巨大的时间和资金成本,给跨境电商企业带来了极大负担。税收方面,一般来说,拉丁美洲国家对进口商品征收最高32%的普通税或销售税,而巴西政府规定个人在跨境电商平台购买进口商品价格高于50美元的,买家要缴纳关税,税额甚至在商品价格的60%以上。物流运输方面,由于铁路不发达,拉丁美洲地区普遍依靠公路运输,而公路运输由于路况、卡车司机罢工、抢劫风险等因素,时间长、成本高。巴西买家通过跨境电商平台购买商品,从中国到巴西的时间和价格跟从巴西境内南部到北部的时间和价格差不多,有时巴西境内运输所需成本更高,大部分商品的物流成本达到了商品价格的15%左右。

(二)巴西跨境电商的知识产权保护立法

巴西作为世界上经济产出体量、发展质量与市场潜力名列前茅的南美洲国家,其跨境电商专属或涉及的法律规范体系建设却是极为落后的。本节选取了巴西较为注重的跨境电商中的著作权保护立法进行分析。1998年2月19日,巴西总统签署了《计算机程序著作权保护法》。根据该法规定,对计算机程序的知识产权保护是指由立法授予文字作品的著作权及其邻接权。该法对在该国进行跨境电商活动布局的企业的网络技术使用和信息公示做出了规定,避免因信息披露问题产生知识产权纠纷和侵权问题。另外,巴西对于跨境电商平台经营者提出了部分负担义务,跨境电商消费者在跨境电商平台网购商品和服务时,平台经营者或所有者应当对在其平台注册的商家及展示的商品进行技术监管,并有义务提供必要的信息公开和注意事项,以保护消费者的知情权和个人信息隐私权等相关权益。

四、韩国、新加坡跨境电商的法律法规概述

(一)韩国跨境电商的法律法规

从1999年起,韩国政府制定了《电子商务基本法》《电子交易消费者保护法》《电子商务消费者保护指南》《产品责任法》来保障电商消费者及企业的合法权益,从而推进了电商的发展和良好电商竞争环境的营造。除了这四项基本的法律法规,韩国还制定了有关电商和信息社会便利化的法案,包括《电子签名法》《标准合同规章法》《网络信息服务业促进法》《电子单证法》等。

1. 韩国跨境电商的消费者权益保护立法

《韩国电子商务基本法》第二十九条规定，政府应根据有关的法律和法令，采取必要的政策措施来保护消费者与电子商业有关的基本权利和利益。第三十条规定，政府应将与消费者利益有关的电子商业的主要政策和决定等事项告知消费者和用户。电子交易者、网上商店经营者等应接受消费者保护组织提出的获得必要信息的要求，并予以合作，对消费者提供保护。不仅如此，韩国在税制适用性、税收起征点及征税地税率差异化方面也体现着让利于民的思想，总体遵循了经济合作与发展组织（OECD）的规定和国际跨境电商的课税要求。

2. 韩国跨境电商的主体责任分配立法

韩国是全球第五大电商市场，仅次于中国、美国、英国和日本，韩国国会陆续提出加强电商平台经营者责任和保护消费者权益的议案，试图推动《韩国电子商务基本法》的修订工作。目前，为完善电商交易市场监管体系，以进一步保护消费者权益，韩国公平交易委员会起草了《电商交易法》全部修订案（以下简称修订案），并将 2021 年 3 月 5 日起至 4 月 14 日作为立法预告期，现已生效。但无论是联合国层面还是 OECD，并没有在国际立法上制定主权国之间通用的有关跨境电商法律责任主体的明文规定，以往的《电商交易法》是否对全球性经营者适用尚存不确定性。

3. 韩国跨境电商的知识产权保护立法

自 2005 年以来，韩国特许厅①每年针对海外投资企业进行海外知识产权侵权状况调查。韩国政府越来越意识到科技发展对经济发展的重要性，并采取了一系列措施完善其知识产权制度，鼓励平台企业积极进行知识产权创新。2022 年 4 月 20 日，韩国《专利法》《商标法》和《外观设计保护法》的修正案生效。对跨境电商涉及的知识产权交易和申请中影响最为重大的莫过于"自动认定分案申请的优先权"，如果申请人在原申请中已合法要求优先权，在后续可能进行的分案申请中便无须再次提交优先权要求，被自动视为在分案申请中已合法取得优先权。这一重大修订极大地提升了知识产权跨境交易的安全性和流动速度。

（二）新加坡跨境电商的法律法规

新加坡作为全球知名的国际性贸易自由港，给予了大部分进出口商品免征关税的巨大优惠。1998 年新加坡通过了《新加坡电子交易法》，1999 年通过了《新加坡电子交易（认证机构）规则》，2004—2005 年，新加坡分 3 个阶段对《新加坡电子交易法》和《新加坡电子交易（认证机构）规则》进行全面审查并接受公众咨询，涉及的问题主要如下：与《联

---

① 韩国特许厅是韩国知识产权领域的最主要行政管理机构，主要职能：专利、实用新型、外观设计和商标的审查和注册，制定保护商业秘密的政策和半导体集成电路布图设计注册；国内外知识产权信息和文件的管理及知识产权宣传工作；鼓励创造和创新活动；知识产权领域内的国际合作；知识产权领域内的人力资源开发等。

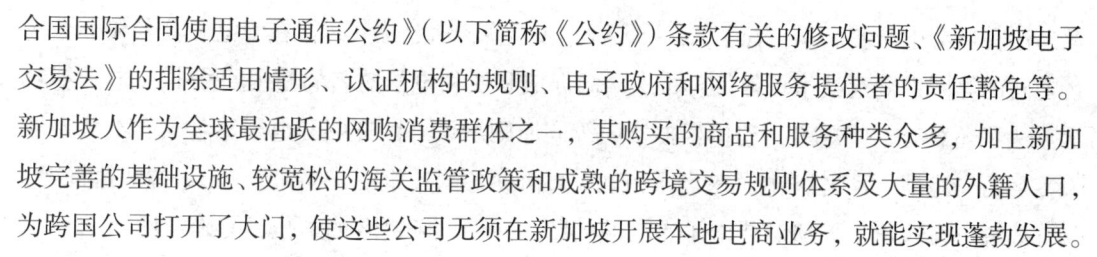

合国国际合同使用电子通信公约》(以下简称《公约》)条款有关的修改问题、《新加坡电子交易法》的排除适用情形、认证机构的规则、电子政府和网络服务提供者的责任豁免等。新加坡人作为全球最活跃的网购消费群体之一,其购买的商品和服务种类众多,加上新加坡完善的基础设施、较宽松的海关监管政策和成熟的跨境交易规则体系及大量的外籍人口,为跨国公司打开了大门,使这些公司无须在新加坡开展本地电商业务,就能实现蓬勃发展。

1. 新加坡跨境电商的电子交易体系规范立法

规定新加坡跨境电商活动的核心法律《新加坡电子交易法》有 2010 年修订版和 2020 年修订版两个版本。2020 年修订版不仅规定了电商的基本内容,还规定了电子签名的相关问题,具体包括电子记录和电子签名的一般效力与适用规则、电子记录和电子签名的安全性问题及加密工具使用规则等。关于电子记录、电子签名和合同部分,承认电商活动中以电子记录形式生成的法律文书与书面记录具有相同的法律效力。

2021 年 3 月 12 日,新加坡政府正式颁布《新加坡电子交易法》修正法案,并于 2021 年 3 月 31 日正式开始实施。该修正法案允许创建和使用在法律上等同于纸质提单的电子提单,极大地简化了电商商品及服务跨境的交易和过关效率。同时,使用电子提单还提高了跨境支付和电子签名的防伪安全性,降低了欺诈、伪造的交易风险。

2. 新加坡跨境电商的税收制度规范立法

新加坡没有专门针对电商及跨境电商的税收体系,但明确规定将现有税收政策应用于电商及跨境电商。新加坡税务机关出台的《电子商务所得税指引》和《电子商务货物劳务税指引》指出,电子交易过程中所涉及的税种主要是所得税和货物劳务税,且明确了各种税收问题。

3. 新加坡跨境电商的知识产权保护立法

在知识产权保护方面,世界经济论坛将新加坡列为亚洲第一、全球第二。新加坡知识产权局全面负责本国境内企业和个人所牵涉的境内外交易行为中的知识产权侵权审查和调解,积极为企业和个人提供跨境知识产权纠纷的法律咨询和争端联络程序协助。2021 年 1 月,新加坡颁布的《知识产权修正法案》对许多知识产权领域所涉的法规进行了修改,具体包括《专利法》《商标法》《注册外观设计法》《2014 年地理标志法》。

除此之外,各国跨境电商活动还要遵守国际法中有关跨境电商的制度规范。在国际组织的立法成果中,最为重要的是联合国国际贸易法委员会负责起草并于 1996 年通过的《电子商务示范法》(以下简称《示范法》)。《示范法》的颁布对各国的电商立法活动产生了重大的推动作用,许多国家、地区和组织基本都会以《示范法》为蓝本,制定符合本国国情又同国际接轨的国际化电商法。此外,2001 年联合国国际贸易法委员会通过《联合国国际贸易法委员会电子签名示范法》（以下简称《电子签名示范法》），旨在为电子签名和手写签名之间的等同性规定技术可靠性标准，从而促成和便利电子签名的使用。另外，《电子签名示范法》还载有一些规定，支持根据实质等同原则承认外国证书和电子签名，而不考虑外国签名的来源地。因此，《电子签名示范法》可协助各国制定现代、统一、公平的法律框架，以有效解决在法律上如何对待电子签名的问题，并使电子签名的地位具有确定性。

本章小结

近年来，我国跨境电商规模呈爆发式增长，国务院、海关总署及其他各部门先后出台了各项法规、规章支持和促进跨境电商的发展。《电子商务法》的落地实施对跨境电商平台的发展产生了诸多方面的影响。而跨境电商平台作为电商平台，需要承担电商平台面临的法律风险及责任。

随着电商及跨境电商的发展，"一带一路"沿线国家纷纷出台相关法律法规来解决跨境电商活动中可能产生的知识产权纠纷、电子合同纠纷、专利保护纠纷、税收政策不同等不同方面的法律纠纷。

关键词

跨境电商法律法规　　　　跨境电商平台法律风险　　　　跨境电商交易合同
消费者权益保护　　　　　平台责任

思考题

1. 我国目前跨境电商活动的立法还存在哪些问题？
2. 试分析我国跨境电商平台应当采取怎样的风险防范措施。
3. 试分析《电子商务法》对我国跨境电商平台的影响。
4. 试分析对于跨境电商平台来说，消费者在平台进行买卖时应注意哪些法律问题。
5. 试分析当前"一带一路"沿线国家在跨境电商层面的立法趋势及特色。

讨论题

2017年，亚马逊欧洲站全年注册增值税的不超过1000个卖家，然而当时出口到欧洲的跨境电商商品成千上万，这意味着绝大多数的跨境电商卖家都没有缴纳增值税的意识。然而，2021年7月1日起，欧盟新税法正式实施，欧洲站加大了税务监管的力度，对于偷漏税行为严抓严打,在欧盟增值税合规化的大趋势下,再也没有人可以浑水摸鱼、蒙混过关。跨境电商企业只有合规运营,才能继续在业界稳步发展。然而,许多跨境电商企业在早期往往重视推广和运营而忽略了税务,当企业进一步发展时,税务管理的落后可能会影响业务发展,甚至需要更多成本进行补救。

问题:通过本章的学习并查阅相关资料,你认为欧盟税法改革会给跨境电商带来怎样的影响?做好增值税合规对跨境电商经营者有什么优势?

运营基础篇

第四章 "一带一路"跨境电商平台

【学习要点】

1. 跨境电商平台是从电商平台发展而来的。跨境电商平台有不同的分类标准,包括按照交易主体分类、按照服务类型分类、按照平台交易方分类、按照涉及的行业范围分类、按照商品流向分类。
2. 跨境电商按照出口和进口两种商品流向形成了不同的商业模式。
3. 目前,跨境电商平台的经营模式主要是第三方平台模式和独立站模式,各自有其优势和劣势,跨境电商卖家可以根据自己的商品类型来选择适合自己的模式。

【学习目标】

1. 了解跨境电商平台的分类标准;
2. 掌握跨境电商主流的商业模式;
3. 掌握出口跨境电商的主要商业模式;
4. 掌握进口跨境电商的主要商业模式;
5. 了解目前跨境电商平台的主流经营模式。

第一节 跨境电商平台的分类及商业模式

跨境电商平台是一种基于电子平台而建立的新型贸易中间商,是指分属于不同关境的交易主体交换信息、达成交易并完成跨境支付结算的虚拟场所,具有开放性、全球性、虚拟性和低成本的特征，显著提高了跨境贸易的交易效率，尤其是对于中小企业来说，跨境电商平台的建立使其可能拥有与大企业一样的信息资源和竞争优势。

一、跨境电商平台的分类

（一）按照交易主体分类

1. B2B 跨境电商平台

B2B 跨境电商平台面向的最终客户和经营主体都是企业或集团，其为客户提供与企业、产品或跨境电商交易有关的服务，具有大批量、小批次、订单集中的特点。目前，跨境电商交易规模中，B2B 跨境电商交易规模始终占据跨境电商总交易规模的 80% 左右，在跨境电商交易中占有重要地位。代表企业：敦煌网、中国制造网、阿里巴巴国际站、环球资源网等。

2. B2C 跨境电商平台

B2C 跨境电商平台面向的最终客户是消费者个人，一般以网上零售的方式将产品卖给消费者个人，具有小批量、多批次、订单分散的特点。目前，B2C 跨境电商交易规模在跨境电商总交易规模中占据的比例并不大，但是增长快速，未来的发展势头强劲。代表企业：全球速卖通、兰亭集势、米兰网、大龙网等。

3. C2C 跨境电商平台

C2C 跨境电商平台面向的最终客户和经营主体都是个人，主要通过第三方交易平台来实现个人与个人之间的跨境交易，具有辅助性、节约性、繁杂性的特征。C2C 跨境电商交易存在语言门槛高、物流时效得不到保证、管理成本高等局限性，因此目前跨境电商市场仍然以 B2B 和 B2C 为主要模式。代表企业：eBay。

（二）按照服务类型分类

1. 信息服务平台

信息服务平台主要是指为买方和卖方提供发布信息或进行信息搜索的平台，该类平台的目的是完成交易撮合，不涉及交易环节。主要盈利模式包括提供会员服务和增值服务，以收取会员费和增值服务费。会员服务即卖方每年缴纳一定的会员费后享受平台提供的各种服务，会员费是平台的主要收入来源，目前该种盈利模式的市场趋向饱和。增值服务即买卖双方免费成为平台会员后，平台为买卖双方提供的增值服务，主要包括竞价排名、点击付费及展位推广服务。竞价排名是信息服务平台最为成熟的增值服务。代表企业：阿里巴巴国际站、环球资源网、中国制造网等，跨境电商信息服务平台对比如表 4-1 所示。

表 4-1 跨境电商信息服务平台对比

相关对比	信息服务平台		
	阿里巴巴国际站	环球资源网	中国制造网
盈利来源	会员费、广告费	会员费、增值服务费	会员费、增值服务费、认证费
主营业务	主要提供一站式的店铺装修、产品展示、生意洽谈、店铺管理等线上服务和工具	提供网站、专业杂志、展览会等出口市场推广服务,以及广告制作、教育项目和网上内容管理等支持服务	提供信息发布与搜索等服务,帮助中小企业应用互联网开展国际营销
客户对比	为中小企业提供拓展国际贸易出口营销推广服务,向海外买家展示、推广供应商的产品	通过展会、数字化贸易平台及贸易杂志等多种渠道连结全球诚信买家及已核实供应商,为它们提供定制化的采购方案及值得信赖的市场资讯	汇集中国企业产品,面向全球采购商,为国内中小企业构建交流渠道,帮助供应商和采购商建立联系
优势	访问量最大的B2B网站,推广力度较大,功能较完善	电子产品有优势,在中国、韩国及欧美市场有优势	收费较公道,其知名度很大一部分是靠口碑相传的
劣势	价格较高,实际效用与宣传有一定的差距,采购商良莠不齐,客户的含金量不高	只有供应商目录查阅功能,价格太高,而低价服务效果差,采购商信息采集和分类是其弱项	规模较小,在海外影响力不大,在国内推广力度不足

2. 在线交易平台

在线交易平台不仅提供企业、产品、服务等方面的信息展示,还可以使买卖双方通过平台完成搜索、咨询、对比、下单、支付、物流等全购物链环节。主要盈利来源为收取佣金及展示费用。佣金是成交以后按比例收取的费用,不同行业收取的比例不同。展示费是卖方上传产品时收取的费用,不区分展位大小,只要展示产品信息便收取费用,卖方可以直接在线上支付展示费用。在线交易平台已经成为当下跨境电商的主流平台。代表企业:敦煌网、大龙网、易唐网、全球速卖通、DX等。跨境电商在线交易平台对比如表4-2所示。

表 4-2 跨境电商在线交易平台对比

相关对比	在线交易平台		
	敦煌网	大龙网	全球速卖通
盈利来源	"梯度式"佣金	进销差价	会员费、交易佣金
物流模式	与EMS、UPS、DHL、TNT等快递公司合作	多与当地物流商合作	线上物流、线下物流、海外仓
营销方式	海外采购商访问,线上线下资源整合	社交网络营销,电子邮件产品推送	平台内外多渠道营销推广

续表

相关对比	在线交易平台		
	敦煌网	大龙网	全球速卖通
支付方式	近30种在线支付方式	大龙钱包、信用卡、Visa、MasterCard 等	信用卡、电汇、电子钱包账户、T/T 汇款等
产品服务	敦煌e保通、数据智囊、视觉精灵、流量快车等	跨境品牌集采、龙品牌、龙拍档	提供轻纺、电子、家居、体育、通信、车载等行业20多类、300余万种商品
销售市场	主要为北美和西欧	俄罗斯、越南、加拿大、波兰等	覆盖全球200多个国家
优势	具有快速、稳定的供应链和快速的搜货能力,注重品质和售后服务	商品价格较低,跨境物流、网上支付服务好	有技术领先优势,为交易双方提供了公正、透明的品质和诚信监督体系

(三)按照平台交易方分类

1. 第三方平台

第三方平台通过线上搭建商城,整合物流、支付和运营等服务资源,吸引商家入驻,并为其提供跨境电商交易服务。第三方平台以收取商家佣金及增值服务费为主要盈利模式。第三方平台跨境电商业务流程如表4-3所示。

表4-3 第三方平台跨境电商业务流程

流程	具体内容
建站	跨境电商网站的开发与建设是基础; 网站域名、名称、Logo 等; 网站布局与风格、语言开发与设置
引流	流量是第三方平台的生存之本; 传统电商巨头为第三方平台引流; 通过广告、市场活动扩大知名度,提升品牌形象
招商	招商是存续与发展的关键; 商家位于境外市场,严格把控商家资质审核,确保商品质量,增加商家入驻数量和商品种类
平台	平台管理是日常工作的重点; 对商家和商品进行日常管理,约束商家的不良行为,确保商品供应与品质,开展促销活动,促进商品销售
物流	多使用直邮方式,搭建物流系统; 自建物流系统,服务卖家; 搭建物流信息系统,提供物流信息对接服务; 自建保税仓、海外仓等,服务卖家
服务	针对卖家服务短板,补充售后与客服环节; 提供在线信息沟通工具,扮演客服角色; 监督商家服务质量,处理消费者投诉,承担部分退换货工作

2. 自营型平台

自营型平台通过线上搭建平台，整合供应商资源，通过较低的进价采购商品，然后以较高的售价出售商品，以商品差价为盈利来源。不同于第三方平台，自营型平台更类似于传统的零售企业，只是将商品交易场所从线下转移到线上。自营型平台跨境电商业务流程如表4-4所示。

表4-4 自营型平台跨境电商业务流程

流程	具体内容
建站	跨境电商网站的开发与建设是基础； 网站域名、名称、Logo等； 网站布局与风格、语言开发与设置
引流	流量是自营型平台的生存之本； 通过广告、市场活动扩大知名度，提升品牌形象
供应商	供应商开发是存续与发展的关键； 供应商包括制造商、品牌商、零售商、经销商等； 获取国外品牌授权具有一定难度
选品	选品追求准确性、前瞻性、避免商品滞销； 一方面追求商品畅销，选择爆款或热销款；另一方面挖掘未被开发的优质商品
运营	负责商品运营与销售； 以社区、社交网络、品牌效应、价格补贴、大数据推荐等多种方式提升运营效果，促进商品销售
物流	大多自建或租赁保税区、自贸区、海外仓等各种类型的仓库； 承担跨境物流组织者的角色，与第三方物流商合作
服务	自建服务团队，提供标准化服务； 售前、售中、售后服务统一管理； 自建采购、运营、客服、售后团队，多数提供退换货服务

（四）按照涉及的行业范围分类

1. 垂直型跨境电商平台

垂直型跨境电商平台专注于某些特定的领域或某种特定的需求，提供该领域或该需求全部的深度信息与服务。垂直型跨境电商平台的参与者比较有限，主要集中于服饰、美妆等垂直类商品。代表企业：美丽说、海蜜全球购、蜜芽、唯品会等。

2. 综合型跨境电商平台

综合型跨境电商平台是一个与垂直型跨境电商平台相对应的概念，它不像垂直型跨境电商平台那样专注于某些特定的领域或某种特定的需求，其所展示和销售的商品种类繁多，涉及多个行业。代表企业：天猫国际、淘宝全球购、洋码头、亚马逊海外购、网易考拉海淘、小红书等。

（五）按照商品流向分类

1. 出口型跨境电商平台

出口型跨境电商平台指的是从事商品出口业务的跨境电商平台，具体是指将国内商品通过跨境电商渠道销售到国外市场，通过平台完成商品的展示、交易、支付，并通过线下的跨境物流送达商品、完成商品交易的跨境电商平台。代表企业：亚马逊海外购、eBay、全球速卖通、环球资源网、大龙网、兰亭集势、敦煌网等。

2. 进口型跨境电商平台

进口型跨境电商平台指的是从事商品进口业务的跨境电商平台，具体是指将国外商品通过跨境电商渠道销售到我国市场，通过平台完成商品的展示、交易、支付，并通过线下的跨境物流送达商品、完成商品交易的跨境电商平台。代表企业：天猫国际、京东全球购、洋码头、小红书等。

（六）主要企业优劣势分析

1. 全球速卖通

优势：为消费者提供丰富的产品品类，涵盖服装配饰、鞋包、手机及通信工具、美妆用品、珠宝及手表、家居、玩具、户外用品等；用户流量较大，在部分新兴国家排名靠前；拥有阿里巴巴、天猫、淘宝的卖家资源。

劣势：产品质量难以保证，物流、售后、退换货等方面的用户体验一般，因此在欧美地区（服务要求较高）占比逐渐下降，在新兴国家占比上升。

2. eBay

优势：品牌认同度高，买家资源丰富，在全球范围内拥有近 3 亿名用户、近 1.2 亿名活跃用户，流量大，产品质量较好；品类丰富；支付系统强大，PayPal 拥有超 1.32 亿名活跃用户，支持 26 种货币支付；为吸引中国卖家入驻，成立了专业团队，提供一站式外贸解决方案，并提供跨境交易认证、业务咨询、专场培训、洽谈物流优惠等服务。

劣势：对产品的掌控能力较弱，售后服务质量一般。

3. 亚马逊

优势：品类丰富，可选品种超过 500 万种；品牌认同度高，用户流量大，产品质量较好；对入驻卖家要求较高，产品品质相对优于其他平台；自建物流中心，在全球有 80 多个物流中心，除自营产品外，也为第三方卖家提供物流服务，物流方面用户体验较好。

劣势：尽管对卖家要求较高，但依然无法 100%保证平台内产品的质量；若第三方卖家不选用亚马逊物流，物流体验也无法保证。

4. 兰亭集势

优势：供应链管理能力较强，在婚纱和礼服类产品方面能为消费者提供个性化定制；拥有2个海外采购中心，快递服务商包括Fedex、UPS、DHL、TNT及中国邮政、美国邮政，消费者可以针对个人需求选择；客户服务和市场营销均由目标市场国家的员工提供和执行，物流、售后方面的用户体验较好。

劣势：流量成本较高，产品质量一般，运营成本较高；核心品类不够突出。

二、出口跨境电商的主要商业模式

（一）B2B 模式

B2B 模式是指出口企业与进口企业通过跨境电商平台进行信息发布或信息搜索完成交易的模式。

B2B 跨境电商企业力推在线交易。从整体链条来看，大多数企业是以提供信息服务为主的，"信息+广告"服务的模式经历了很长时间，而当前信息为王的时代已经过去，单纯的信息服务已经满足不了 B2B 跨境电商企业供需双方的需求。

信用保障体系完善是关键。对于 B2B 跨境电商企业而言，不良的供应商带来的不是金钱损失，而是整个生意的丧失。因为 B2B 跨境电商海外买家将信用看得很重要。

大数据将创造新的价值。第三方平台介入交易后，交易数据将形成一个巨大的数据库，所有的数据都将呈现出来，使后期的搜索和匹配变得更加高效。大数据将对 B2B 模式产生越来越重要的作用，基于交易数据库能够创建至关重要的信用体系，保障交易安全。

（二）B2C 模式

B2C 模式是指出口企业与海外最终消费者通过跨境电商平台完成交易的模式。

随着互联网，尤其是移动互联网的不断渗透，以及支付和物流等基础设施的不断完善，B2C 跨境电商经历了高速增长，在全球消费市场的占比不断上升。作为新兴的跨境消费方式，B2C 跨境电商以其强劲的增长动力，将成为跨境消费品贸易增长的新引擎。

B2C 跨境电商对全球跨境消费模式的改变主要表现在以下3个方面：交易流程的扁平化；产品/服务提供商直接面对消费者，跨境交易买卖双方的碎片化；交易数据的海量化，线上线下融合的服务集成和优化。

（三）跨境服务商模式

跨境服务商是指在跨境电商交易流程中的任一环节提供服务的厂商。跨境电商交易流程可细分为选品、制造、融资、采购、上架、营销、销售、物流、支付、报关、报税、客服等环节。跨境服务商通常从某个擅长的环节切入，并不断利用自己的优势，在做深的同

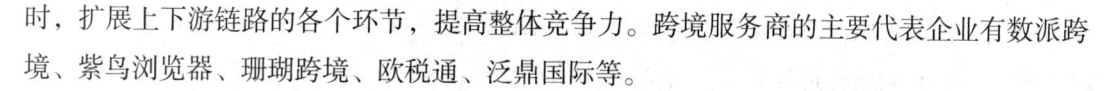

时，扩展上下游链路的各个环节，提高整体竞争力。跨境服务商的主要代表企业有数派跨境、紫鸟浏览器、珊瑚跨境、欧税通、泛鼎国际等。

出口跨境服务商支撑着出口跨境电商的各个环节，在整个出口跨境电商产业链中有着举足轻重的作用，主要提供 IT 服务、供应链服务、营销服务、支付服务及物流服务，未来出口跨境服务商将趋向服务整合商发展。

三、进口跨境电商的主要商业模式

（一）海外代购模式（C2C 模式）

海外代购模式是指在海外的人或商户在当地为有需求的中国消费者采购所需商品，并通过跨国物流将商品送达消费者手中的模式。环节少、税率低造成的海外与国内同类同款商品的显著价差促使消费者选择海外代购模式，同时境外丰富的商品选择也使消费者更倾向于海外代购模式。

传统海外代购商品的采购货源未经品牌授权（多以境外商场扫货为主），通过个人携带或以邮寄"个人自用"物品的名义清关入境，从而规避进口税收（出口电商亦以个人物品躲避报关及缴税），在品质、售后、税收等方面存在较大风险。在业态上，海外代购可分为海外代购平台和朋友圈海外代购。

1. 海外代购平台

海外代购平台的运营重点在于尽可能多地吸引符合要求的第三方卖家入驻，不会深度涉入采购、销售及跨境物流环节。入驻平台的第三方卖家一般都是有海外采购能力或跨境贸易能力的小商家或个人，他们会定期或根据消费者订单集中采购特定商品，在收到消费者订单后再通过转运或直邮模式将商品发往国内。海外代购平台通过向入驻卖家收取入场费、交易费、增值服务费等获取收益。

2. 朋友圈海外代购

朋友圈海外代购是依靠熟人或半熟人的社交关系从移动社交平台自然生长出来的原始商业形态。虽然社交关系对交易的安全性和商品的真实性起到了一定的背书作用，但随着海关政策的收紧，监管部门对朋友圈海外代购的定性很可能会从灰色贸易转为走私性质。在海外代购的市场格局完成整合后，这种模式恐怕将难以为继。

（二）生产制造商直接面对消费者的模式（M2C 模式）

生产制造商直接面对消费者的模式以商家入驻平台为主，交易由商家与消费者自己进行，而平台只解决支付和信息沟通的问题。该模式的优势：轻资产模式，平台投入低，由于跨境本身的特殊时效性，现金流的周转期非常长，平台可以沉淀大量资金。缺点：平台

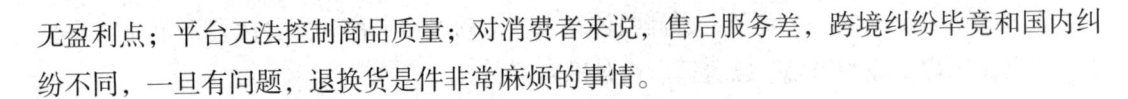

无盈利点；平台无法控制商品质量；对消费者来说，售后服务差，跨境纠纷毕竟和国内纠纷不同，一旦有问题，退换货是件非常麻烦的事情。

（三）海外直采模式

海外直采跨境电商出售的海外产品一般分为两种：一种是直采，就是直接去国外原产地购买；另一种是非直采，就是通过经销商或其他人采购。该模式不仅打通了产品的流通环节，还减去了传统进口渠道的冗余节点，实现了减价、减时，同时货源也相对安全可靠。

（四）"自营+招商+承包生产线+类保税店"模式

"自营+招商"可以最大限度地发挥跨境电商企业的内在优势，同时企业可以在缺乏内在优势或存在短板的方面进行招商，以弥补自身的不足。承包生产线是指跨境电商企业与传统企业合作，达成协议，承包某一产品的一条独立生产线。例如，苏宁联合乐购仕与日本造纸业排名第一的王子妮飘株式会社达成合作协议，承包后者位于名古屋的纸尿裤制造工厂的一条独立生产线，为乐购仕和苏宁生产独供纸尿裤"乐可爱"。而类保税店则是将海外购引入线下，来凸显企业售后服务的优势。

（五）直发/直运平台模式

直发/直运平台模式又被称为 Dropshipping 模式。跨境电商平台将接收到的消费者订单信息发给品牌商、批发商或厂商，后者按照订单信息以零售的形式向消费者发送货物。由于供货商是品牌商、批发商或厂商，因此直发/直运平台模式是一种典型的 B2C 模式。跨境电商平台的部分利润来自商品零售价和批发价之间的差额。这种模式的优势在于对跨境供应链的涉入较深，后续发展潜力较大。劣势在于招商缓慢，前期流量相对不足、所需资金量较大；对于模式既定的综合平台来说，难以规避手续造假的"假洋品牌"入驻。

（六）导购/返利模式

导购/返利模式是一种轻资产的跨境电商模式，主要涉及引流和商品交易两部分。该模式的优势是对信息流进行整合，模式轻，容易开展业务。引流部分可在较短时间内为平台吸引到不少用户，可以比较好地理解消费者的前端需求。劣势是把规模做大的不确定性比较大。

（七）O2O 跨境电商模式

O2O 跨境电商模式主要是指以线上和线下相结合的方式完成交易过程。与传统电商运作模式不同，O2O 跨境电商模式有着其独特的优势，如不积压、成本低；消费者可以亲身体验，减少了购物疑虑；传统实体店与跨境电商相结合，实现了线上与线下同步销售；售后服务有保证，解决了后顾之忧。目前，国内存在的 O2O 跨境电商模式有四大类型。

1. 在机场设提货点

2015 年 7 月 28 日,天猫国际与韩国最大免税店集团新罗集团、泰国最大免税店集团王权集团达成战略合作,三方共同宣布,在中国率先启动环球免税店项目。具体实现形式:消费者在出国前、出国期间,都可通过天猫国际提前购买海外机场免税店里的商品,在归国时,直接去机场免税店自提即可。而早在 2012 年 12 月 28 日,韩国乐天免税店就推出了中文版购物网站,中国游客可以在乐天网上免税店提前购买免税商品,结束在韩国的旅游回国时方便地领取商品。对于这种"线上下单线下自提"的方式,天猫国际引入免税店的商品是对网站商品丰富度的一次有效补充,也可以提升消费者在免税店的购物体验。

2. 在保税区开店

美市库是在国内保税区开店的典型例子,其保税区店铺采用仓储式超市的运营思维,具备 3 种功能:充当存货仓库、直接向消费者售卖一般贸易进口的商品、用于展示跨境进口的商品。对于跨境进口的商品,美市库提供实物展示及平板电脑展示,消费者看中商品后可在线下单,然后由美市库通过海外直邮或保税仓发货的方式将商品配送到家。

3. 在市区繁华路段开店

2014 年 12 月,洋码头首个线下体验中心在上海南京东路正式亮相,其联合了平台上来自美洲、欧洲、大洋洲、亚洲的数百名海外商家,将近千件商品在体验中心展示。不过,洋码头的线下体验中心虽然选址在一线城市的黄金地段,但只持续开放了很短的时间,主要起品牌推广的作用。

4. 与线下商家合作

蜜芽是与线下商家合作探索 O2O 模式的尝试者。2015 年 4 月,蜜芽宣布联合红黄蓝教育机构(现为启今教育)向全国 300 多个城市 1300 余家园所开拓线下渠道,届时商品会在红黄蓝园所里进行展示,用户可通过手机扫码直接下单。同时,用户还可以在蜜芽的特卖网站和手机 App 上购买红黄蓝的早教服务。

(八)进口跨境电商的发展趋势分析

1. 强化对引入资本的重视

2019 年以来,进口跨境电商领域融资热度不断回暖,多个进口跨境电商平台成功获投。强化对引入资本发展进口跨境电商业务的重视,能给细分行业的发展提供源源不断的动力,加快行业成长。

2. 发力拓展线下实体店

2019 年以来,进口跨境电商企业纷纷在线下开设实体店,布局无人便利店、全球精选店、智能无人柜。发力拓展线下实体店是进口跨境电商的重要发展趋势之一,以便于突破时间和空间的束缚，为消费者提供即买即用的购物体验。

3. 加快三、四、五线城市的用户下沉

目前，进口跨境电商的用户主要分布在一、二线城市，而在农村消费升级和新零售的大背景下，进口跨境电商将逐步下沉到三、四、五线城市。

4. 以提升用户消费体验为核心

随着用户购买力的增强，物流仓储等配套设施的完善，进口跨境电商行业将在以提升用户消费体验等软实力为核心的基础上，进一步提升产品的实时性和价格优势，助力进口跨境电商行业整体的发展。

第二节　跨境电商平台的主流经营模式

目前，中国跨境电商平台的主流经营模式是第三方平台模式（如国内的全球速卖通，国际的亚马逊、eBay 等）和独立站模式，而且近几年独立站的发展速度加快。第三方平台可以帮助跨境电商企业降低经营难度，但是使企业的可控环节减少。以独立站模式经营的跨境电商企业则要建成更全面的经营链条，如支付手段、物流配送、私域流量经营等。

一、第三方平台模式

第三方平台通过互联网按照特定的交易与服务规范，为买卖双方提供服务，服务内容包括但不限于供求信息的发布与搜索、交易的确立、支付及物流。第三方平台只提供跨境电商的基础设施和基础服务，平台本身不参与交易。

（一）优势

第三方平台通常拥有庞大的用户基础，卖家依靠平台本身的大流量，可以更容易地扩大市场份额，在前期阶段，相比独立站模式能更为轻松地获取客户；通过在知名第三方平台上销售，卖家可以借助平台的品牌影响力，提高自身品牌的知名度，这样平台店铺出单会较快，即使是新开店铺，只要投入精力将产品内容做好，自然会吸引平台访客浏览并且下单；平台店铺初始成本较低，大型第三方平台通常拥有成熟的技术和物流体系，在第三方平台开店无须卖家自行维护网络，平台自身集成支付、物流等功能，卖家在很大程度上节约了时间和精力；第三方平台往往具备完善的客户服务体系，可以协助卖家解决与消费者之间的纠纷，提高客户满意度。而且伴随着跨境电商由消费者终端向贸易链中心的转型，传统品牌企业可以将本土化的成熟品牌产品输入海外，借助当地的大型第三方平台销售产品；新兴互联网思维企业则优先考虑品牌价值，根据品牌的定位、文化、目标输入海外市场，多采用独立站模式，兼顾第三方平台模式。

（二）劣势

第三方平台通常会收取一定比例的佣金和费用，会导致卖家的利润受限；在第三方平台上，卖家需要面临全球各地的竞争对手，竞争非常激烈；在第三方平台上销售，卖家的品牌建设可能受到平台规则的限制，卖家很难完全控制自己的品牌形象和销售策略；过度依赖第三方平台可能会导致卖家在平台政策调整、技术故障等问题方面容易受影响；此外，卖家可能无法完全掌握第三方平台上的销售数据和客户信息。

二、独立站模式

中国企业在海外建立的独立站数量已达到了 20 万个。独立站是指有单独的域名和服务器，完全由卖家自己负责搭建和运营的网站。2016 年，中国跨境电商独立站的市场规模仅为 0.2 万亿元，2020 年该数字上涨为 0.8 万亿元，预计到 2025 年中国跨境电商独立站的市场份额将从 2020 年的 25%上升至 41%。

（一）优势

独立站卖家可以掌握详细的买家数据，易于收集、分析客户数据以运营私域流量，提高回购率；不受平台规则的约束，独立站一旦打通初始环节，则摆脱了平台规则的限制，避免因为平台规则的突然变化而受到压制；无论是想要成为一个品牌的企业，还是渴望成为一个品牌的个人卖家，有自己的独立站会更方便品牌形象的塑造；交易没有手续费，在交易过程中，除给第三方支付机构缴纳低额的费用外，不会再产生保证金、佣金等费用，避免了价格战。

（二）劣势

独立站建站后，网站程序、后台管理等都要卖家自己去设置；需要卖家自己推广引流，独立站不比第三方平台自身有一定的流量，独立站推广引流需要卖家亲力亲为，因此比较耗费时间和财力。

三、第三方平台和独立站的差异性分析

（一）平台风险

自 2021 年 4 月以来，亚马逊对平台卖家进行了一波严厉的"封号潮"。据深圳市跨境电商协会统计，在两个多月时间内，亚马逊平台上被封号的深圳活跃卖家超过 5.2 万家，造成行业损失金额预估超千亿元人民币。而据亚马逊方表示，封号的原因绝大多数是被平台审查出"不当使用评论功能"、"向消费者索取虚假评论"和"通过礼品卡操纵评论"等违规行为。"亚马逊封号潮"反映出中国部分跨境电商经营者对第三方平台具有较强的依赖性。一旦封号，对跨境电商经营者而言就是毁灭性打击。从这次事件中我们也可以

案例 1

看出，第三方平台模式容易受到平台监管，具备一定的平台合规风险性，而独立站模式则能很好地规避该风险。

（二）产品特性

与第三方平台经营的优势产品特性并不相同，独立站经营的优势产品应具备差异性、品牌优势明显、复购率较高等特征。卖家只有根据自身产品，选取合适的经营模式，才能获得最大化的发展。

（三）营销方式

对于第三方平台卖家而言，主要的营销方式是以产品为核心，利用互联网广告覆盖更广泛的受众群体来推动销售行为的发生，主要的营销对象是公域流量群体。独立站模式的营销方式包括搜索引擎营销、社交媒体营销、电子邮件营销等，通过以上途径将消费者引流至独立站完成下单，后续需要注重维护品牌形象。

两种模式的特点如表 4-5 所示。

表 4-5 两种模式的特点

第三方平台模式	独立站模式
信用优势：第三方平台通常会对卖家收取一定的保证金，以免卖家对消费者进行欺骗，故有一定的信用优势	差异性：消费者对差异性产品的价格敏感度低，独立站可以针对不同的消费者推销不同的产品
低复购率：第三方平台面向公域流量，且竞争激烈，复购率低	高复购率：独立站获取的流量易于转化为私域流量，经营私域流量可以促使消费者对品牌产生黏性，易于促进复购行为的发生
价格优势：相比于独立站，第三方平台面对更大的公域流量，具备价格优势的卖家能售卖出更多商品	品牌优势：独立站模式易于构建一体化的宣传体系，易于品牌形象的建立

本章小结

跨境电商平台是跨境电商交易环节的中枢，起着非常重要的衔接作用。按照不同分类标准，跨境电商平台可以分为不同类别。按照交易主体，跨境电商平台可分为 B2B 跨境电商平台、B2C 跨境电商平台、C2C 跨境电商平台；按照服务类型，跨境电商平台可分为信息服务平台、在线交易平台；按照平台交易方，跨境电商平台可分为第三方平台、自营型平台；按照涉及的行业范围，跨境电商平台可分为垂直型跨境电商平台、综合型跨境电商平台；按照商品流向，跨境电商平台可分为出口型跨境电商平台、进口型跨境电商平台。

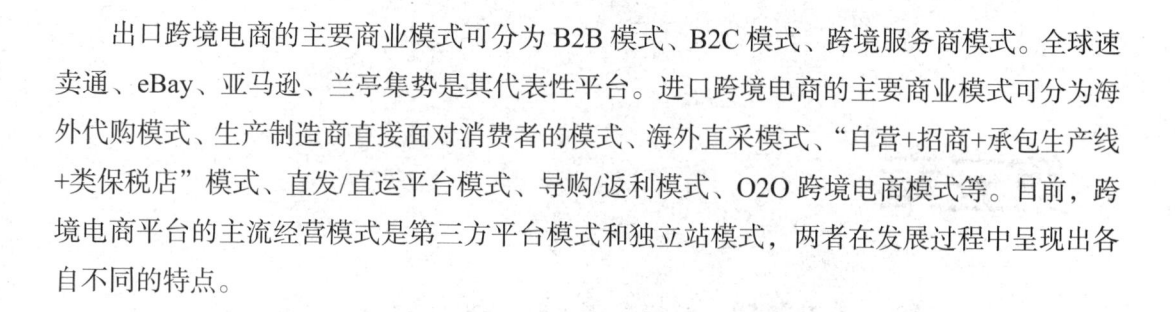

出口跨境电商的主要商业模式可分为 B2B 模式、B2C 模式、跨境服务商模式。全球速卖通、eBay、亚马逊、兰亭集势是其代表性平台。进口跨境电商的主要商业模式可分为海外代购模式、生产制造商直接面对消费者的模式、海外直采模式、"自营+招商+承包生产线+类保税店"模式、直发/直运平台模式、导购/返利模式、O2O 跨境电商模式等。目前，跨境电商平台的主流经营模式是第三方平台模式和独立站模式，两者在发展过程中呈现出各自不同的特点。

关键词

跨境电商平台　　　　　　　B2B 模式　　　　　　　B2C 模式
第三方平台模式　　　　　　独立站模式

思考题

1. 简述跨境电商平台的分类标准，以及各分类标准下的具体类型。
2. 论述跨境电商平台的主流经营模式，并举例说明其运用。
3. 试分析出口跨境电商和进口跨境电商的主要商业模式。
4. 比较分析全球速卖通、eBay、亚马逊、兰亭集势 4 个跨境电商企业的优劣势。
5. 论述第三方平台模式的优劣势。
6. 论述独立站模式的优劣势。

讨论题

案例 1　分析思路

"开业半年以来，我们场馆的销售不错，最近正在办理公司相关资质，准备以后将公司落户贵州，并以贵阳为中心辐射西南市场。"在贵阳观山湖区西部进出口商品展示交易中心的"一带一路"场馆内，该场馆的主要负责人乌兰雅图这样告诉记者。他们场馆主要销售的产品是从阿富汗、巴基斯坦、印度尼西亚等国家引进的木制品、地毯、围巾、藏红花等特色产品。该交易中心于 2021 年 12 月 28 日开始对外试营业，重点开展跨境电商进出口业务，集合跨境电商保税商品展示交易 B2B、B2C 和一站式的电商服务中心、电商孵化中心、双创中心、跨境电子商务大数据中心，旨在打造以进口商品为主的交易聚流商贸集散中心。

问题：请根据跨境电商平台的分类标准，结合上述材料分析进出口跨境电商平台的异同。

第五章

"一带一路"跨境电商交易流程

【学习要点】

1. 进口跨境电商在交易准备阶段和交易磋商阶段中的各个业务环节与出口跨境电商的程序是相同的。买卖双方通过谈判达成买卖协议后,一般多以合同的形式规定买方和卖方的责任与义务。
2. 以跨境电商 B2B 交易磋商为例,基本过程包括询盘、发盘、还盘和接受 4 个环节。
3. 交易双方对所洽谈的各项贸易条件达成一致意见,并签订合同,即为交易成立。

【学习目标】

1. 了解"一带一路"跨境电商进(出)口交易流程;
2. 掌握跨境电商交易磋商的主要方式;
3. 了解跨境电商交易磋商的基本过程;
4. 了解跨境电商合同的签订和履行;
5. 掌握跨境电商交易磋商各环节的基本内容;
6. 掌握跨境电商交易磋商的询盘分析;
7. 了解《联合国国际货物销售合同公约》对跨境电商交易磋商过程的相关规定。

第一节 "一带一路"跨境电商出口交易流程

"一带一路"跨境电商出口交易流程从中国制造商/供应商开始,通过跨境电商平台、支付企业、跨境物流、海关/商检、仓储/配送，把货物送到"一带一路"沿线国家的消费者手上，具体如图 5-1 所示。

中国制造商/供应商 → 跨境电商平台 → 支付企业 → 跨境物流 → 海关/商检 → 仓储/配送 → "一带一路"沿线国家的消费者

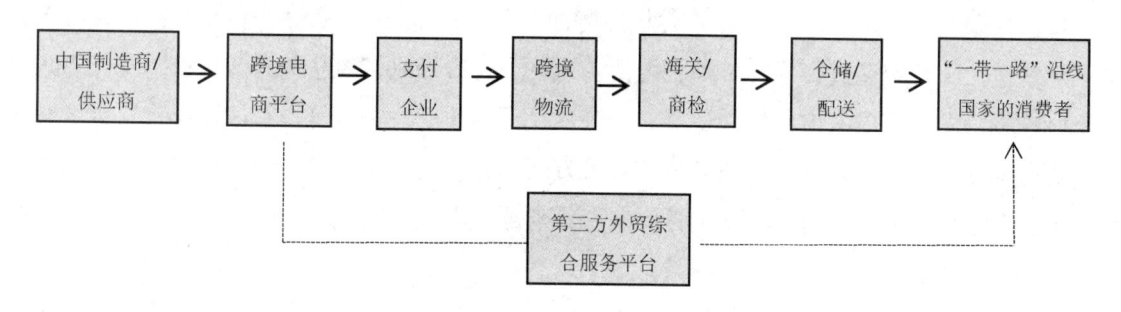

第三方外贸综合服务平台

图 5-1 "一带一路"跨境电商出口交易流程

出口跨境电商模式主要有 B2C 和 B2B 两种模式，由于 B2B 模式下企业（卖家）在线上传递的信息主要为商品描述和广告宣传等内容，其面对的客户不属于终端客户。即使达成了线上订单，因结算金额较大，也很难实现"先款后货"的方式，所以结算时仍需沿用传统国际贸易的线下结算方式，目前在海关被纳入一般贸易进行统计。因此，跨境电商（进）出口交易流程以 B2C 模式为例进行阐述。

一、中国制造商/供应商

跨境电商企业需要先选择合适的货源。制造业企业转型线上销售可以依靠自身的生产能力提供稳定货源，而跨境电商企业或外贸公司则可以通过网站、实体批发市场和生产商寻找货源。目前，部分小微企业采取现采模式，即本身不保留库存，当客户下单后，其迅速到货源供应地进行采购。一般这些小微企业都会将企业地址选在靠近货源供应地的区域，但这种模式并不能支持规模较大的企业，当商品种类和订单增多时，会大大增加采购成本。

二、跨境电商平台

跨境电商企业在对线上渠道进行选择时，要充分考虑成本、收益，将自建网站的成本和平台费用、平台规则进行比较，选择适合自己的线上渠道。跨境电商企业在选择跨境电商平台时，应综合考虑平台费用、平台规则的公平性，以及平台流量及平台所提供的附加服务。

三、支付企业

跨境电商平台支持的支付方式有信用卡、支付平台（如 PayPal、支付宝等），跨境电商企业在选择支付方式时要注意提供支付服务的公司对买卖双方的保护政策，避免自己处于不利地位，另外还要综合考虑手续费，保证自己的盈利空间。

四、跨境物流

跨境电商企业在进行物流选择时，可以选择海外仓模式，也可以选择国际小包。海外仓模式主要是指通过租用仓储公司或大企业的海外仓进行发货；国际小包模式主要是通过国际快速、邮政包裹进行发货。跨境电商企业在进行选择时，要从买家的角度出发，为买家所购货物做全方位考虑，包括运费、安全度、运送速度、关税等，在保证货物安全度和运送速度的情况下尽量选择运费低廉的物流方式。另外，跨境电商企业也可以将支持的运输方式在网页上标明，由买家根据自己的需要来进行选择。

建立海外仓模式可参考以下因素。

第一，以"一带一路"沿线国家的基础设施建设情况为基础。例如，在新加坡、韩国等基础设施相对完善的国家，可采用自建仓模式设立海外仓；而在基础设施尚待完善的国家，则可选择第三方合作模式或一站式配套服务模式。

第二，因地制宜，通过大数据分析消费者跨境电商商品的购买体验。通常来讲，在经济发展水平较高的地区，企业自建海外仓或提供一站式配套服务能够更好地满足消费者的需求。在这种情况下，自建海外仓可增加商品购买附加服务，而一站式配套服务可以提高核心竞争力。相比而言，在经济发展水平相对落后的地区，消费者往往更关注商品价格，因此企业可以选择第三方合作模式，以降低运营成本，为消费者提供性价比较高的商品。

第三，商品特性也会影响海外仓模式的选择。例如，一站式配套服务模式多采用标准化管理措施，对商品的体积、重量限制严格，若不符合此要求，则企业可选择第三方合作模式或自建仓模式，以便根据商品特色自主决定包装设计、运输方式等。此外，若出口商品的季节性特征明显，淡季时商品出现滞销、积压库存等情况，则不宜采用自建仓模式，以避免海外仓在淡季利用率下降。

五、海关/商检

跨境电商企业可以将订单信息、订单支付信息及舱单信息交给第三方外贸综合服务平台，由服务平台在集齐三单信息后，自动生成清单供有报关报检资质的企业进行申报。清单经审核后，若无异常，则放行进入终端配送环节。

传统上，通过邮政、国际快递等物流模式寄送跨境电商商品出境，在海关监管方面是按照个人物品出境的，货物出境后无法通过正常渠道退税和结汇。为了促进跨境电商的发展和规范，我国海关总署增列了"跨境贸易电子商务（9610）"的监管代码，规范了邮政、快递跨境出口物流模式，对通过邮政、快递物流出口的跨境电商商品实施"清单核放、汇总申报"模式，报关后可以正常退税和结汇。

六、仓储/配送

跨境电商仓储一般是将商品储存在海外仓,为了满足消费者对商品不同种类、不同规格、不同数量的要求,配送中心必须对商品进行组合、优化,合理选择运输工具,按照配送要求分拣商品,并按计划配送,满足消费者的需求。

第二节 "一带一路"跨境电商进口交易流程

"一带一路"跨境电商进口交易流程从"一带一路"沿线国家制造商/供应商开始,通过跨境电商平台、支付企业、跨境物流、海关/商检、仓储/配送,把货物送到中国消费者手上,具体如图5-2所示。

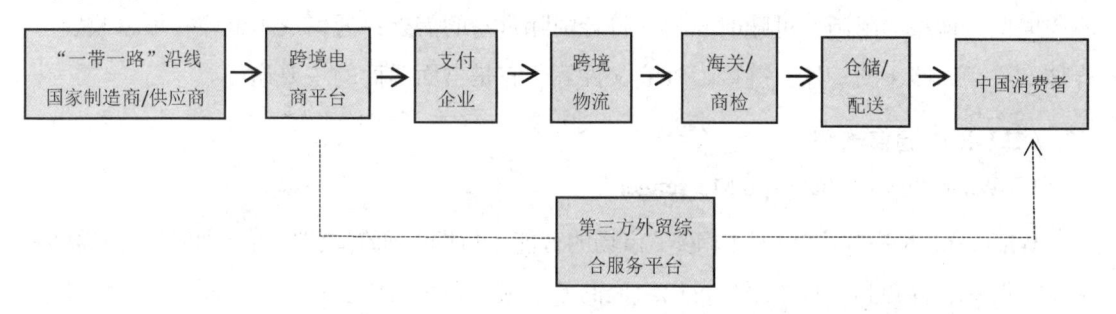

图 5-2 "一带一路"跨境电商进口交易流程

跨境电商出口交易流程除与进口交易流程的方向相反外,其他内容基本相同。

其中,差异较大的是物流模式,跨境电商进口物流模式通常分为3种:一是一般进口的物流模式,即最传统的邮政、快递,甚至随身携带进口等模式,也称为海淘、代购模式;二是专业物流公司组织的集运进口模式,即买家在进口跨境电商平台下单后,由专业物流公司将货物在海外集运,然后以普通国际贸易海运或空运进口至境内;三是保税进口物流模式,即进口跨境电商先将货物以普通国际贸易海运或空运方式运至国内的保税区仓库,然后按照买家订单从保税区向买家寄送发货。保税进口物流模式突破了原有保税区的管理模式,为此我国海关总署于2014年7月出台了单独的监管模式"保税跨境贸易电子商务(1210)"。

2019年9月,中国(山东)自由贸易试验区青岛片区首票跨境电商"1210"保税进口业务落地。相较于传统模式,"1210"模式下跨境电商企业先从国外集中采购大量商品,以保税备货形式进口储存在保税区,然后根据消费者所下订单,以个人物品方式出区送到最终消费者手上。"1210"模式具有订单响应速度快、运输时间短、综合运费低等优点,可以大大降低综合税率,同时可以进一步畅通跨境商品出口退货渠道。对于境外未完成销售的海外仓商品,可以由境外退运至原特殊区域,保障跨境商品"出得去,退得回"。

第三节 "一带一路"跨境电商交易磋商

一、跨境电商交易磋商的主要方式

在跨境电商中，交易磋商的基本方式有两种：口头磋商和书面磋商。口头磋商是指交易双方利用互联网磋商，其主要方式包括网络在线即时通信（如 Skype）、跨境电话等。书面磋商是指交易双方通过电子邮件、传真、信函等往来交易磋商。有时口头磋商和书面磋商两种形式也可以结合使用。

现阶段，跨境电商网上交易磋商的主要方式有以下几种。

（一）电子邮件

利用电子邮件进行业务联系在国际贸易中较为普遍。发电子邮件不但操作容易，而且不受时间、地点的限制，可随时收发，符合国际贸易的需要；通信成本低廉；可以收发多媒体文件，如照（图）片、链接、PDF 文件等。它是书面磋商的主要途径。

（二）即时通信软件

1. WhatsApp（WhatsApp Messenger）

WhatsApp 是一款广泛应用于欧美市场的智能手机即时通信软件，可以即时发送和接收文字、图片、音频和视频。用户可以组成商务小组，在小组内发送文字、图片、音频和视频等。

2. Skype

Skype 也是一款网络即时通信软件。通过 Skype，用户可以视频聊天、多人语音会谈、发送及接收文件等。Skype 是现阶段跨境电商贸易人员进行口头磋商时的首选方式。

（三）传真与网络传真

文字、图表、照片等静止画面信息可以通过传真与网络传真的方式传递。

网上交易磋商并不意味着摒弃了交易双方面对面的交流下各种行之有效的贸易接洽的形式，如参加各种展会、交易会、洽谈会，以及贸易小组出访、邀请客户来访等。例如，中国进出口商品交易会（The China Import and Export Fair，广交会）创办于 1957 年，由商务部和广东省人民政府联合主办，中国对外贸易中心承办。2023 年 5 月，第 133 届广交会共有来自 229 个国家和地区的境外采购商于线上线下参会。在不同的条件下，跨境电商交易双方可以采用不同的交易磋商方式，或者多种方式结合使用。

二、跨境电商交易磋商的主要内容

国际贸易中要对各个贸易条件进行磋商。通常要磋商 11 个贸易条件，每个贸易条件构成交易合同中的一条贸易条款,而这 11 条贸易条款便构成了交易合同的主要内容。为使交易磋商有序、有效率地进行,按照磋商内容的重要程度,将贸易条件分为两类:一般贸易条件和基本贸易条件。

1. 一般贸易条件

一般贸易条件包括货名、规格、数量、包装、价格、装运期、支付条件和保险条款。其中需要注意的是,保险条款磋商与否,需要依据交易所使用的价格术语而定。

2. 基本贸易条件

基本贸易条件包括检验检疫、争议与索赔、不可抗力和仲裁。

一般而言,一笔交易先要对一般贸易条件进行磋商,达成一致后,再对基本贸易条件一一商定。一旦谈判双方对各项条件达成一致并签订合同,即为交易成立。

需要注意的是,由于 B2C 模式具有直接性、批量小、频度高的特点,在具体的交易磋商过程中,往往可以简化传统国际贸易交易磋商中的必要环节,如个人消费者在跨境电商平台下单的时候,往往不需要理解贸易术语、信用证付款等业务活动,只需要根据平台提示的选项来选择服务内容即可完成交易。

三、跨境电商交易磋商的基本过程

以跨境电商 B2B 交易磋商为例,基本过程包括询盘、发盘、还盘和接受 4 个环节。

(一)询盘

询盘又称询价,是指交易的一方为购买或销售某种商品,向对方询问买卖该商品的有关贸易条件,以邀请对方发盘的表示。其内容涉及价格、规格、品质、数量、包装、交货期限,以及索取样品和商品目录等。在实际业务中,询盘大多询问价格,因此通常把询盘称为询价。询盘可由希望交易的任何一方提出,可以是口头形式,也可以是书面形式。询盘的目的是试探对方对交易的诚意和了解其对贸易条件的意见,有时可以成为一笔交易的起点。但是,它对买卖双方都没有法律约束力,不是交易磋商的必要环节,也没有固定的格式。

(1)以下两则为以书面形式询盘的实例。

买方询盘:

Please quote lowest price CFR Singapore for 500PCS Flying Pigeon Brand bicycles, May shipment, E-mail promptly.(请报 500 辆飞鸽牌自行车 CFR 新加坡的最低价,5 月装运,尽快以电子邮件告知。)

卖方询盘:

We can offer Chinese cassia bark whole "Sailing Boar" Brand with moisture under 19%, ash

4% max, volatile not less than 1.7cc/100g, January shipment, CIF Bombay, please bid.（我公司可提供"帆船"牌中国桂皮，水分不超过 19%，灰末不超过 4%，挥发物不少于 1.7cc/100g，1 月交货，报孟买到岸价，请出价。）

（2）以下两则为以口头形式询盘的实例。

买方询盘：

We're interested in your Flying Pigeon Brand bicycles. I'd like to have your lowest quotation for 500 sets CFR Singapore in May.（我们对你方飞鸽牌自行车很感兴趣。请报 CFR 新加坡的最低价，数量 500 辆，5 月装运。）

卖方询盘：

We are one of the leading companies dealing in spices in Tianjin. These are all our samples. If you'd like to have our competitive quotations, I shall supply you with it immediately.（我们公司是天津经营香料的主要公司之一。这都是我公司的样品。如果需要我方有竞争力的报价，我们可以马上提供。）

（二）发盘

发盘也称报盘、发价，是指交易一方向另一方提出购买或出售商品的各项贸易条件，并表示愿意按这些条件与对方达成协议，订立合同的行为。在业务中，发盘通常是一方接到另一方的询盘后发出的，但也可不经对方询盘直接发出。

1．构成发盘的必要条件

根据《联合国国际货物销售合同公约》（以下简称《公约》）的规定，向一个或一个以上特定的人提出的订立合同的建议，如果十分确定并且表明发盘人在得到接受时承受约束的意旨，即构成发盘。一个建议如果写明货物并且明示或暗示地规定数量和价格或规定如何确定数量和价格，即为十分确定。

发盘是有条件的，一项有效的发盘，即实盘的构成必须具备以下 3 个条件：

（1）发盘应向一个或一个以上的特定人提出；

（2）发盘的内容必须十分确定，至少应包括 3 个基本要素，即货物、数量和价格；

（3）发盘应表明订约的旨意，即发盘应该表明发盘人在得到接受时，将按发盘条件承担与受盘人订立合同的法律责任，而不得反悔或更改发盘条件。如果在订约建议中加注"仅供参考""以……确定为准"等保留条件，都不是一项实盘，只是在邀请对方发盘。

如果该发盘被受盘人所接受，交易合同即达成。其他缺失的贸易条件可在合同成立后，按交易双方的习惯做法、惯例或按《公约》中"货物销售"条款对买卖双方责任和义务的规定给予补充。

为了使各贸易条件之间契合，发盘时应至少明示 7 项贸易条件，即货名、规格、数量、包装、价格、装运期和支付条件。一旦这些贸易条件被受盘人接受，交易达成，便无须再对这些贸易条件进行磋商，节约交易磋商的时间。

2. 发盘有效期和生效时间

发盘有效期（或称为接受的期限）是指可供受盘人对发盘行使接受权利的期限。在国际贸易中，凡是发盘都存在有效期。口头发盘，除双方另有规定外，一般当场有效，发盘的有效期于谈话结束时终止。书面发盘的有效期可由发盘人在发盘时明确规定，也可不做明确规定。《公约》规定："发盘在送达受盘人时生效。"发盘的有效期从到达受盘人时开始生效，直至有效期届满时为止。

不明确规定有效期的发盘，按惯例在合理的时间内生效。何谓合理的时间，需要根据具体情况而定。

3. 发盘的撤回和撤销

在法律上，"撤回"和"撤销"属于两个不同的概念。撤回是指在发盘生效前，发盘人采取行动阻止它的生效。根据《公约》规定，一项发盘，即使是不可撤销的，也可以撤回。如果撤回通知于发盘送达受盘人之前或与发盘同时送达受盘人，则可以撤回。依据此规定，在电商条件下，发出的发盘即刻到达受盘人，发盘到达即生效。撤回发盘几乎是不可能的。除非因系统服务器发生故障耽搁了收到发盘的时间，而使撤回发盘的通知先于或同时到达受盘人。

撤销是指发盘生效后，发盘人以一定方式解除发盘的效力。根据《公约》规定，发盘是可以撤销的，其条件如下：发盘人的撤销通知必须在受盘人发出接受通知之前送达受盘人。但是，在下列情况下，发盘不能撤销：

（1）发盘中注明了有效期，或者以其他方式表示发盘是不可撤销的；

（2）受盘人有理由信赖该发盘是不可撤销的，并且已本着对该发盘的信赖行事，则不能撤销。

4. 发盘的失效

根据《公约》规定，一项发盘，即使是不可撤销的，于拒绝通知送达发盘人时终止。即当受盘人不接受发盘内容，并将拒绝的通知送到发盘人手中时，原发盘失效，发盘人不再受其约束。

另外，还有几种情况可以造成发盘失效：

（1）发盘人在受盘人接受之前撤销该发盘；

（2）发盘中规定的有效期届满；

（3）其他方面的问题造成发盘失效，包括政府发布禁令或限制措施造成发盘失效，发盘人死亡、法人破产等特殊情况。

电子通信方式下，发盘失效的概念与上述相同。

电子信函（邮件）发盘举例如下。

September 10th, 2022

OFFER

Dear Mr. Johnson,

We are glad to receive your inquiry of September 9th. You will be pleased to note that we have had a long history for over twenty years in handling locks. Our products are popularly received in the European market. As requested, we are making you an offer below:

1. Commodity: Swallow Brand copper locks

2. Packing: Every 100 locks in one carton

3. Quantity, Specification and Price:10,000 locks, No.2022-F1, US$28.80 per lock FOB Tianjin

4. Payment: by irrevocable L/C at sight to be opened in our favor

5. Shipment: within 30 days after receipt of L/C

Our bank is the Bank of China, you may refer its branch in London to our standing. We look forward to receiving your first order.

This offer is good for five days.

Faithfully,

Zhang Hua

（三）还盘

还盘又称还价，是受盘人对发盘内容不完全同意而提出修改或变更的表示。还盘的形式不同，有的明确使用"还盘"字样，有的则不使用，在内容中表示出对发盘内容的实质性修改即构成还盘。需要注意的是，还盘是对发盘的拒绝，还盘一经做出，原发盘即失去效力，发盘人便不再受原发盘的约束。

一项还盘等于是受盘人向原发盘人提出的一项新的发盘。还盘做出后，还盘的一方成为发盘人。

对还盘做再还盘，就是对新发盘的还盘。在实际业务中，一项交易的洽谈可以有多次的还盘，即反复地讨价还价，直至最终双方对各项交易条件取得一致意见，达成交易。如果在讨价还价中未能对贸易条件达成一致，而且任何一方无意继续磋商，则磋商终止，未能成交。

电子信函（邮件）还盘举例 1 如下。

September 11th, 2022

COUNTER OFFER

Dear Mr. Zhang,

　　Thank you for your letter of September 10th, offering us your Swallow Brand copper locks.

　　Since we have a thorough knowledge of this product in both local and international markets, we find that your price is much higher than those of the other suppliers. Therefore, we suggest that you reduce your price from US$28.80 per lock FOB Tianjin to US$25.80 each. All other terms are as per the previous offer.

　　This counter offer is valid for two days.

Yours sincerely,
Marvin Johnson

电子信函（邮件）还盘举例 2 如下。

September 12th, 2022

COUNTER OFFER

Dear Mr. Johnson,

　　We received your E-mail dated September 11th, requiring a price cut of US$3.00 per lock. In fact, the price we offered is reasonable. Being manufactured by our invented techniques and fine process, the copper locks are not only made by advanced technology but also in high quality.

　　A product pays well for its advanced technology and high quality. Therefore, it is out of the question for us to agree to your price-cut requirement.

　　Considering our business relations in the future, we manage to lower the price by US $0.30 each, that is US$28.50 per lock FOB Tianjin. This is the best we can do.

　　We hope to hear from you before September 14th.

Truthfully,
Zhang Hua

Encl: Terms of inspection, dispute and claim, etc.

（四）接受

　　接受是指受盘人接到对方的发盘或还盘后，在有效期内无条件地完全同意发盘内容，愿意与对方达成交易，并及时以声明或行为表示出来，这在法律上称为承诺。

　　一方的发盘经另一方接受，即表示交易达成，交易合同成立。双方应分别履行交易合同所约定的各自所承担的责任和义务。

1. 构成接受的必要条件

根据《公约》规定，一项有效的接受必须具备以下4个条件。

（1）接受必须由受盘人做出。

（2）接受必须表示出来。

接受的表示有两种方式：一种是用声明来表示，即受盘人以口头或书面形式向发盘人表示同意发盘的内容；另一种是用行为来表示，通常以卖方发运货物或买方支付货款（汇付货款或开立信用证）来表示，也可以做出其他行为来表示，如开始生产所买卖的货物、为发盘采购有关货物等。缄默或不行动则不构成接受。

（3）接受必须在发盘有效期内做出。

发盘中一般都规定了有效期，受盘人只有在有效期内做出接受，接受才有效。如果受盘人表示接受的通知在规定的有效期之后送达发盘人，则视为逾期接受。逾期接受在一般情况下无效。但如果发盘人于收到逾期接受后，毫不迟延地通知受盘人，确认其为有效，则该逾期接受仍有效。

在电子通信条件下，接受的生效概念与上述相同。

（4）接受的内容必须与发盘的内容相符。

根据《公约》规定，一项有效的接受必须是同意发盘所提出的全部贸易条件。只接受部分条件，或者对发盘条件提出实质性修改，或者提出有条件的接受，均不能构成有效接受，而只能视作还盘。

2. 接受的撤回

根据《公约》的规定，只要撤回的通知能在该项接受到达发盘人之前或与该项接受同时到达发盘人，则对该接受的撤回有效。接受送达发盘人之后，接受生效，合同即告成立。若此时宣布撤销接受，就等同于撤销合同，是要负法律责任的，因此接受不能撤销。

在电子通信条件下，到达是指电子通信进入受要约人（发盘人）的服务器的时刻，前提是受要约人已经明示或暗示地同意用指定的电子通信类型，于指定的地址接收指定格式的电子通信。与发盘相似，在电商条件下，接受的撤回几乎是不可能的。

电子信函（邮件）接受举例。

September 13th, 2022

ACCEPTANCE

Dear Mr.Zhang,

We received your counter offer of September 12th, bargaining the price to US$28.50 per lock FOB Tianjin. In consideration of the quality of the products, we are willing to accept your offer.

We also agree to the terms of inspection, dispute and claim, Force Majeure and arbitration which you offered in your letter of September 12th.

We are gratified that both of us have agreed upon all the terms in this business.

Referring to the attached, kindly let us know if every term is in order.

We are looking forward to your early reply.

Yours Sincerely,
Marvin Johnson

尽管交易磋商的程序中包括询盘、发盘、还盘和接受 4 个环节，但在实际业务中，询盘并非交易磋商的必要环节。在长期业务交往中，如果买卖双方相互了解对方的产品和各项贸易条件，那么对一项新交易，买方或卖方都可不经对方提出询盘，而直接向对方发盘。还盘也不是交易磋商的必要环节。接到发盘后，受盘人可以不经还盘而直接接受发盘。如果受盘人做出还盘，它便是对原发盘的拒绝而做出的一项新发盘。对还盘再还盘同样是拒绝还盘后的一项新发盘。因此，在法律上发盘和接受是达成交易不可缺少的两个基本环节。

四、《联合国国际货物销售合同公约》和《中华人民共和国民法典》对跨境电商交易磋商过程的相关规定

"一带一路"沿途跨越亚欧非三大洲 60 多个国家，这些国家具有不同的法律体系，不仅有大陆法系国家、英美法系国家，还有伊斯兰法系国家。而且，这些国家有发达国家也有发展中国家，经济、政治环境及一体化的发展水平差异较大，因此难以在这些国家中实现统一多边法律框架下的合作。

《公约》89 个缔约国中，有 37 个是"一带一路"沿线国家，且《公约》通过其第一条第（1）款[b]项规定，将其适用范围延伸到了非缔约国的当事人。(《公约》第一条第（1）款规定："本公约适用于营业地位于不同国家的当事人之间所订立的货物销售合同：[a]如果这些国家是缔约国；[b]如果国际私法规则导致适用某一缔约国的法律。")根据[b]项规定可知，即使当事人营业地所在国不是《公约》的缔约国，其也可能适用《公约》。《公约》增强了"一带一路"沿线国家之间的跨境电商的可预测性及稳定性。

2015 年，《最高人民法院关于人民法院为"一带一路"建设提供司法服务和保障的若干意见》（法发〔2015〕9 号）中明确规定，要不断提高适用国际条约和惯例的司法能力，在依法应当适用国际条约和惯例的案件中，准确适用国际条约和惯例。随着国际货物贸易在"一带一路"沿线国家的进一步发展，无论是我国法院还是沿线其他缔约国法院都会越来越多地依据《公约》解决此类纠纷，保障当事人的合法权益。

《公约》和《中华人民共和国民法典》（以下简称《民法典》）等相关法律都对电商方

式下的磋商过程进行了规定，现将有关条款概述如下。

（一）关于电商方式下的磋商方式与合同形式

磋商可以通过书面形式或口头形式进行，合同也可以是书面形式的或口头形式的。根据《公约》规定，"书面"包括电报和电传。注意在《公约》中，书面形式并不包括传真、电子数据交换和电子邮件。但是，在使用电子通信方面，《公约》以2005年《联合国国际合同使用电子通信公约》（以下简称《电子通信公约》）作为其补充。《电子通信公约》的目的是为国际贸易中使用电子通信提供方便，确保以电子形式缔结的合同和往来的其他通信，与传统的纸质等手段同等有效且可以执行。《电子通信公约》有助于避免对《公约》发生误解，如当某些国家提出声明，规定国际货物销售合同必须采用传统书面形式之时，《电子通信公约》还可以促进谅解，即《公约》下的"通信"和（或）"书面"应当解释为包括电子通信。《电子通信公约》是一项授权条约，其作用是通过确立电子形式与传统书面形式之间功能等同的要求，而清除这些形式上的障碍。

在《电子通信公约》中，"电子通信"是指当事人以数据电文方式发出的所有通信。而数据电文是指经由电子手段、电磁手段、光学手段或类似手段生成、发送、接收或存储的信息，这些手段包括但不限于电子数据交换、电子邮件、电报、电传或传真。《公约》所指的"书面形式"包括各种能够有形地表现所载内容的电子通信，并且指出，"口头"包括经由电子通信传输的声音和即时电子通信。要约以即时电子通信方式做出的，应当即时做出承诺，除非情形显示应当例外。用即时电子通信方式做出要约（或承诺）的前提，是收信人已经明示或暗示地同意用指定的电子通信类型，于指定的地址接收指定格式的电子通信。

《民法典》第四百六十九条规定："当事人订立合同，可以采用书面形式、口头形式或者其他形式。书面形式是合同书、信件、电报、电传、传真等可以有形地表现所载内容的形式。以电子数据交换、电子邮件等方式能够有形地表现所载内容，并可以随时调取查用的数据电文，视为书面形式。"

（二）关于电商方式下发盘（要约）生效的时间

《民法典》第四百八十二条规定："要约以信件或者电报作出的，承诺期限自信件载明的日期或者电报交发之日开始计算。信件未载明日期的，自投寄该信件的邮戳日期开始计算。要约以电话、传真、电子邮件等快速通讯方式作出的，承诺期限自要约到达受要约人时开始计算。"第四百九十一条规定："当事人采用信件、数据电文等形式订立合同要求签订确认书的，签订确认书时合同成立。当事人一方通过互联网等信息网络发布的商品或者服务信息符合要约条件的，对方选择该商品或者服务并提交订单成功时合同成立，但是当事人另有约定的除外。"此条可以看作对电商方式下B2C交易的规范。

《公约》中没有明确电商方式下发盘生效的时间,只是在第十五条第(1)款笼统规定发盘于送达被发盘人时生效。

《电子通信公约》则指出,电子通信的收到时间是其能够由收件人在该收件人指定的电子地址检索的时间。电子通信在收件人的另一电子地址的收到时间是其能够由该收件人在该地址检索并且该收件人了解到该电子通信已发送到该地址的时间。当电子通信抵达收件人的电子地址时,即应推定收件人能够检索该电子通信。

(三)关于电商方式下发盘(要约)的撤回

《民法典》第四百七十五条规定:"要约可以撤回。要约的撤回适用本法第一百四十一条的规定。"第一百四十一条规定:"行为人可以撤回意思表示。撤回意思表示的通知应当在意思表示到达相对人前或者与意思表示同时到达相对人。"《公约》第十五条第(2)款也有类似规定。由于使用电子数据传递速度很快,在要约人发出要约指令几秒钟内就会到达对方的系统,实际上基本不存在其他更快的方式能够在要约指令到达之前便撤回指令。然而,电子要约的撤回虽然非常困难,但并非绝不可能。在系统服务器发生故障或线路过分拥挤的情况下,就可能耽搁要约的收到时间而使撤回要约的通知先于或同时到达受要约人。因此,在特定前提下电子要约存在撤回的可能,尽管这种可能来源于意思表示之外。

至于意思表示的撤销,在电子网络环境下,有些情况是可以实现的。例如,发盘人以电子邮件的方式发出一份可以撤销的发盘,受盘人收到发盘后并没有马上答复做出承诺,此时,发盘人可以撤销发盘。根据《公约》的规定,在未订立合同之前,如果撤销通知于被发盘人发出接受通知之前送达被发盘人,发盘得予撤销。但在下列情况下,发盘不得撤销:发盘写明接受发盘的期限或以其他方式表示发盘是不可撤销的;被发盘人有理由信赖该项发盘是不可撤销的,而且被发盘人已本着对该项发盘的信赖行事。另外,受盘人使用了自动回应系统,对符合条件的发盘自动进行回复,则发盘人可能无法撤销发盘。

(四)关于电商方式下发盘(要约)的有效期

根据《公约》的规定,有效期是指发盘人在电报或信件内规定的接受期间,从电报交发时刻或信上载明的发信日期起算,如信上未载明发信日期,则从信封上所载日期算起;发盘人以电话、电传或其他快速通信方法接受期间,从发盘送达被发盘人时起算。

《民法典》第四百八十二条规定:"要约以信件或者电报作出的,承诺期限自信件载明的日期或者电报交发之日开始计算。信件未载明日期的,自投寄该信件的邮戳日期开始计算。要约以电话、传真、电子邮件等快速通讯方式作出的,承诺期限自要约到达受要约人时开始计算。"

（五）关于电商方式下接受（承诺）的生效时间和撤回

《民法典》第四百八十三条规定："承诺生效时合同成立，但是法律另有规定或者当事人另有约定的除外。"第四百八十四条规定："以通知方式作出的承诺，生效的时间适用本法第一百三十七条的规定。"第一百三十七条规定："以对话方式作出的意思表示，相对人知道其内容时生效。以非对话方式作出的意思表示，到达相对人时生效。以非对话方式作出的采用数据电文形式的意思表示，相对人指定特定系统接收数据电文的，该数据电文进入该特定系统时生效；未指定特定系统的，相对人知道或者应当知道该数据电文进入其系统时生效。当事人对采用数据电文形式的意思表示的生效时间另有约定的，按照其约定。"

《民法典》第四百八十五条规定："承诺可以撤回。承诺的撤回适用本法第一百四十一条的规定。"与发盘相似，在电商方式下，接受（承诺）的撤回几乎是不可能的。

第四节 "一带一路"跨境电商合同的签订和履行

一、合同的签订

在交易磋商中，一方发盘经另一方接受以后，签订买卖合同，交易即告成立，买卖双方就形成合同关系。合同不仅是双方履约的依据，也是处理贸易争议的主要依据。在电商合同中，须经当事人的数字签名及第三方权威认证机构的认证，才能实现合同当事人的签字功能。

国际上越来越多的跨境电商采用电子邮件的方式来签订合同。目前，缮制此类合同主要有3种方法：第一种是直接使用邮件正文文本作为合同；第二种是采用通过附件发送的Word、Excel等电子文档作为合同；第三种是先由一方发送Word、Excel等电子文档，另一方接收后用打印机打出，然后签字加盖公章，再使用扫描仪扫描成PDF或图片格式，最后通过电子邮件回传给第一方（或通过传真方式回传）。从规范化、安全性的角度考虑，建议跨境电商企业使用第三种方法。

除采用上述电子邮件的方式签订合同外，在现阶段，传统的贸易合同形式依然广泛存在于国际贸易中，甚至占有主要地位。在国际上，对书面合同的形式没有具体的限制。买卖双方可以采用正式的合同、确认书、协议，也可以采用订单等形式。

（一）合同

合同的特点在于，内容比较全面，对双方的权利、义务及发生争议后如何处理，均有比较详细的规定。一般在大宗商品交易中通常采用这种形式。合同若由卖方制作，则为销售合同（Sales Contract）；若由买方制作，则为购货合同（Purchase Contract）。

（二）确认书

确认书属于一种简式合同，它适用于业务批量小或金额不大但批次较多的业务，或者已订有代理、包销等长期贸易协议的交易。

与合同相比，确认书往往不列出或不完全列出基本贸易条件，而只列明一般贸易条件。

（三）协议

协议或协议书在法律上与合同具有同等的效力。若买卖双方所磋商的交易较为复杂，经过谈判后，商定了一部分条件，其他条件有待于进一步协商，双方可先签订一个初步协议或原则性协议，把双方已商定的贸易条件确定下来，其余条件留待日后另行洽谈。

（四）订单

订单是指由进口商或实际买方拟制的货物订购单。在买卖双方达成交易后，国外买方通常将他们拟制的订单寄来一份，以便卖方据此履行交货和交单等合同义务；有的还寄来正本一式两份，要求对方签署后返回一份。这种经磋商成交后寄来的订单，实际上是国外买方的购货合同或购货确认书。

交易条款是合同的主要内容。对每一个贸易条件进行磋商达成一致后，将它们一一明确无误地写入合同中，这就是交易条款。这些贸易条款分别是货名、规格、数量、包装、价格、装运期、支付条件、保险条款、检验检疫、争议与索赔、不可抗力和仲裁条款。

二、出口合同的履行

以 CIF 为例，说明出口合同的履行流程。

CIF 贸易术语下，以信用证支付方式成交时，出口合同履行流程可分解为货、证、船、款 4 个板块。其中，"货"是指落实货物，包括备货和报检环节；"证"是指落实信用证，包括催证、审证和改证环节；"船"是指货物出运，包括租船订舱、报关、投保、发装运通知等环节；"款"是指制单结汇，包括制单、审单、交单、结汇、核销和退税环节。4 个板块相辅相成，相互影响，只有准确完成每个环节，才能顺利履行出口合同。

（一）落实货物

落实货物是指出口企业在合同规定的最迟装运日期之前使货物处于备妥待运状态，具体包括备货、报检，并做好租船订舱及报关的准备。

出境货物检验检疫工作的一般程序：报检后先检验检疫，再放行通关。

法定检验检疫的出境货物的报检人应在规定的时限内持相关单证向检验检疫机构报检；检验检疫机构审核有关单证，符合要求的受理报检并计收费用，然后转施检部门实施检验检疫。

一般出口货物最迟应在出口报关或装运前 7 天报检，个别检验检疫周期较长的货物，应留足相应时间；需隔离检疫的出境动物在出境前 60 天预报，隔离前 7 天报检。

法定检验检疫的货物，除活动物在出境口岸检验检疫外，原则上应在产地检验检疫。

通常情况下，报检人应填制和提供出境货物报检单，随附出口合同或订单、商业发票、装箱单、信用证复印件或有关函电、生产单位出具的厂检单原件等。凭样品成交的，还须提供样品。

（二）落实信用证

在信用证支付方式下，出口企业在落实货物的同时，还必须落实信用证。只有在收到信用证正本并经审核确认信用证内容与合同及操作惯例相符时，出口企业才可以发出货物。如果在信用证未落实的情况下贸然发出货物，会给出口企业结汇带来被动。

落实信用证包括催证、审证和改证 3 个环节，其中审证环节是最为重要的、必不可少的环节。

在正常情况下，买方应按合同规定的时间开立信用证，但在实际业务中，有时买方不能按时开立信用证，为保证合同顺利履行，卖方需要向买方催开信用证。卖方可以采用电子邮件的方式催证，核心内容：××号合同项下货物已备妥，请速开证。

审证包括两个环节：一是通知行审证，二是卖方审证。这两个环节同等重要，各有侧重，不能相互替代，缺一不可。

在实际业务中，较为常见的信用证修改是"展期"，也就是受益人（出口企业）在不能如期完成交货的情况下，要求开证申请人（买方）同步延展装运期和信用证有效期。这里需要注意的是，如果信用证有效期进行了修改，那么合同相关条款也需要进行相应修改来确保一致。

（三）货物出运

出口货物既可以由出口企业自行向承运人办理托运，又可以委托货运代理公司（以下简称货代）办理。在实际业务中，后者大约占 75% 以上，因为货代不仅可以提供专业的租船订舱、报检换单、报关、产地装箱等一揽子货运服务，还可以提供出口企业无法从承运人那里申请到的优惠运价。除非买方指定承运人或货代，否则出口企业应根据承运人或货代的等级、优势航线、所提供运价的竞争力和综合服务能力来选择。

（四）制单结汇

出口货物装运以后，出口企业即应按照信用证的要求，正确缮制各种单据，经审核无误后，在信用证规定的交单有效期内，将单据递交银行结汇。结汇后还要及时办理出口收汇核销和退税手续。

本章小结

进口跨境电商在交易准备阶段和交易磋商阶段中的各个业务环节与出口跨境电商的程序是相同的。买卖双方通过谈判达成买卖协议后，一般多以合同的形式规定买方和卖方的责任和义务。此后，进入履行合同阶段。一方履行出口合同意味着另一方履行进口合同。履行进口合同与履行出口合同的程序相反，工作侧重点也不一样。

关键词

海外仓	询盘	还盘	出口合同
进出口交易流程	发盘	接受	有效期
撤回	确认书		

思考题

1. 简述"一带一路"跨境电商进（出）口交易流程。
2. 简述跨境电商交易磋商的主要内容。
3. 简述跨境电商交易磋商的基本过程。
4. 何谓发盘？构成一项有效发盘的条件是什么？
5. 为什么接受只能撤回不能撤销？
6. 简述出口合同的履行流程。

讨论题

据青岛市商务局统计，2022年青岛市跨境电商进出口规模达627亿元，实现倍增发展，占全市外贸进出口的6.9%，高于全国平均水平2个百分点，总量稳居山东省首位，占山东省跨境电商进出口总额的20%，增速高于全省8个百分点。2022年上半年，青岛跨境电商综合试验区公共服务平台上线运行，在北方率先实现跨境电商直购进口（9610进口）、一般出口（9610出口）、网购保税备货（1210进口）、特殊区域出口（1210出口）、B2B直接出口（9710出口）、出口海外仓（9810出口）的监管模式全覆盖。

问题：请问材料中多种跨境电商进（出）口模式是如何推动"一带一路"跨境电商发展的？

第六章 "一带一路"跨境电商消费者行为

【学习要点】

1. 消费者行为是消费者为了获取、使用或处置自身需要的商品和服务实施的各种行动,其中既包括具体的行动过程,又包括行动前的决策过程。
2. 在网络消费时代,人们的消费行为和传统的消费行为相比,呈现出许多新的特征。
3. "一带一路"跨境电商消费者行为及影响因素更加复杂、更加多样化。

【学习目标】

1. 掌握消费者行为相关理论;
2. 了解消费者购买决策过程;
3. 掌握影响网络消费者购买行为的因素;
4. 掌握影响"一带一路"跨境电商消费者行为的主要因素;
5. 掌握跨境电商消费者行为模式。

第一节 消费者行为的含义

一、基本概念的界定

(一)消费及消费体系的含义

1. 消费

消费就是消耗、花费的意思。消费是社会经济活动的出发点和归宿,它和生产、分配、交换一起构成社会经济活动的整体,是社会经济活动的重要组成部分。具体来说,消费是人们消耗物质资料和精神产品以满足生产和生活需要的过程,消费既包括生产性消费,又包括生活性消费。生产性消费是指物质资料生产中消耗的各种原材料、能源、设备、工具及劳动者为此支出的体力和脑力的总称,是生产过程的一部分;生活性消费是指人们为了自身的生存和发展,消耗一定的生活资料和享受服务,以满足自身生理和心理需求的过程。

2. 消费体系

消费体系主要包括消费水平、消费结构和消费方式等内容。

(1)消费水平。消费水平是指按人口平均的消费品(包括服务)的数量,反映了人们的物质文化需求的实际满足程度,它可以用货币来表示,如人均消费额、消费支出等。广义的消费水平不仅包括消费品的数量,还包括消费品的质量。消费水平是一个综合指标,最终表现为人们的健康水平、科学文化水平和生活享受水平(如人均国民收入、人均货币收入)。

(2)消费结构。消费结构是指在一定的社会经济条件下,人们在消费过程中所消费的各种不同类型的消费资料(吃、穿、用、住、教育文化、娱乐等)的比例。

1857年,世界著名的德国统计学家恩格尔阐明了一个定律:随着家庭和个人收入的增加,收入中用于食品方面的支出比例将逐渐减小,这一定律被称为恩格尔定律,反映这一定律的系数被称为恩格尔系数。其公式表示如下:

恩格尔系数(%)=食品支出总额/家庭或个人消费支出总额×100%

恩格尔定律主要表述的是食品支出占总消费支出的比例随收入的变化而变化的一定趋势,揭示了居民收入和食品支出之间的关系,用食品支出占总消费支出的比例来说明经济发展、收入增加对生活消费的影响程度。一个国家或家庭生活越贫困,恩格尔系数就越大;反之,生活越富裕,恩格尔系数就越小。国际上常常用恩格尔系数来衡量一个国家和地区人民生活水平的状况。根据联合国粮农组织提出的标准,恩格尔系数在59%以上的为贫困,50%~59%的为温饱,40%~49%的为小康,30%~39%的为富裕,低于30%为极度富裕。

(3)消费方式。消费方式是指人们消耗生活资料和享受服务的方法和形式,个人消费与社会公共消费是消费方式的两种基本形式。个人消费是指为满足个人生活需要而对各种物质资料、服务和精神文化产品的消费活动,个人消费的经济来源是个人收入。社会公共消费是指满足社会成员共同需要的消费活动,如学校教育、医疗卫生、公共交通、体育、娱乐等,社会公共消费是人们生活消费的重要组成部分,社会公共消费的投入主要由国家来承担。

(二)消费市场的含义及其特征

1. 消费市场的含义

站在企业的角度,消费市场包括消费者市场和组织市场。消费者市场是指以满足个人消费为目的而购买商品和服务的个人和家庭所构成的市场。组织市场是指工商企业为从事生产和销售等业务活动,以及政府部门和非营利性组织为履行职责,而购买商品和服务所构成的市场。组织市场包括生产者市场、中间商市场、非营利性组织市场、政府市场;主要行业涉及农业、林业和渔业,矿业,制造业,运输业,通信业,公用事业,银行、金融和保险业,分销业及服务业。组织市场和消费者市场相对应,消费者市场是个人市场,组织市场是法人市场。

2. 消费市场的特征

消费者市场和组织市场由于面对不同的消费群体,因此会呈现出不同的特征,具体如表 6-1 所示。

表 6-1 消费市场的特征

消费者市场的特征	组织市场的特征
购买者人数众多、差异性大	购买者较少,在地理区域上集中
每次购买数量少、购买频率高	购买数量多,供需双方关系密切
消费者购买情感性较强,属非专业也购买	影响购买的人多,属专业性购买
消费者购买流动性大	衍生需求,但需求波动大
消费者的耐用消费品的价格弹性较大	需求缺乏弹性

二、消费者行为分析

(一)消费者行为的定义

对消费者行为的研究开始于 20 世纪 60 年代,学术界给出了不同版本的定义。恩格尔认为,消费者行为是人们为了获取自己需要的消费品并且对该种消费品进行使用与处置,所采取的各种行动及决定这些行动的过程。美国市场营销学会认为,消费者行为是人类对社会生活中交易职能进行履行的基础,受个体感知、认知及环境因素的影响。我国大百科全书对消费者行为的定义是,消费者为了获取、使用或处置自身需要的商品和服务实施的各种行动,其中既包括具体的行动过程,又包括行动前的决策过程。

(二)消费者行为的动机

消费者的需求和欲望是多方面的,其行为的动机也是多种多样的。就购买活动而言,消费者行为的动机往往十分具体,表现形式复杂多样,大致可以分为以下几类。

1. 追求实用的动机

这是以追求商品的使用价值为主要目的的消费者行为的动机。具有这种动机的消费者比较注重商品的功能和质量，要求商品具有明确的使用价值。

2. 追求安全、健康的动机

具有这种动机的消费者通常把商品的安全性和有益于身心健康作为购买的首要条件，现代消费者越来越把保障安全、健康作为消费支出的重要内容。

3. 追求便利的动机

受这一动机的驱动，人们倾向于购买可以减少家务劳动强度的各种商品和服务。为追求便利，越来越多的消费者采用直销购买、邮购、电视购物、网络购物等现代购物方式。

4. 追求廉价的动机

追求物美价廉是一种普遍性的消费者行为的动机。具有这种动机的消费者，在选购商品时会对价格进行仔细比较，尽量选择价格较低的商品，同时喜欢购买优惠品、折价品或处理品等。

5. 追求新奇的动机

具有这种动机的消费者往往富于想象、渴求变化、喜欢创新、有强烈的好奇心。这类消费者是时装、新式家具、新式车型及其他各种时尚品的主要购买者。

6. 追求美感的动机

追求美好的事物是人的天性。具有这种动机的消费者在选购商品时，特别重视商品的外观造型、色彩和艺术品位，希望通过购买格调高雅、设计精美的商品获得美的体验和享受。

7. 追求名望的动机

这是因仰慕商品品牌或企业名望而产生的动机。名牌商品由于制作精良、知名度高、声誉好、市场竞争力强而备受消费者的青睐。

8. 自我表现的动机

这是以显示自己的身份、地位、名望及财富为主要目的的消费者行为动机。具有这种动机的消费者在选购商品时，不太注重商品的使用价值，而特别重视商品所代表的社会象征意义。

9. 习惯性购买动机

习惯性购买动机是指消费者对特定商店或特定商品品牌产生了特殊的信任偏好，从而在近似条件反射的基础上习惯性地重复光顾某一网站或某一商店，或者反复地、习惯性地购买同一品牌的商品。

第二节　消费者行为模式

一、传统消费者行为模式

（一）刺激-反应模式

刺激-反应模式反映了营销刺激（Marketing Stimulation）和消费者反应（Consumer Response）之间的关系，简称 S-R 模式。刺激-反应模式是研究消费者行为的基本模式，后来罗伯特（Robert）所提出的 S-O-R（Stimuli-Organism-Response，即刺激-有机体-反应）模式是基于 S-R 模式演变而来的，是指随着人们心理认识的变化，人们逐渐意识到人的信息处理过程是从一个物理刺激开始的，紧接着通过感官对外界刺激进行接收，经过神经系统加工后做出决定，最后才有动作反应的输出，简化后就是 S-O-R 模式。

S-O-R 模式被普遍用于研究网络购物环境下的消费者行为，研究哪些刺激因素能够促使消费者产生购买行为。目前，被国内外学者认可的刺激因素主要包括产品质量和价值、网站质量和信息量，以及网上商店的氛围、形象、品牌、促销等。

（二）科特勒模式

菲利普·科特勒（Philip Kotler）在 S-O-R 模式的基础上提出科特勒模式。科特勒模式将刺激具体化为营销刺激与外部刺激，并提出刺激与反应之间存在"消费者暗箱"，即外在性刺激能够对消费者行为产生影响。科特勒模式揭示了消费者行为是一个刺激与反应的过程。在这个过程中，消费者受到了营销刺激和外部刺激，面对刺激，消费者会因为个人特性的不同，而出现"黑箱效应"。这种"黑箱效应"往往与两大因素相关：购买者特性和决策过程。科特勒模式如图 6-1 所示。

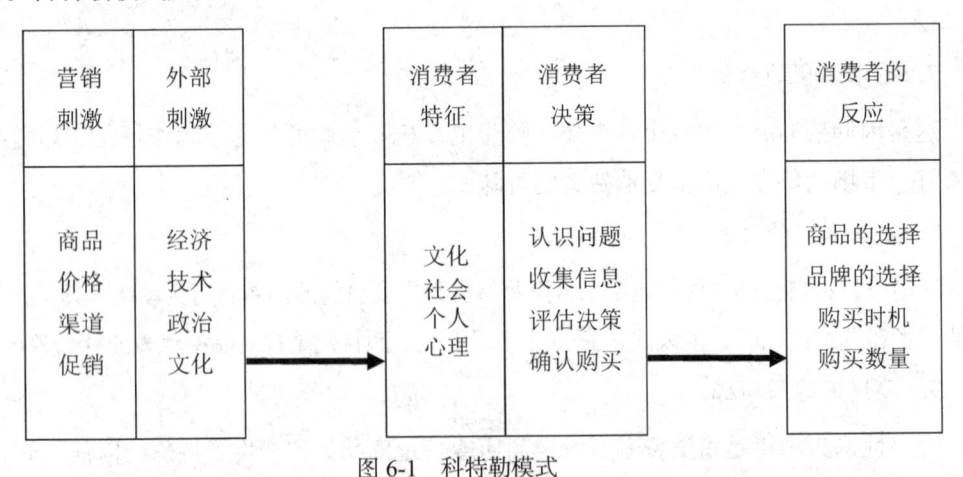

营销刺激	外部刺激		消费者特征	消费者决策		消费者的反应
商品 价格 渠道 促销	经济 技术 政治 文化	→	文化 社会 个人 心理	认识问题 收集信息 评估决策 确认购买	→	商品的选择 品牌的选择 购买时机 购买数量

图 6-1　科特勒模式

（资料来源：MBA 智库）

由图 6-1 可知，营销刺激能通过消费者行为动机的中介作用对消费者行为产生影响；企业要想促使消费者购买商品就应从 4P 层面出发，既要提供和创造能满足消费者需求的商品（Product）、价格（Price）和渠道（Place）条件，又要采取能强化消费者行为动机的营销传播手段（Promotion）。

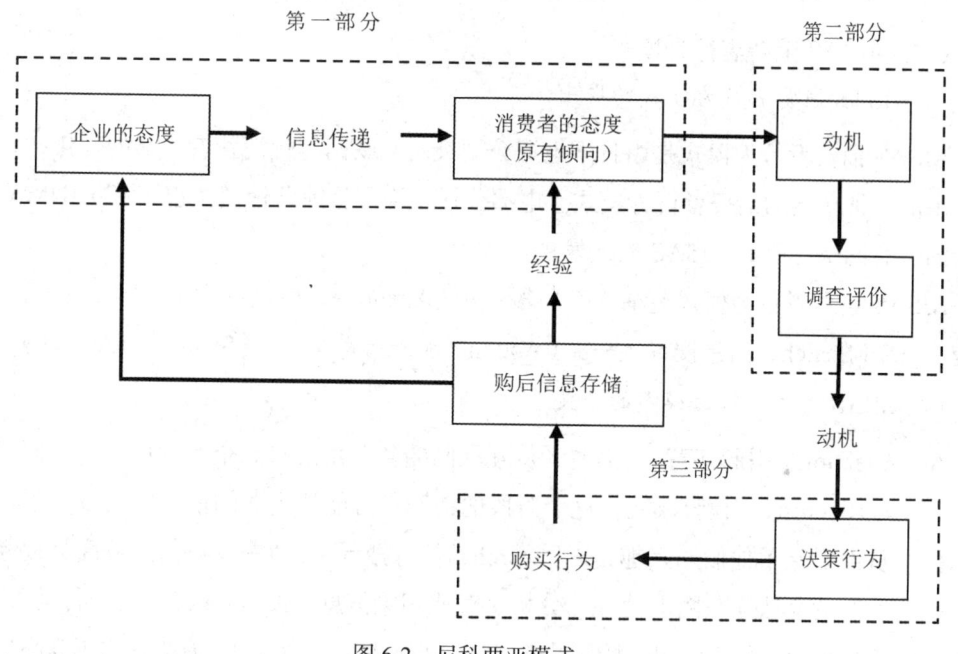

（三）尼科西亚模式

尼科西亚模式将消费者产生购买行为的过程划分为 3 个部分：第一部分是企业将营销刺激信息传递给消费者；第二部分是消费者对所接受的营销刺激信息进行处理和评判后，产生真正的驱动其购买该商品的动机；第三部分是动机驱动消费者最终购买行为的发生。由此可见，尼科西亚模式为科特勒模式做出了补充，揭示了消费者行为动机在营销刺激与购买行为间的中介作用。尼科西亚模式如图 6-2 所示。

图 6-2 尼科西亚模式

（资料来源：MBA 智库）

二、互联网时代的消费者行为模式

（一）AIDMA 消费者行为模式

1. AIDMA 消费者行为模式的提出

AIDMA 消费者行为模式是消费者行为学领域很成熟的理论模式之一，由美国广告学家 E.S.刘易斯在 1898 年提出。该模式认为，消费者从接触到信息到最后达成购买，会经历 5 个阶段：A（Attention，引起注意）—I（Interest，引起兴趣）—D（Desire，唤起欲望）—M

（Memory，留下记忆）—A（Action，实施行动）。

2. AIDMA 消费者行为模式的含义

A（Attention，引起注意），这期间企业会以广告、用户体验等形式让消费者了解其商品；I（Interest，引起兴趣），当消费者愿意接受企业演示、展示或讲解商品时，说明消费者对该商品感兴趣，但此阶段的消费者仍属被动了解者；D（Desire，唤起欲望），如消费者开始对该商品的终端公司提出问题，即表示消费者已经成为主动了解者，此时销售人员需积极获取其信任，并唤起消费者的消费欲望；M（Memory，留下记忆），消费者对某款商品已有很高的消费欲望时一般会货比三家，记忆中印象最深的那家是其最希望达成交易的一方。但是，如果消费者的经济能力难以满足消费欲望时，很多时候消费者会压制对某款商品的消费欲望，故此阶段的消费者仍属于被动了解者；A（Action，实施行动），当消费者的经济能力足够负担并有强烈的消费欲望时，其会购买心仪的商品，此时消费者变为主动购买者。

（二）AISAS 消费者行为模式

1. AISAS 消费者行为模式的提出

AISAS 消费者行为模式是由日本电通公司针对互联网时代消费者生活的变化，于 2005 年提出的一种全新的消费者行为模式。电通公司认为，目前营销模式也正从 AIDMA 模式逐渐向含有网络特质的 AISAS 模式发展。

AISAS 消费者行为模式包括 5 个阶段：A（Attention，引起注意）—I（Interest，引起兴趣）—S（Search，信息搜寻）—A（Action，实施行动）—S（Share，与人分享）。

2. AISAS 消费者行为模式的含义

A（Attention，引起注意），消费者从互联网的各个角落看到企业的信息，从而引起他的注意；I（Interest，引起兴趣），这个阶段的消费者可能从企业的信息中发掘到了其需求的东西，从而引起了他们的兴趣；S（Search，信息搜寻），消费者对信息或商品提起了兴趣，那么他们就会从互联网上搜寻、分析、对比相关信息；A（Action，实施行动），通过分析、对比，消费者最终做出了购买决定；S（Share，与人分享），消费者购买商品后通常会在互联网上进行分享，如微博、博客、SNS 等。

从 AIDMA 模式到 AISAS 模式，可以看出营销模式的研究视角正在由企业向消费者转变，企业对消费者的关注度越来越高。但 AIDMA、AISAS 模式均存在局限性，即都以企业的营销信息为核心，强调广告的力量，建立在消费者行为单方向、无交互的市场环境中。

（三）SICAS 消费者行为模式

1. SICAS 消费者行为模式的提出

SICAS 模式是中国互联网数据中心在 2011 年提出的消费者行为模式。该模式将消费者在社会化媒体环境中的消费行为和消费轨迹归纳为 5 个阶段：S（Sense，品牌与消费者互相感知）；I（Interest & Interactive，产生兴趣并形成互动）；C（Connect & Communication，建立连接，并交互沟通）；A（Action，行动和产生购买）；S（Share，体验和分享）。

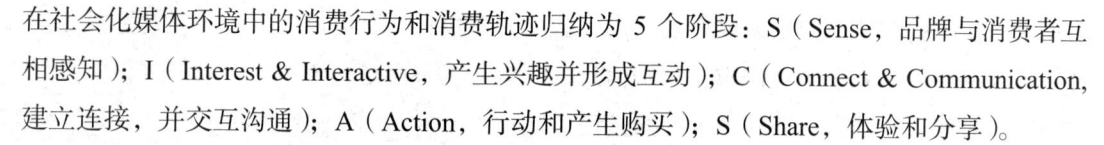

2. SICAS 消费者行为模式的含义

SICAS 模式较为清晰地描述了用户在社会化媒体环境中的消费行为和消费轨迹。

S（Sense，品牌与消费者互相感知），在 SICAS 生态里，品牌与消费者利用社交网络、移动互联网、LBS 位置服务等新型社会化平台通过分布式、多触点建立动态感知网络，双方对话不受时间、地点限制，企业能够通过遍布全网的传感器及时感知到消费者的体验感和需求；I（Interest & Interactive，产生兴趣并形成互动），品牌与消费者形成互动不仅在于触点的多少，还在于互动的方式、话题、内容和关系，也就是说理解、跟随、响应消费者的兴趣和需求成为关键；C（Connect & Communication，建立连接并交互沟通），意味着在COWMALS（Connect-Open-Web-Mobile-App-Location-Social）的新型互联网服务架构基础上，整合与共享不同的广告系统与内容，建立品牌与消费者之间由弱到强的连接；A（Action，行动和产生购买），在社会化媒体环境下，消费者的行为不仅发生在电商网站之中，App、社交网络等都可能成为消费者购买的地点。S（Share，与人分享），购买之后，消费者会把自己的体验进行分享。

（四）消费者行为模式的三个阶段

1. 广播式广告阶段

在 AIDMA 模式下，消费者从注意商品、产生兴趣、产生购买欲望、留下记忆，到实施购买行动，整个过程主要由传统广告等促销手段所驱动，覆盖率、收视率等是这个阶段营销成败的关键。

2. 品牌商家单向分享阶段

在 AISAS 模式下，消费者从被动接受商品营销信息，开始逐步转变为主动获取和认知，强调消费者在注意商品并产生兴趣之后的信息搜寻，以及实施购买行动之后的与人分享，信息搜寻和与人分享这两个环节都离不开消费者对互联网的应用。互联网为消费者主动获取信息提供了条件，使消费者有机会从多种渠道获得详尽的专业信息，进行相对"明白"的消费。但是，在 AISAS 模式之下，营销活动的核心驱动依然是广告，营销活动的关键词依然是品牌展示和借助广告引起消费者注意，并且是线性单向的营销传播过程。

3. 数字时代互联互动阶段

SICAS 模式是指在数字时代，移动互联网创造了传统媒体无法比拟的全新传播理念，消费者不仅可以通过社会化关系网络和分布在全网的触点主动获取信息，还可以作为消费源和发布信息的主体，与更多的好友共同体验、分享信息。企业也可以通过技术手段在全网范围内感知消费者、响应需求，消费信息的获得甚至不再是一个主动搜索的过程，而是"关系匹配—兴趣耦合—适应需求"的过程。

三、消费者购买决策过程——EKB模式

EKB模式全称为恩格尔-科特拉-布莱克威尔模式（Engel-Kollat-Blackwell Model），又称恩格尔模式，是目前研究消费者购买决策过程较为完整的模式。此模式由恩格尔、科特拉和布莱克威尔于1968年提出，并于1984年修正而成。其重点是分析消费者购买决策过程，整个模式分为4个部分：中枢控制系统，即消费者的心理活动过程；信息处理过程；决策过程；环境因素。EKB模式如图6-3所示。

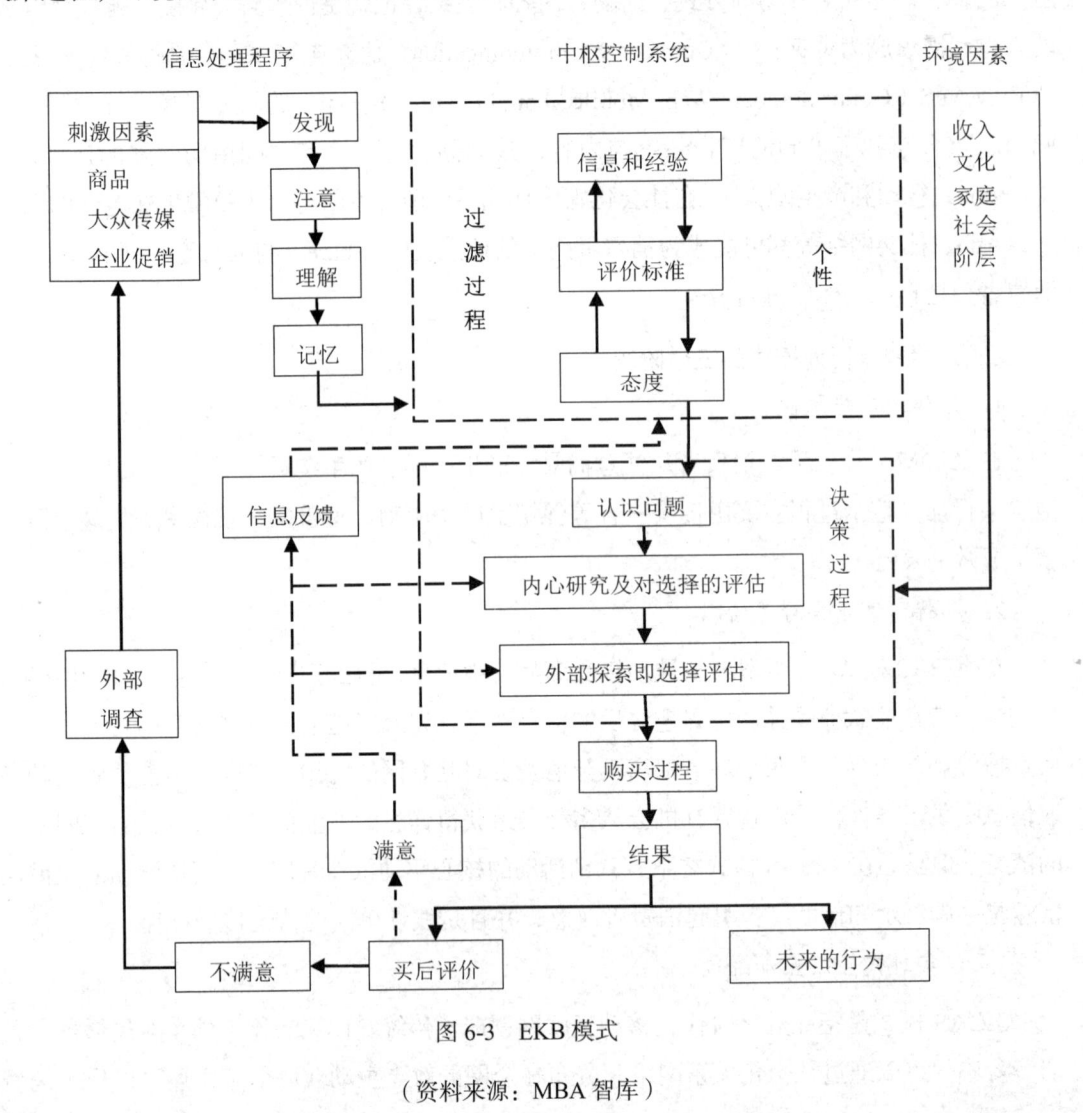

图6-3 EKB模式

（资料来源：MBA智库）

（一）EKB 中枢控制系统分析

EKB 模式认为，受有形因素和无形因素的影响，外界信息输入中枢控制系统后，通过大脑进行发现、注意、理解、记忆的信息处理过程，并与大脑存储的信息和经验、评价标准、态度、个性等一起进行过滤；在内心对外部探索（选择评估），产生决策方案；整个决策过程受到环境因素，如收入、文化、家庭等的影响；最后产生购买过程，并对购买的商品进行消费体验，得出满意与否的结论；此结论通过信息反馈又进入中枢控制系统，形成信息和经验，影响未来的购买行为。

（二）EKB 模式的消费者购买决策过程

EKB 模式认为，消费者购买决策过程是由以下 5 个阶段构成的。

1. 问题认知

问题认知主要是指当消费者受到外界与内部的刺激认为理想与实际之间有差距时，问题便产生了。问题产生后，整个系统便开始运作，目标也转为具体的行动。

2. 搜寻信息

当消费者认识到问题的存在，便会去搜寻相关的信息。信息搜寻可分为内部搜寻与外部搜寻两种。内部搜寻是指消费者从其现有资料或过去的购买经验中去寻找；当内部搜寻无法满足其需要时，便会转为外部搜寻，外部搜寻是指通过大众传播媒体、行销人员及亲友等寻找。

3. 方案评估

方案评估主要包括评估准则、信念、态度和意愿 4 个方面。评估准则是指消费者评估商品的因素或标准，通常以某种属性或规格来表示。评估准则由个人累积的信息和经验形成，但会受到个人动机的影响。信念是指消费者对各方案或品牌在各项评估准则上进行比较评价。态度是指消费者结合各方案或品牌在各评估准则上进行评价后所产生的对各方案或品牌的有利或不利的反应。意愿是指消费者选择某一特定方案或品牌的主观概率。

4. 选择

当消费者评估了各种可能的方案后，便会选择一个最能解决原始问题的方案并实施购买行动。然而，此时仍有可能会因一些无法预测的情况，如资金缺乏、销售人员的影响等，导致最后所做的选择与当初所预期的不同。

5. 购买与购后感受

当消费者依照前面的购买过程购买了某个商品之后，可能发生下面两种情况：满意或不满意。如果消费者所购买的商品无法满足自己当初的期望，便会造成不满意的结果，随之而产生的便是消费者对商品的抱怨及对品牌忠诚度的降低；如果购买的商品能满足当初的期望，则消费者重复购买同一品牌的概率便会增大，进而提升其对该品牌的忠诚度。

以上是消费者购买决策过程的 5 个阶段，然而此过程亦可能受到其他因素的影响，如文化、社会、家庭及个人收入的影响。

第三节　网络消费者行为

20 世纪 90 年代以来，信息技术尤其是互联网的飞速发展和应用，给各行各业均带来了重大的影响。互联网给消费者带来了新的消费和购物模式，给企业带来了新的发展机遇和挑战。在互联网时代，人们的消费行为和传统的消费行为相比，呈现出许多新的特征。

一、网络市场的特征

从市场运作的机制来看，网络市场具有如下基本特征。

（一）无店面经营方式

运作于网络市场上的是虚拟商店，即网络商店，它不需要实体的店面、装潢、摆放的货品和服务人员等，它使用的媒体为互联网。

（二）无存货经营形式

网络商店可以在接到订单后，再向制造厂家订货，无须将商品陈列出来以供消费者选择，只需在网页上显示商品信息即可。由于网络商店不用存货，其商品售价就比一般实体商店商品的售价要低，有利于增强网络商店的市场竞争力。

（三）成本低廉的竞争策略

网络商店的成本主要包括自建网站成本、软硬件费用、网络使用费，以及以后的维护费用。它通常比实体商店的成本要低得多，这是因为实体商店的成本包括昂贵的店面租金、装潢费用、水电费、营业税及人员管理费用等。

（四）无时间限制的全天候经营

网络商店一天 24 小时、一年 365 天的持续营业模式，对于平时工作繁忙、无暇购物的人来说有很大的吸引力。

（五）无国界、无区域界限的经营范围

互联网创造了一个即时全球社区，它消除了同其他国家客户进行交易的地域障碍。

（六）精简化的营销环节

消费者不必等商家回复，可以自行查询信息。商家可及时更新商品信息，并和消费者

快速交换信息。

二、网络消费者的特点及需求特征

（一）网络消费者的特点

通信设施的发展赋予每位消费者获取世界各地任何一种产品的服务信息的能力，他们注重自我、头脑冷静、擅长理性分析、喜好新鲜事物、有强烈的求知欲、好胜心强，但缺乏耐心。网络消费者具有如下特点。

（1）需求个性化。

（2）缺乏品牌忠诚度。

（3）自我定义产品质量。

（4）要求服务方便快捷。

（5）要求全球范围内的最优价格。

（6）互动的消费形式。

（二）网络消费者的需求特征

电商的发展促进了消费者主权地位的提高，使消费者的购买更加理性化。网络消费者主要有以下几个方面的需求特征。

（1）需求具有层次性。由于网络消费者的文化水平、兴趣爱好及经济状况不同而产生。

（2）需求具有差异性。由于国别、民族、信仰及人们生活习惯的不同，网络消费者产生了明显的需求差异性，这种差异性往往大于实体商务活动的差异。

（3）需求具有交叉性。需求虽然存在层次性和差异性，但这些需求不是绝对独立或相互排斥的，而是存在需求交叉现象。

（4）需求具有超前性和可诱导性。以具有超前意识的中青年人为主体的网络消费者，容易快速接受先进和时髦的商品且他们的需求具有可诱导性。

三、影响网络消费者购买行为的因素

（一）网络文化

互联网的出现和发展是科技方面的革命性突破，对当代人类文化产生了重大而深远的影响，并形成了独具特色的网络族群和网络文化。对互联网的访问需要具备计算机、网络及其他一些相关的基础知识和相应的条件，因此互联网用户与一般人群在统计特征上形成了较大的差别。互联网用户以中青年人为主，他们中的大多数人受教育水平较高，平均收入水平较高，从事的职业以信息技术、科研、教育、咨询服务等为主。在互联网中还存在着诸多的亚网络族群和相应的亚网络文化，如那些出于共同的兴趣爱好而形成的新闻组、虚拟社区、聊天室等，亚网络文化虽然只存在于虚拟的网络空间中，但必然影响实际的购买行为。

（二）个人因素

网络消费者的购买行为不仅会受到网络文化的影响，还会受到其个人特征的影响，如性别、年龄和个性、受教育程度和经济收入水平，以及使用互联网的熟练程度等。

1. 性别

在传统市场中，性别不同，购买行为存在着极大的不同，这种不同也同样表现在网络购物中。例如，男性网络消费者在购物时较理性，往往在深思熟虑之后才会做出购买决策；而女性网络消费者在购物时较感性，往往在浏览到自己喜欢的商品时就会下意识地将其放到购物车中。另外，男性网络消费者的自主性较强，他们往往会自己去寻找关于商品价格、质量、性能等方面信息的资料，然后自己做出判断；而女性网络消费者的依赖性较强，她们在做出购买决策时往往会比较在意其他人的意见和评价。

2. 年龄和个性

互联网用户的主体是中青年人，处于这一年龄阶段的消费者思想前卫，既喜欢追逐时尚，又喜欢展现独特的个性。这些特征在购买行为上表现为时尚性消费和个性化消费，因此一些时尚和个性化的商品更受网络消费者的欢迎。

3. 受教育程度和经济收入水平

受教育程度和经济收入水平具有正相关关系。网络消费者的受教育程度越高，了解和掌握互联网知识方面的困难就越少，也就越容易接受网络购物的观念和方式，网络购物的频率就越高。

4. 使用互联网的熟练程度

当消费者刚刚接触互联网时，对互联网的认识还处于比较低的水平，使用也不熟练，这时消费者对互联网充满兴趣和好奇，主要通过实验和学习力求认识和掌握更多的互联网知识，这时他们对互联网还存在恐惧心理，因此网络购物的频率较低。随着消费者上网时间的增加，对互联网越来越熟悉，就开始进行各种各样的网络购物活动。随后网络消费者的行为开始出现分化：一些人的新奇和神秘感已消退，这部分消费者就会逐步减少上网时间，并且仅浏览相对固定的网站和网络商店；另一些人仍在互联网上花费大量的时间，他们把网络空间看作现实社会的替代品，在互联网上学习、交流、消费购物、娱乐等，他们认为不但可以在互联网上找到更多的乐趣，而且更方便。

（三）网络商店的界面设计

商店的设计通常是指商店用来树立形象以招徕消费者的特征。实体商店在门面外观、店内布局、商品陈列等方面的不同会营造出不同的气氛，并且会直接影响到消费者的心理感受，进而影响消费者行为，网络商店的界面设计也是如此。通常，网络商店界面设计优良与否将会使网络消费者产生如下几种行为。

第一，立刻离开。当消费者访问某个网络商店时，若界面设计与消费者的审美严重相左，或者由于网页设计过于复杂导致传输延迟严重，消费者会毫不犹豫地离开。

第二，浏览。网络商店的界面设计使消费者产生了一定的兴趣，但消费者仅仅在网络商店中浏览而没有做出购买行为，或者消费者在浏览后做出延迟的购买行为，即消费者在浏览了其他网络商店后重新回到该网络商店购买商品的行为。

第三，浏览并购买。消费者在浏览网络商店的过程中，网络商店的界面设计刺激消费者产生某种需求并引起相应的购买行为。

一个有效率的网络商店的界面设计应当能够促使网络消费者产生后两种行为。

（四）消费者与生产者、商业机构的互动意识

传统的商业流通渠道由生产者、商业机构和消费者组成，其中商业机构起着重要的联通作用，生产者不能直接了解市场，消费者也不能直接向生产者表达自己的消费需求。而在网络环境下，消费者能直接参与到生产和流通中来，与生产者直接进行沟通，减少了市场的不确定性。

（五）消费者追求方便的消费过程

网络购物能够减少体力与心理上的支出。消费者可以在网上浏览所需要的商品，进行比价，最终完成购物。这样可以省下去商场购物往返、寻找和挑选商品、排队结账的时间。网络购物除能够满足实际的购物需求以外，消费者还能得到许多信息，并得到在各种传统商店没有的乐趣。

（六）消费者选择商品的理性化

互联网巨大的信息处理能力为消费者挑选商品提供了前所未有的选择空间，消费者可以利用在网上得到的信息对商品进行反复比较，以决定是否购买。

（七）价格

从消费的角度来说，价格不是决定消费者购买决策的唯一因素，但是消费者购买商品时肯定要考虑的因素，网络消费也是如此。

四、网络消费者行为的转变趋势

（一）消费个性更明显

更多的网络消费者主张个性化消费，希望能得到与其他消费者不一样的商品或服务。例如，爱奇艺 PC 客户端推出个性化视频内容推荐，此举受到了广大网友的推崇，很多网友因此成为爱奇艺的忠实会员。

（二）对消费品质的要求更高

网络购物不仅能使消费者满足实际的购物需求，还能使消费者获得许多额外的信息，得到在传统商店购物没有的乐趣。同时，更多的网络消费者希望以更便捷的渠道、更低廉的价格，购买到更优质的商品。这主要分两种情况：一种是工作压力大、时间安排非常紧凑的消费者，他们希望尽量节省时间和劳动成本，但对商品品质的要求丝毫不含糊，这类消费者的收入水平较高，是高端商品和进口商品的主要购买力；另一种消费者的自由支配时间较多，希望通过网上购物来寻找更低廉的价格，从而在心理上获得满足，这些消费者会花大量时间在互联网上货比三家、价比三家，也会因为某个电商购物节而通宵达旦，此类看似省钱的消费者实际上是网络购物的中坚力量。

（三）移动购物渐成主流

在移动互联网时代，人们对于手机 App 的接受速度显然比预期要快。随着智能手机用户数量和手机上网用户数量的增加及平板电脑的大量普及，移动购物在世界范围内的发展越来越快，渐成主流。

（四）O2O 应用更加广泛

O2O 简单地讲就是"线上拉客，线下消费"。O2O 模式的核心理念是把线上用户引导到线下的实体商店中，通过在线支付，由实体商店提供优质服务，平台实时统计消费数据并将其提供给商家，再把商家的商品信息准确推送给消费者。O2O 模式的特点是只把信息流、资金流放在线上，而把物流和商流放在线下。目前，O2O 模式已广泛应用于在线旅游、房地产、订票、餐饮、汽车租赁、奢侈品等诸多领域。

五、后疫情时代网络消费者行为的变化及原因

2020年的新冠疫情让全球人民措手不及，封闭的环境让各国消费者转而进行线上消费。据不完全统计，在世界各个国家，新冠疫情期间的线上消费都呈现出了一定程度的增长，有些甚至是飞速增长。

（一）后疫情时代网络消费者行为的变化

1. 线上消费更受欢迎，普及面更广，线下消费渠道逐渐恢复

2020 年 6 月，国际邮政公司对来自澳大利亚、芬兰、法国、德国、希腊、葡萄牙、英国和美国 8 个国家的近 6200 名消费者进行 "2020 IPC 国内电商消费者调查"，结果显示新冠疫情期间有 52%的消费者选择从各自国内的电商平台购物。中国国内的一项调查也得到了相似的数据信息，凯度咨询使用微信平台对 1000 多名消费者进行的调查结果显示，55%的消费者在新冠疫情期间通过综合性电商平台（如天猫、京东、淘宝等）购买生鲜食材。该调查还发现，新冠疫情甚至成就了很多消费者的初"触网"消费体验，有 84%的人表示

至少尝试了包括网上问诊（34%）、在线教育（33%）、远程办公（29%）和第一次为数字娱乐服务付费（26%）等在内的基于互联网的服务。

2. 新冠疫情导致消费者对消费的心理不确定性增加，使消费更趋于保守

《经济学人》杂志曾表示，新冠疫情发生后全球将近5亿个全职工作岗位几乎一夜之间消失了。新冠疫情带来了消费"后遗症"，凯度咨询的调查结果也印证了消费者的保守心理，同意新冠疫情之后消费"应该未雨绸缪""减少不必要开支"的人数要多于"及时享乐"的人数，大家更重视"更多的时间与家人和朋友相处"、"更充足的精神世界"和"成为更好的自己"。

3. 新冠疫情促使消费模式发生变化

一个突出的变化是以网络直播为代表的网络新零售模式成为流行趋势。新冠疫情期间，云K歌、云健身、云养生、云生活成为新常态，加上5G技术、人工智能技术的快速发展，促使基于大数据运算的云营销风生水起，形成了万物皆可"播"、万物皆可"云"的新局面，营销也变得更精准、更便捷、更有效。据报道，新冠疫情期间东风日产汽车进行了一场为时90分钟的直播，在汽车之家平台吸引了在线人数14.9万人，在花椒、斗鱼、一直播等其他外围直播平台吸引了74.6万人，引发观众积极在线互动，汽车之家平台的弹幕数达1.9万条。这种新营销模式丰富了营销人员的工作内容，打破了营销岗位对专业背景的要求和限制，扩大了营销的触及面，缓解了新冠疫情期间的销售危机。据澎湃网报道，仅在淘宝平台，2020年以来，就有来自一百多种职业的从业者们转行成为网络主播。另外，新冠疫情期间政府官员也在淘宝直播、拼多多、抖音等平台参与农产品直播带货，有力地解决了部分农产品销售难的问题。

（二）消费者选择线上购物的原因

消费者之所以选择线上购物，主要是因为方便、快捷、价格较低、可选择性较大等。《2021年中国跨境电商发展报告》调查分析了消费者选择线上购物的原因，如图6-4所示。

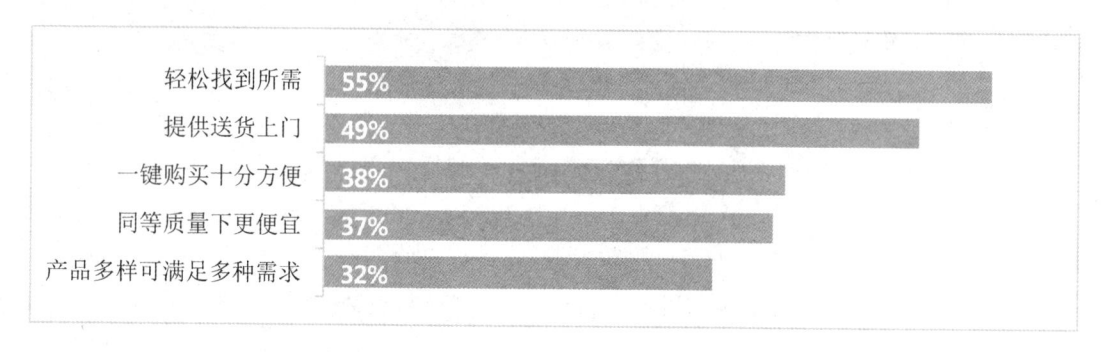

选项	比例
轻松找到所需	55%
提供送货上门	49%
一键购买十分方便	38%
同等质量下更便宜	37%
产品多样可满足多种需求	32%

图6-4 消费者选择线上购物的原因

（资料来源：《2021年中国跨境电商发展报告》）

在品牌推广方面，该报告也列出了消费者接触新品牌的一些主流渠道。从表 6-2 中我们可以看到，欧美国家消费者接触新品牌的主流渠道依然是通过搜索引擎。

表 6-2 消费者接触新品牌的主流渠道

主流渠道	选择的部分国家				
	美国	英国	德国	西班牙	法国
搜索引擎/%	44	54	50	53	53
家人、朋友介绍/%	43	40	46	38	37
线上广告/%	27	23	28	35	19
第三方电商平台/%	21	19	20	28	27
传统广告/%	27	19	30	21	16
线下体验/%	24	17	25	23	17
社交媒体博主介绍/%	28	18	13	18	12

（资料来源：《2021 年中国跨境电商发展报告》）

很多第三方电商平台的消费者也逐步开始习惯于到品牌卖家的独立站（品牌官网）进行购物，原因如图 6-5 所示。

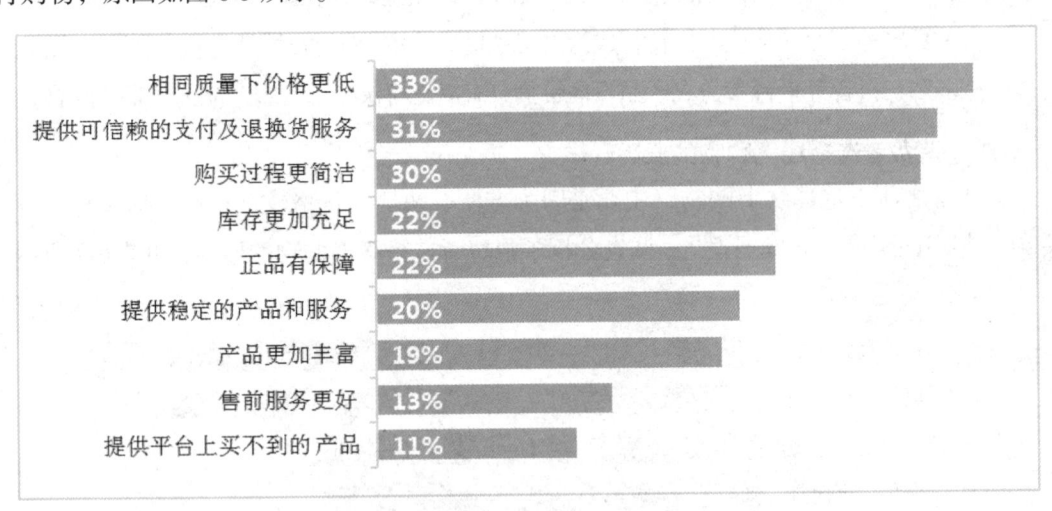

- 相同质量下价格更低 33%
- 提供可信赖的支付及退换货服务 31%
- 购买过程更简洁 30%
- 库存更加充足 22%
- 正品有保障 22%
- 提供稳定的产品和服务 20%
- 产品更加丰富 19%
- 售前服务更好 13%
- 提供平台上买不到的产品 11%

图 6-5 消费者选择品牌官网的原因

（资料来源：《2021 年中国跨境电商发展报告》）

由图 6-5 可知，有多达 33% 的消费者是因为相同质量下价格更低而选择到品牌官网进行购物的。除了价格优势，影响消费者进入品牌官网的原因还有提供可信赖的支付及退换货服务、购买过程更简洁、库存更加充足等。

第四节 "一带一路"跨境电商消费者行为分析

一、我国与"一带一路"沿线国家跨境电商的发展

(一)跨境电商的发展态势良好

随着互联网技术的发展,跨境电商已经成为我国"一带一路"建设的重要内容之一。2015 年 G20 峰会期间,中国—土耳其"数字丝绸之路"跨境电商综合服务平台项目签约,这是我国第一个双边跨境电商合作项目。截至 2019 年 3 月,该项目共培训土耳其当地中小企业主和大学生近 2500 人,实现 2.2 万余家中国中小企业和近 1000 家土耳其中小企业成功上线开店,交易额超过 10 亿美元。敦煌网报告显示,中国—土耳其"数字丝绸之路"跨境电商综合服务平台促进了中国企业多元化外贸出口增长,做到了项目红利真正惠及"一带一路"沿线国家的中小企业,同时打造了完备的跨境电商产业生态系统,形成了多方共赢的局面。敦煌网是我国跨境电商平台企业发展的一个缩影,我国已经有几千家跨境电商平台企业,为跨境电商交易提供支付服务、物流推荐、信息服务、免费翻译等在线服务。

在国家"一带一路"倡议的大背景下,中国与世界各国的线上商贸发展迅速。通过跨境电商,中国商品销往俄罗斯、韩国、越南等 100 多个签署了共建"一带一路"合作文件的国家和地区,线上商贸范围拓展到欧洲、非洲的多个国家。同时,开放、崛起的中国市场为"一带一路"合作国家提供了新的经济增长点。

(二)跨境电商连接指数持续走高

根据阿里巴巴跨境电商大数据,阿里巴巴研究院编制了"一带一路"沿线国家 ECI 指数(E-Commerce Connectivity Index,跨境电商连接指数),旨在反映中国与"一带一路"沿线国家在跨境电商贸易方面的连接紧密程度。出口指数越高,表示该国购买中国的商品越多;进口指数越高,表示中国消费者购买该国的商品越多。

2017 年 4 月,阿里巴巴研究院与 DT 财经联合发布了《eWTP 助力"一带一路"建设——阿里巴巴经济体的实践》报告,这是第一次以大数据的形式,描绘出跨境电商连接起来的网上丝绸之路。报告数据显示,东欧、西亚、东盟国家与中国跨境电商的连接最紧密。中国与"一带一路"沿线国家跨境电商连接指数 Top10 国家是俄罗斯、以色列、泰国、乌克兰、波兰、捷克、摩尔多瓦、土耳其、白俄罗斯、新加坡。就出口而言,"一带一路"沿线国家中,俄罗斯、乌克兰、以色列、白俄罗斯和波兰是购买力排名前五的国家;就进口而言,中国跨境电商零售进口排名前五的是泰国、新加坡、马来西亚、以色列和捷克。京东进出口数据显示,在"一带一路"倡议下,我国通过跨境电商扩大了商品出口的国家范围——从欧洲、亚洲再到非洲,商品畅销至俄罗斯、新加坡、越南等 100 多个"一带一路"

沿线国家和地区。特别是新冠疫情期间,"一带一路"沿线很多国家都纷纷出台相关政策,利用跨境电商扩大与中国的贸易。

(三)"丝路电商"成为数字经贸合作的新渠道

我国与"一带一路"沿线国家跨境电商的合作持续加深,通过与沿线国家共同召开"一带一路"国际合作会议,共同创办丝路电商、云课堂及线上博览会等,共同总结合作成果、分享合作经验,并对跨境电商在政策沟通、企业引进、联合人才研究和培养方面进行深入探讨,加快双边及多边合作的落实。

(四)跨境电商平台助力中小微出口企业发展

我国中小微型跨境电商出口企业进入"一带一路"沿线国家市场主要依托跨境电商平台。根据亿邦智库《2020年跨境电商出口发展报告》,我国跨境电商中小微出口企业主要通过入驻阿里巴巴国际站、全球速卖通、Shopee、Lazada等跨境电商平台实现出口。中小微出口企业利用跨境电商平台,广泛地收集并筛选"一带一路"沿线国家的贸易需求信息,跨境电商平台在提供线上交易、支付、在线物流等信息方面也为中小微出口企业提供了极大的便利。2023年3月,我国发布的《中小微企业跨境电商综合服务业务管理规范》(GB/T 41825—2022)将会全面指导跨境电商中小微企业在开展跨境电商业务中所涉及的通关、收汇、退税、物流、金融等环节进行系统化平台建设和风险防控,方便中小微企业一站式、合规开展跨境电商业务。

(五)RCEP极大地促进了区域内跨境电商的发展

RCEP的签订形成了世界上最大的自由贸易区,为维护和推动自由贸易注入了强大活力,有利于地区与世界的繁荣与稳定。RCEP与"一带一路"倡议将发挥叠加效应,在"一带一路"倡议的纽带作用下,产生几何级的发展效果。此外,RCEP还有利于应对单边主义、贸易保护主义的负面影响,促进国际贸易的良性循环,提振市场信心,给世界经济提供新的强大推动力。2020年的新冠疫情使全球的供应链和贸易格局都发生了根本变化,受新冠疫情的影响,2021年跨境电商最大的痛点之一就是跨境电商物流,而RCEP的落地让跨境电商的物流效率大大提升。成员方之间采取简化的海关程序,使跨境电商物流在区域内变得更高效,运输成本进一步降低。RCEP还大力推广无纸化贸易,通过电子形式提交贸易管理文件,在区域内认可电子合同、电子签名,大大推动了区域内跨境电商的发展。

总之,伴随"一带一路"国际合作的积极推进,中国电商出海也驶进了高质量发展的3.0时代。1998—2013年是中国电商出海的1.0阶段,当时跨境电商应用多以贸易黄页展示商品信息,向商家收取会员费和广告费。2014—2016年是中国电商出海的2.0阶段,海外仓、国际物流、金融、外贸等跨境电商服务商纷纷崛起,跨境出口电商产业生态形成。从

2016年至今，中国电商出海进入3.0时代，主流互联网企业积极布局海外市场，先进标准的引领加上成功的本土化策略是其主要标志。京东"走出去"设立的泰国站、印度尼西亚站，可概括为中国电商出海3.0的范本。利用国际领先的供应链管理与电商运营经验，我国许多电商平台外扩渠道，在世界范围内搭建起信息流、商流、物流网络，通过提高线上商贸的便利性及全球供应链效率，实现了全球市场供需端的高效对接，为"一带一路"沿线各国人民的美好生活贡献智慧。

二、影响"一带一路"跨境电商消费者行为的主要因素

影响"一带一路"跨境电商消费者行为的主要因素有很多，按照影响程度的大小，可以分为社会文化因素、贸易便利化因素、平台因素和个人因素，如图6-6所示。

（一）社会文化因素

1. 文化和价值观

文化是对人类的知识、信仰、艺术、道德、法律、美学、习俗、语言文字，以及人作为社会成员所获得的其他能力和习惯的总称。文化是一系列在社会中才能获得的价值观，社会作为整体接受了这些价值观，并将它以语言或象征的形式传达给社会成员。文化一般由两部分组成：一是全体社会成员共同的基本核心文化，二是具有不同价值观、生活方式及风俗习惯的亚文化。一个社会的价值观会影响其成员的购买和消费模式。

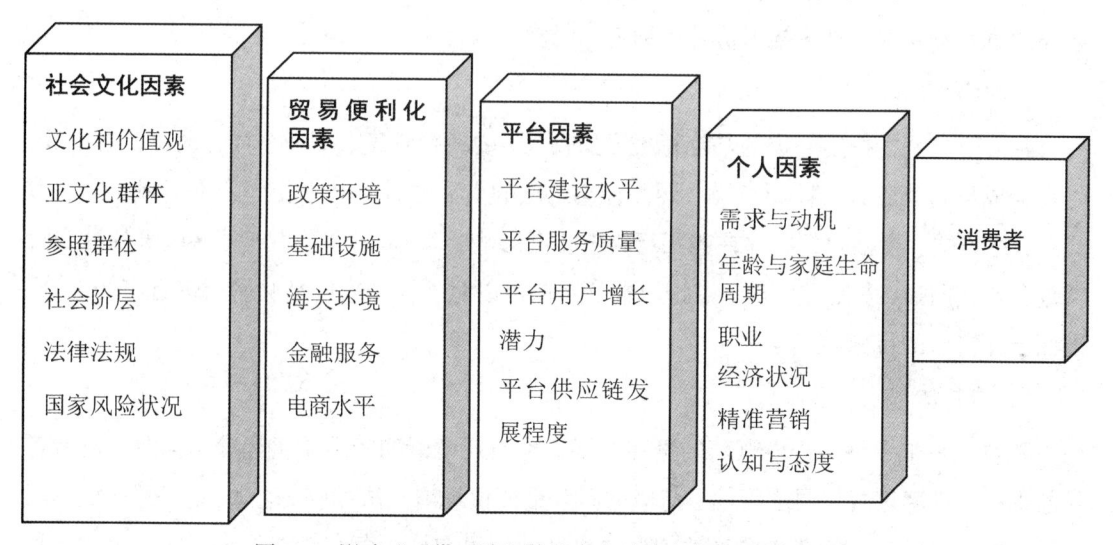

社会文化因素	贸易便利化因素	平台因素	个人因素	消费者
文化和价值观	政策环境	平台建设水平	需求与动机	
亚文化群体	基础设施	平台服务质量	年龄与家庭生命周期	
参照群体	海关环境	平台用户增长潜力	职业	
社会阶层	金融服务	平台供应链发展程度	经济状况	
法律法规	电商水平		精准营销	
国家风险状况			认知与态度	

图6-6 影响"一带一路"跨境电商消费者行为的主要因素

2. 亚文化群体

亚文化群体是指为其成员带来更明确的认同感和集体感的群体，包括民族群体、宗教群体、种族群体、地理群体等。"一带一路"沿线国家的文化之间存在巨大的差异，即使是

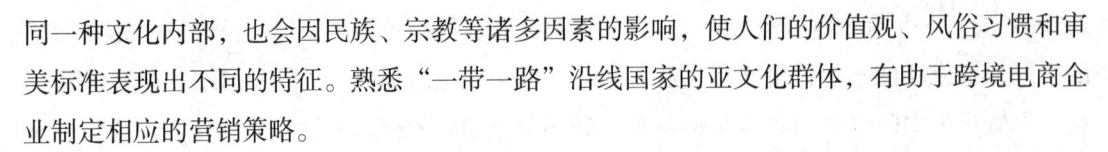

同一种文化内部，也会因民族、宗教等诸多因素的影响，使人们的价值观、风俗习惯和审美标准表现出不同的特征。熟悉"一带一路"沿线国家的亚文化群体，有助于跨境电商企业制定相应的营销策略。

3. 参照群体

一个人的消费行为受到许多参照群体的影响。产生直接影响的群体称为会员群体，包括家庭、朋友、邻居、同事等主要群体，以及宗教组织、专业组织和同业工会等次级群体。崇拜群体是另一种参照群体。有些产品和品牌深受参照群体的影响，有些产品和品牌则鲜少受到参照群体的影响。对那些深受参照群体影响的产品和品牌，消费者都会设法去收集相关参照群体的意见领袖的意见并产生追随性的从众行为。

目前，"一带一路"沿线国家跨境电商的主要用户群体是中青年人，他们一般受教育水平更高，有能力熟练使用互联网。艾布拉姆森（Abramson）和霍林斯赫德（Hollingshead）根据用户的目的把互联网用户分为冲浪者和购物者两类。他们认为，冲浪者使用互联网的目的是享受娱乐，冲浪者带着探索的心情浏览网站，基本上不重复地从一个网站浏览到另一个网站，除非浏览过的网站还有吸引人的因素他们才会再次点进去。而购物者使用互联网的目的则通常更加直接，他们通过搜集感兴趣的商品和服务资料来做出购买决策或进行购物交易。因此，"一带一路"沿线国家的中青年人是值得关注的互联网目标客户群体，但各国中青年人在语言、宗教信仰、社会习俗、需求偏好等方面存在很大不同，跨境电商企业要注重对不同国家这一参考群体的研究。

4. 社会阶层

社会阶层是指按照一定的社会标准，如收入、受教育程度、职业、社会地位及名望等，将社会成员划分成若干社会等级。同一社会阶层的人往往有着基本相同的价值观、生活方式、思维方式和生活目标，并在购买行为上相互影响。"一带一路"沿线很多国家的社会阶层划分比较明显，贫富差距较大，跨境电商企业可以对不同国家的社会阶层进行市场细分，进而选择自己的目标市场。

5. 法律法规

随着"一带一路"跨境电商的迅速发展，也出现了诸如产品质量标准与标注、消费者权益保护、跨境执法与司法管辖、跨境电商双重征税等诸多法律问题。"一带一路"沿线国家发展的不平衡性，使跨境电商法律合作机制的构建与执行存在诸多不确定性。对此，我国应当推进"一带一路"沿线国家跨境电商合作经济组织的建立，以合作经济组织的名义推动法律合作机制的构建，此外还应当通过缔结双边与多边条约的形式，推动法律合作机制的构建与跨境联合执法的实现等。当然，我国企业也要增强法律意识和自我保护意识。

6. 国家风险状况

"一带一路"沿线国家的风险状况比较复杂，从总体上看有 3 个突出的风险点。一是大国角力。"一带一路"沿线国家的地理位置比较特殊，目前东南亚、南亚、中亚、西亚乃至中东欧都是大国角力的焦点区域，俄罗斯力推"欧亚经济联盟"、欧盟积极推动"东部伙伴关系"计划、美国提出建设"新丝绸之路"设想等，区域内热点问题不断，地缘政治关系相对紧张，区域和国家风险显著。二是文明冲突，由于历史和现实，"一带一路"沿线国家处于东西方多个文明交汇的地区，存在宗教冲突、民族与种族冲突，具有突发性、多样性、复杂化、长期化的特点，某一特定事件的爆发都可能对周边国家乃至多个国家产生较强的国家风险外溢效应。三是国内矛盾，"一带一路"沿线国家多处于现代化建设阶段，面临政治转制、经济转轨、社会转型的艰巨任务，国内政治经济的稳定性和成熟度较差，容易引发国家风险。因此，我国与"一带一路"沿线国家进行跨境电商交易必须高度重视贸易伙伴的国家风险状况。

（二）贸易便利化因素

贸易便利化是指通过简化程序、统一标准、完善规范、减少限制等一系列措施，降低国际贸易活动中的交易成本，从而促进货物、服务的自由流动。影响"一带一路"贸易便利化的因素主要包括政策环境、基础设施、海关环境、金融服务和电商水平等 5 个方面。

1. 政策环境

政策环境表示一国或地区政策制定的透明度、监管力度，以及司法的独立性。政策制定的透明度与司法的独立性是一国或地区保证外贸环境稳定的基本条件，对贸易便利化有着正外部效应。

2. 基础设施

基础设施是一国或地区商品贸易流通程度的衡量指标，主要包括公路、铁路、港口及航运基础设施的质量水平。根据不同的交易特点选择合适的运输方式是贸易便利化的前提条件。完善的基础设施能够显著提高物流效率，从而提高"一带一路"沿线国家的进出口交易额。

3. 海关环境

通关是跨境电商的必要程序，海关环境包括货物通关、清关的效率和海关机构的工作质量。因为跨境电商属于近几年的新兴行业，"一带一路"沿线国家的很多法律监管体系并不完善，加之交易形式多为零售模式，一些商品并未在允许通行的货物清单上，导致过境需要再提供合法证明。这增加了我国与"一带一路"沿线国家的贸易成本，我国跨境电商企业需要重视研究"一带一路"沿线贸易伙伴国的海关环境。

4. 金融服务

金融服务在这里是指一国或地区金融市场的开放程度，金融市场的开放程度越高，企业获得资金的能力就越强。扩大贸易需要提供贸易融资、货运保险及顺畅的贸易清算渠道，但"一带一路"沿线多为发展中国家，金融体系也相对不发达，本土金融机构实力相对较弱，外国金融机构占据重要地位。例如，美国和日本的金融机构在东南亚占据重要地位，法国、德国和意大利的银行在中东欧国家占据垄断地位，这给中国与沿线国家的金融合作带来了挑战，但也提供了机遇和发展空间。2018年金融危机之后，发达国家的金融机构普遍受到重创，它们目前在全球处于相对收缩的阶段，难以满足"一带一路"沿线国家巨大的融资需求。而我国的金融机构无论是在金融资产规模还是跨国经营能力方面都有了长足的进步，高储蓄率也使我国进入了一个资本向外输出的快速增长阶段。"一带一路"建设不仅需要中国企业"走出去"，也需要中国金融机构"走出去"，为"一带一路"建设提供金融服务。人民币国际化程度的提高将为"一带一路"沿线国家使用人民币提供支持和便利，而人民币在"一带一路"沿线国家的流通本身就是人民币国际化的过程，两者相辅相成。随着人民币更多地进入"一带一路"沿线国家，人民币离岸市场也在"一带一路"沿线国家不断拓展，这既能推动人民币的国际化，又为"一带一路"沿线国家提供了更多的融资来源。

5. 电商水平

电商水平是指一国或地区对信息技术的熟悉程度及信息技术在公众之间的普及程度，主要包括每百人互联网使用人数、最新技术可用性和每百人宽带互联网订阅占比等指标。电商水平是跨境电商的核心竞争力，也是区别于传统电商的关键因素，表现形式为通过线上达成交易，与线下物流相融合，有效削减交易成本，形成贸易畅通的新局面。而"一带一路"沿线国家的互联网普及率差异很大，不少国家电商基础设施比较薄弱，这与我国及欧美发达国家市场有较大的差别。

（三）平台因素

1. 平台建设水平

平台建设水平是提升用户体验的重要因素，平台建设好不仅可以提高用户的忠诚度和复购率，还会使用户积极影响周边人的购买决策形成口碑营销。平台建设水平主要包括网页访问便捷度、用户信息安全性、正品保障率和支付便捷性等方面。

网页访问便捷可以使用户更明了地看懂网站界面，更容易找到目标商品，这是用户使用该平台的第一步。用户在平台上的个人信息是否安全，取决于平台内部的建设水平，保护用户信息安全可以使平台获得用户的信任。艾媒咨询调查数据显示，跨境电商用户选择

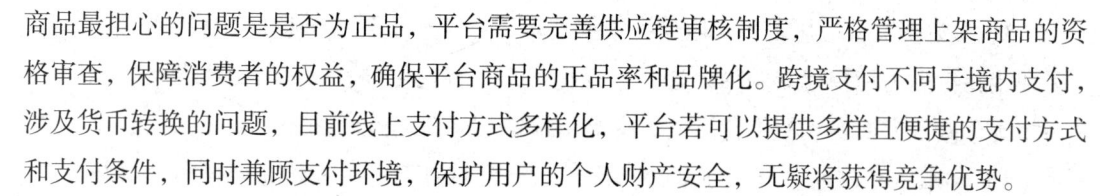

商品最担心的问题是是否为正品，平台需要完善供应链审核制度，严格管理上架商品的资格审查，保障消费者的权益，确保平台商品的正品率和品牌化。跨境支付不同于境内支付，涉及货币转换的问题，目前线上支付方式多样化，平台若可以提供多样且便捷的支付方式和支付条件，同时兼顾支付环境，保护用户的个人财产安全，无疑将获得竞争优势。

2. 平台服务质量

平台服务质量将直接影响用户的消费体验，而且线上平台与线下购物相比更难获得用户的信任。平台服务质量主要包括售后问题的解决效率和客服人员的回复速度。

随着商品经济的发展，消费越来越便利，用户的维权意识不断提高，用户在进行网购尤其是跨境网购时，如果售后问题得不到及时有效的解决将影响其体验，若解决不善可能会提高售后服务成本，所以售后服务这一环节越来越重要。平台应当明确售后问题处理细则，如退换货机制、退款机制等。客服人员的回复速度也是影响用户消费体验的重要因素，客服人员是用户解决售后问题的主要渠道，是商家与用户沟通的桥梁。当用户的需求和困惑能够得到客服人员的及时回应和重视时，平台的信誉会提高，也会获得消费者的信赖。

3. 平台用户增长潜力

用户持续稳定的增长对于任何一个平台来说都是至关重要的，能直接影响平台的发展前景和盈利水平。如果平台能够持续稳定地获得新用户，那么平台则有进一步扩张的可能。越来越激烈的行业竞争使用户增长变得越来越困难，从短期来看平台可以通过增加曝光率、投放广告等方式获得新用户，但是要持续稳定地获得新用户，需要通过提高平台的口碑、知名度及消费者满意度去吸引潜在用户。

4. 平台供应链发展程度

供应链是跨境电商运营的核心枢纽，跨境电商具有用户基数大、分布地域广的特点，十分考验供应链的反应速度和服务质量。目前，大数据、区块链、人工智能等技术都逐渐渗入供应链运作管理当中，供应链智能化将成为未来供应链的发展重点。目前，平台供应链发展程度主要体现在以下几个方面。

（1）供应商覆盖国家量。供应商覆盖国家量是指跨境电商平台的供应链覆盖的国家数量，足够宽的供货渠道可以让平台获得更多发展优势。

（2）供应链智慧化水平。面对复杂的全球供应链布局、新冠疫情、全球局势变化及其他多种因素，实行供应链智慧化管理，可以提高产品采购、配送、计划储备、退货等多方面的运行效率，做到供应链管理的及时化、透明化、可追溯化，提高运行效率。

（3）大数据决策应用水平。通过大数据技术，跨境电商平台能够通过以往客户留下的购买和流转信息为用户建立画像，进行个性化推荐，智能化推送商品，提高营销精准度，并在物流仓储等方面实现精细化运营，提高供应链的运转速度。

（4）合作品牌数量。与其他平台相比，当平台与更多的品牌建立合作时，其将具有比较优势，便于拓展自己的商品种类，提高供应链水平。

（5）物流配送效率。物流配送效率是衡量供应链物流服务质量的重要标准，也是用户选择平台进行购物的主要关注因素。艾媒咨询发布统计报告显示，电商用户最期待平台改进的方面就是物流速度，当平台满足用户需求能够提供相比于其他平台更高效率的配送时，平台将具备发展优势。

（四）个人因素

影响"一带一路"沿线国家消费者行为的个人因素包括需求与动机、年龄与家庭生命周期、职业、经济状况、精准营销、认知与态度等。

1. 需求与动机

需求是指在一定的生活环境中，人们为了延续和发展生命对客观事物的欲望的反映，需求是推动人们活动的内在驱动力。美国著名的心理学家亚伯拉罕·马斯洛（Abraham Maslow）1951年提出了著名的需求层次论。他把人的需求分成5个层次，即生理需求、安全需求、社交需求、尊重需求和自我实现需求，如图6-7所示。

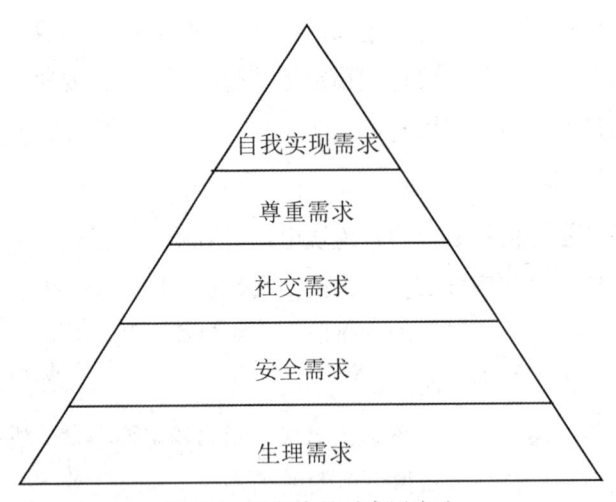

图6-7 马斯洛的需求层次论

（资料来源：1943年马斯洛论文《人类动机理论》）

根据马斯洛的需求层次论，并经过长期的实际观察，证明了人的各种需求具有以下3个特点：人的需求是由低级向高级发展的，只有满足了低层次的需求，才会产生更高层次的需求；当各层次需求全部满足或部分满足后，就开始追求各层次需求的质量水平；各层次的需求可能交替出现，即它们具有相互交织、波浪式发展的特点。

马斯洛认为，每个人的行为动机一般是受到不同需求支配的，已满足的需求不再具有激励作用，只有未满足的需求才具有激励作用。这一观点对跨境电商营销人员具有很大的启示。首先，营销人员要不断发现"一带一路"沿线国家消费者未被满足的需求，然后应想方设法、最大限度地去满足他们；其次，营销人员在分析"一带一路"沿线国家消费者的不同特征后，要将促销方式、广告、宣传集中于"一带一路"沿线国家多层次的消费者需求上，以获得最大效果；最后，营销人员可以针对"一带一路"沿线国家某个层次的需求确定目标市场，并有针对性地制定市场营销策略。

2. 年龄与家庭生命周期

跨境电商营销人员应研究目标市场消费者的年龄与家庭生命周期，根据不同的需求及特点制定不同的营销策略。

3. 职业

消费者的职业往往决定其一天的时间分配，在一定程度上影响其选择网购还是线下实体商店消费。

延伸阅读3

4. 经济状况

家庭人均月收入是分析"一带一路"沿线国家消费者行为十分重要的因素。"一带一路"沿线国家横跨亚欧板块，不同的地理条件和制度特征决定了这些国家各不相同的经济发展模式，进而导致各国经济发展水平存在显著的差异。"一带一路"沿线国家消费者收入差异十分明显，"一带一路"中的中东欧国家普遍跻身于高收入或中高收入国家行列，西亚、北非国家，特别是能源丰富的西亚国家，人均GDP远超高收入国家的基准线。这些国家的消费者人均收入水平高、受教育水平高且需求旺盛。与此形成鲜明对比的是东南亚、南亚及中亚地区，这些地区大部分国家的经济水平都相对落后，处于中低收入或低收入国家行列，这些国家的消费者人均收入水平普遍较低。因此，跨境电商营销人员应注重研究"一带一路"沿线国家的经济状况和各国消费者收入的差异。

5. 精准营销

美国著名的营销理论大师菲利普·科特勒（Philip Kotler）在2005年的一次全球巡回演讲论坛上，宣布了精准营销这种新型的营销传播趋势。精准营销以互联网为媒介，实现了"一对一"的营销，在产品设计、开发、销售过程中，充分考虑了消费者的个性化需求，增强了产品价值的针对性，为消费者创造了更大的产品价值。跨境电商企业通过精准营销主动与有购买意向的潜在消费者沟通，节约了消费者在产品信息上花费的时间和精力,减少了交易费用,方便了消费者的购买。由于"一带一路"沿线各国消费者收入的巨大差异,跨境电商企业可以通过精准营销,在目标市场提升企业形象,培养消费者对企业的忠诚度。

6. 认知与态度

消费者对商品的感觉与知觉、记忆与思维等构成了对商品的认知,消费者自身的兴趣爱好、个性、对品牌的偏爱及自我形象是认知的先决条件,产品形象、企业形象及其吸引力是认知的基本条件,广告宣传、营销人员的行为则是促成消费者对商品产生认知的关键因素,其中商标是消费者最易识别也是最主要的商品标识。

与传统认知相比,跨境电商认知主要体现在 4 个方面,包括感知有用性、感知易用性、感知安全性和感知信任性。感知有用性是指跨境电商平台购物给消费者带来的经济效用,如提高购物效率、满足购物需求、提高便利性等;感知易用性是指消费者认为使用跨境电商平台的容易程度,如容易找到目标商品、交易流程易操作等;感知安全性是指消费者认为使用跨境电商平台购物是安全可靠的,如交易过程安全、个人信息安全、支付流程安全、包裹完好无损等;感知信任性是指在通过跨境电商平台购物时,消费者对平台和商家提供的商品和服务的信任,包括商品信息、商家的信用评价、质保服务承诺等。

消费者态度是指消费者在购买或使用商品的过程中对商品和服务及与其有关事物形成的反应倾向,即对商品的好恶、肯定与否定的情感倾向。消费者态度可分为 3 种类型,即完全相信型、部分相信型、不相信型。消费者对商品持不信任态度,一般很难发生购买行为,只有通过各种方式消除消费者的怀疑、不信任,改变消费者的态度,才会使消费者产生购买欲望,进而发生购买行为。

三、跨境电商消费者行为模式

融合了全球性、移动性、社交性和位置服务之后,跨境电商消费者行为发生了巨大变化,消费需求更加多样化和社会性,消费者更倾向于建立社交网络、体验与分享消费信息、彰显个性与偏好。跨境电商消费者行为模式(见图 6-8)包括以下几个阶段。

延伸阅读 4

(一)购前影响阶段

消费者基于个体、社会、平台等因素的影响而产生跨境消费欲望。他们关注跨境电商平台商品的品类、品牌知名度和质量、购物过程的安全性、支付方式的灵活性、服务与售后等。同时,他们也关注来自家庭、朋友和社交圈子的商品评价和体验分享,这更有说服力,更容易改变他们的行为和决策。

(二)信息搜寻筛选阶段

商品信息咨询与筛选、预订与支付、物流跟踪等过程都需要消费者进行大量的浏览和搜索。跨境电商的移动性、实时定位性、信息高度整合性，既促进了企业营销手段的革新、搜索引擎的发展，又给消费者带来了全新的体验。平台和商家通过智能分析消费者的浏览、搜索记录等数据，可得到消费者的兴趣偏好、消费习惯或购买能力等相关信息，方便给消费者进行个性化推荐。

（三）购买行为阶段

消费者在需求、愿望和兴趣的基础上，根据线上和线下信息搜索和社交互动的结果，制定购买决策方案。

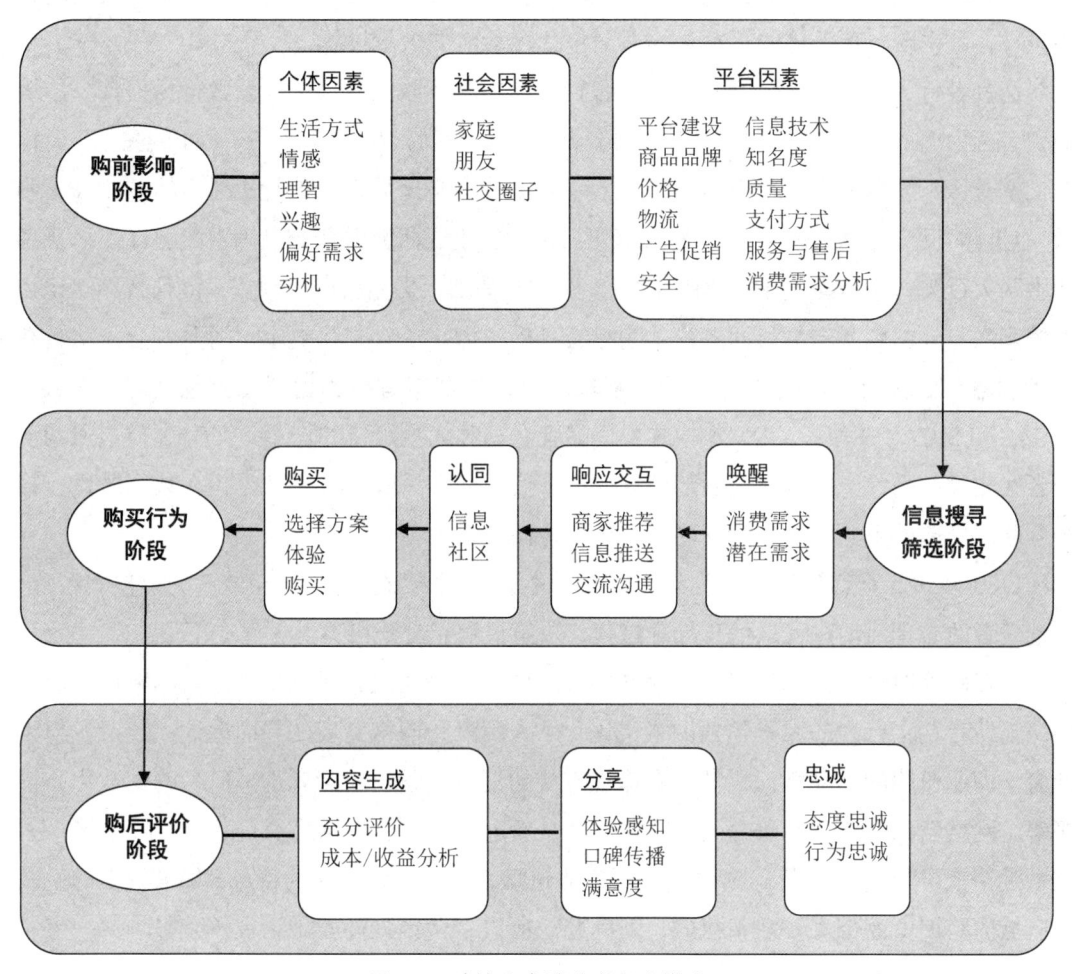

图 6-8 跨境电商消费者行为模式

（四）购后评价阶段

消费者对商品和服务的感兴趣程度、体验的主观感受和情感表现、成本与收益分析都会影响到他们的满意度。跨境电商提供了消费者讨论、交流的机会，这直接影响了消费者未来的消费行为，如是否再次购物、是否继续使用平台、是否向他人推荐等。

跨境电商消费者行为的影响因素是复杂多样的，我国跨境电商企业要根据"一带一路"跨境电商消费者行为特征和行为模式，制定市场营销策略。

本章小结

消费是社会经济活动的出发点和归宿，它和生产、分配、交换一起构成社会经济活动的整体，是社会经济活动的重要组成部分。消费体系主要包括消费水平、消费结构和消费方式等内容。消费者行为是消费者为了获取、使用或处置自身需要的商品和服务实施的各种行动，其中既包括具体的行动过程，又包括行动前的决策过程。

消费者行为模式可以分为传统消费者行为模式和互联网时代的消费者行为模式。传统消费者行为模式主要是指刺激-反应模式，即研究营销刺激和消费者反应之间的关系，简称S-R模式。刺激-反应模式是研究消费者行为的基本模式，后来罗伯特所提出的S-O-R（刺激-有机体-反应）模式是由S-R模式演变而来，主要研究哪些刺激因素能够促使消费者产生购买行为。菲利普·科特勒在S-O-R模式的基础上提出科特勒模式，将刺激具体化为营销刺激与外部刺激。尼科西亚模式为科特勒模式做出了补充，揭示了消费者行为动机在营销刺激与购买行为间的中介作用。互联网时代的消费者行为模式主要包括AIDMA、AISAS和SICAS 3种：AIDMA模式强调品牌企划和大众媒体的作用；AISAS模式强调消费者在注意商品并产生兴趣之后的信息搜集与信息分享；SICAS模式是指在数字时代，移动互联网创造的企业和用户的互联互动全新传播模式。

EKB模式的重点是分析消费者购买决策过程，整个模式分为4个部分：中枢控制系统，即消费者的心理活动过程；信息处理过程；决策过程；环境因素。

在互联网时代，人们的消费行为和传统的消费行为相比，呈现出许多新的特征。影响网络消费者购买行为的因素包括网络文化，个人因素，网络商店的界面设计，消费者与生产者、商业机构的互动意识，消费者追求方便的消费过程，消费者选择商品的理性化和价格等。网络营销者要注重研究网络时代尤其是新冠疫情之后，网络消费者行为的变化。

近年来，"一带一路"跨境电商发展态势迅猛，呈现出许多新的特点，如RCEP的生效给区域内跨境电商带来许多新机遇、新问题。所以，营销人员必须重视研究影响"一带一路"跨境电商消费者行为的主要因素。

关键词

消费水平	恩格尔系数	S-O-R模式
菲利普·科特勒模式	尼科西亚模式	AIDMA模式

AISAS 模式	SICAS 模式	EKB 模式
需求层次论	精准营销	

思考题

1. 试分析消费市场的含义及特征。
2. 试分析菲利普·科特勒模式。
3. 试比较分析互联网时代的 3 种消费者行为模式。
4. 试分析消费者购买决策过程（EKB 模式）。
5. 影响网络消费者购买行为的因素有哪些？
6. 试分析影响"一带一路"跨境电商消费者行为的主要因素。
7. 为什么贸易便利化因素是影响"一带一路"跨境电商消费者行为的主要因素。
8. 试分析如何根据"一带一路"沿线各国消费者的差异开展精准营销？
9. 跨境电商消费者行为模式可分为哪几个阶段？

讨论题

新冠疫情期间，中国迅速分离了新冠病毒，确定了病毒的基因序列、潜伏期和传播途径，但没有申请专利保护，而是免费向全球分享，这是中国免费向全球提供的公共产品，也是中国对全球新冠防控最大的贡献。Medtronic 公司向公众公开其呼吸机的设计方案，并主动放弃对该设计的知识产权等。我们见证了开放、共享的力量让人类受益，这种开放共享、价值共创的营销新思维对于新冠疫情后企业走出困局，实现品牌价值的延续和提升至关重要。

问题：你认为如何借助跨境电商模式实现品牌价值的延续和提升？

第七章

"一带一路"跨境电商贸易术语与报价

【学习要点】

1. 在国际贸易长期实践中，逐渐形成了贸易术语。《2020年国际贸易术语解释通则》共有11种贸易术语，每种贸易术语反映了买卖双方不同的权利和义务。
2. 根据不同的运输方式，可将11种贸易术语分为两大类，一类仅适用于水运，另一类则适用于所有运输方式。
3. 采用不同的贸易术语，商品的报价也不同。

【学习目标】

1. 掌握适合"一带一路"沿线国家陆运和空运的7种贸易术语；
2. 掌握适合"一带一路"沿线国家水运的4种贸易术语；
3. 了解作价原则和作价方法；
4. 理解出口商品的价格构成；
5. 掌握不同贸易术语下出口价格的换算；
6. 理解出口商品盈亏率和出口商品换汇成本。

第一节 跨境电商贸易术语概述

与传统国际贸易相似，在跨境电商贸易中，买卖双方最关心的问题便是价格和各自应承担的义务，这就涉及贸易术语和价格条款。针对贸易术语及价格的商议往往是交易磋商的关键问题。在实际业务中,正确采用贸易术语及确定商品价格,对实现企业利益及社会经济利益都具有十分重要的意义。

国际贸易的环节较多,买卖双方拟定贸易合同时涉及商品价格的确定,以及买卖双方的义务、费用及风险的划分,在国际贸易长期历史实践中,逐渐形成了简化这些合同细节的习惯性规范,这就是贸易术语。

一、贸易术语的含义

贸易术语又称价格术语、价格条件。贸易术语一般由3个英文字母组成,说明买卖双方在交货过程中的义务、费用及风险,是在国际贸易长期实践中形成的。贸易术语的应用非常广泛,但是它们只是国际惯例,不具有强制性。

在国际贸易历史长河中,形成了多种贸易术语,不同国家对不同贸易术语的解读也不尽相同。为了避免买卖双方对同一贸易术语的理解不同,国际上出现了一些解释国际贸易术语的文件,主要包括3个:《1932年华沙—牛津规则》(Warsaw-Oxford Rules 1932)、《1990年美国对外贸易定义修订本》(Revised American Foreign Trade Definitions 1990)和《国际贸易术语解释通则》(International Rules for the Interpretation of Trade Terms,INCOTERMS)。

其中,INCDTERMS 是由国际商会制定的,也是应用范围最广的贸易术语解释文件,是我国对外贸易从事者必须掌握的文件,目前应用的版本是2020年版本。《2020年国际贸易术语解释通则》(INCOTERMS 2020)共有11种贸易术语,所适用的运输方式及买卖双方承担的义务各不相同,掌握每种贸易术语的适用范围,能帮助从业者选取正确的贸易术语进行对外贸易。

二、INCOTERMS 2020 概述

国际商会于1921年在伦敦举行第一次大会时就授权搜集各国所理解的贸易术语的摘要。摘要的第一版于1923年出版,内容包括几个国家对下列几种术语的定义:FOB、FAS、FOT 或 FOR、FreeDelivered、CIF 及 C&F。摘要的第二版于1929年出版,内容有了充实,摘录了35个国家对上述6种术语的解释,并予以整理。经过十几年的磋商和研讨,终于在1936年制定了具有历史性意义的贸易条件解释规则,定名为INCOTERMS 1936,副标题为International Rules for the Interpretation of Trade Terms(国际贸易术语解释通则)。为适应国际贸易实践发展的需要,国际商会先后于1953年、1967年、1976年、1980年、1990年、2000年、2010年、2020年进行多次修订和补充。现行的INCOTERMS 2020于2020年1月1日正式生效,但INCOTERMS 以前的版本依旧可以使用。

INCOTERMS 2020 由三大部分组成，第一部分是引言，解释 INCOTERMS 规则的重要事项；第二部分是对各贸易术语的解释，共有 11 种贸易术语；第三部分是在以往 INCOTERMS 的基础上新增的规则的逐条内容，即将所有类似条款集中在一起，如"A3 风险转移"下，把所有 11 种贸易术语中风险转移的规定都集中在一起，使买卖双方可以清楚地看到 11 种贸易术语在处理特定问题时的差异，以帮助他们选择更适合自己需求的贸易术语。

INCOTERMS 2020 将各种贸易术语下买卖双方各自应承担的义务进行了对比，列出了 10 项，买卖双方承担的 10 项义务如表 7-1 所示。

表 7-1 买卖双方承担的 10 项义务

A 卖方的义务	B 买方的义务
A1：一般义务	B1：一般义务
A2：交货	B2：提货
A3：风险转移	B3：风险转移
A4：运输	B4：运输
A5：保险	B5：保险
A6：交货/运输单据	B6：交货/运输单据
A7：出口/进口通关	B7：出口/进口通关
A8：查验、包装、标记	B8：查验、包装、标记
A9：费用划分	B9：费用划分
A10：通知	B10：通知

INCOTERMS 2010 按照首字母将 11 种贸易术语分成 4 组：E 组、F 组、C 组、D 组，而 INCOTERMS 2020 则按照适用的运输方式将其分成两组：适用于所有运输方式的贸易术语和仅适用于水运的贸易术语，另外 INCOTERMS 2020 的 DPU 取代了 2010 年版本中的 DAT。

适用于所有运输方式的贸易术语：EXW、FCA、CPT、CIP、DAP、DPU、DDP。

仅适用于水运的贸易术语：FAS、FOB、CFR、CIF。

第二节 贸易术语的选择

一、适合陆运及空运的贸易术语的选择

"一带一路"由丝绸之路经济带和 21 世纪海上丝绸之路构成。丝绸之路经济带战略涵盖东南亚经济整合和东北亚经济整合，并最终融合在一起通向欧洲，形成亚欧大陆经济整合的大趋势。丝绸之路经济带圈定的范围包括新疆、重庆、陕西、甘肃、宁夏、青海、内蒙古、黑龙江、吉林、辽宁、广西、云南、西藏 13 个省、自治区和直辖市。在这些省、自治区、直辖市向西或西北、西南出发可通过陆运或空运与中亚、南亚、中南亚等国家进行贸易往来，适用的贸易术语包括 EXW、FCA、CPT、CIP、DAP、DPU、DDP。

（一）EXW

EXW——Ex Works（Named Place of Delivery），即工厂交货（指定交货地点）。EXW是指在出口国产地进行交货，卖方只需在规定的时间、地点将货物准备好，买方负责从交货点到目的地的运输，并办理相关的出口手续，承担交货后的一切风险。因此，EXW对于卖方而言是义务最少、风险最小、费用最低的贸易术语。

1. 卖方义务

（1）在规定的时间、地点，将合同规定的货物置于买方处置之下。

（2）承担货物交给买方处置之前的一切风险和费用。

（3）提交相关商业单据及金融单据。

（4）协助买方办理相关通关手续（如需要）。

2. 买方义务

（1）在合同规定的时间、地点提货并支付货款。

（2）承担提货之后的一切风险和费用。

（3）办理相关进出口通关手续并承担费用。

注意：11个贸易术语中，只有EXW需要买方办理出口通关手续。采用EXW时，卖方应协助买方获取通关需要的单据及信息，包括许可证、检验证书和其他官方授权文件。若买方无法直接或间接办理货物的出口通关手续时，则不应采用EXW，可采用FCA。

3. 应注意的问题

对于买方来说，EXW是费用最低，但风险和义务最大的贸易术语，采用时应注意以下问题。

1）风险提前转移的问题

EXW贸易术语下，在出口国境内完成交货，合同中可约定由买方指定时间和地点进行交货。卖方只需在规定的时间、地点将货物准备好，交给买方处置，风险即转移给买方。如果买方没有按时提货，则风险在约定时间提前转移给买方。

2）货物由谁装运的问题

按照INCOTERMS 2020的规定，EXW贸易术语下，卖方无须将货物置于买方指定的运输工具上，只需将货物置于交货地即完成交货。但是，由于一些原因，买方有可能不能自己完成装运，需要卖方完成装运工作，而风险此时已经转移，买方可能要承担由卖方的不当操作造成的损失。如果双方希望避免买方承担由卖方的失误造成的风险和损失，则应避免使用此术语。

3）出口通关手续由谁办理的问题

按照INCOTERMS 2020的规定，EXW贸易术语下，卖方无须办理出口通关手续。但是，如果买方可能不能自己完成出口通关手续的办理，则需要卖方的协助或需要卖方代为办理出口通关手续，出口通关手续没有按时成功办理造成的损失则由买方承担。如果双方希望避免买方承担由卖方的失误造成的风险和损失，则应避免使用此术语。

（二）FCA

FCA——Free Carrier（Named Place of Delivery），即货交承运人（指定交货地点）。按照 INCOTERMS 2020 的解释，"货交承运人"是指卖方在规定地点将货物交给买方指定的承运人或其他人，或者以取得已如此交付货物的方式（适用于链式销售）交货。

1. 卖方义务

1）在合同规定的时间内将合同规定的货物交至指定承运人，并及时通知买方。

2）承担货物交给指定承运人之前的一切风险和费用。

3）办理相关出口通关手续并承担费用，协助买方办理相关进口通关手续（如需要）。

4）提交相关商业单据及金融单据。

2. 买方义务

1）与承运人订立运输合同并支付运费，及时通知卖方承运人到达的时间、地点等信息。

2）在合同规定的时间、地点提货并支付货款。

3）承担货物交给承运人之后所发生的一切风险和费用。

4）办理相关进口通关手续并承担费用，协助卖方办理相关出口通关手续（如需要）。

3. 应注意的问题

1）关于交货地点的问题

FCA 贸易术语下，由买方负责订立运输合同、指定承运人及交货地点，卖方将货物运至指定交货地点交给承运人即完成交货，风险转移至买方。当交货地点为卖方所在地时，卖方需将货物装运至买方指定的承运人的运输工具上才算完成交货；当交货地点为其他地点时，卖方只需将货物运至指定交货地点而无须将货物从自己运输工具上卸下就算完成交货。

2）风险提前转移的问题

FCA 贸易术语下，卖方在约定的时间或期限内将货物交给买方指定的承运人，风险即转移。如果由于买方或承运人的问题（买方未及时给予卖方通知，或者买方指定的承运人未能在约定的时间或期限内到达指定交货地点）无法按时交货，则风险在约定的时间或期限届满时自动转移给买方，即风险提前转移。

3）关于买方安排运输的问题

FCA 贸易术语下，买方负责安排运输并承担相应的运输费用，其中 INCOTERMS 2020

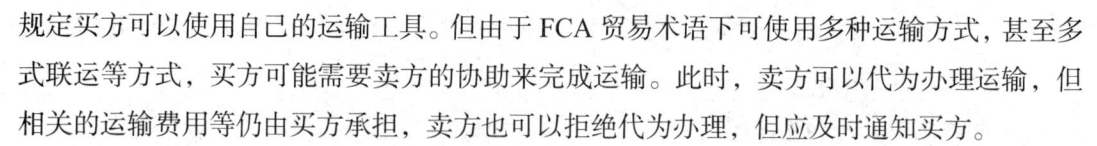

规定买方可以使用自己的运输工具。但由于 FCA 贸易术语下可使用多种运输方式，甚至多式联运等方式，买方可能需要卖方的协助来完成运输。此时，卖方可以代为办理运输，但相关的运输费用等仍由买方承担，卖方也可以拒绝代为办理，但应及时通知买方。

4）关于是否提供已装船提单的问题

如果货物以 FCA 成交经由水运方式运输，则卖方或买方（或者使用信用证为付款方式时的开证行等银行）需要已装船提单。然而，FCA 贸易术语下，交货在货物装船之前已经完成，无法确定卖方是否能从承运人处获取已装船提单，根据运输合同，只有货物实际装船后，承运人才可以签发已装船提单。为应对这种情形，INCOTERMS 2020 提供了一个附加选项：若买方指示承运人向卖方出具已装船提单，则卖方必须向买方提交该提单，以便买方用该提单从承运人处提取货物。即使采取了这种可选机制，卖方对买方也不承担运输的义务。

（三）CPT

CPT——Carriage Paid to（Named Place of Destination）即运费付至（指定目的地）。按照 INCOTERMS 2020 的解释，"运费付至"是指卖方在约定日期或期限内，将货物交给与其订立运输合同的承运人，或者以取得已如此交付货物的方式（适用于链式销售）交货。与 FCA 相同，风险于卖方将货物交给承运人时即转移至买方，因此买方需要自行购买货运保险。使用 CPT 贸易术语应注意的问题如下。

1. 风险的划分问题

CPT 贸易术语下，费用和风险的划分是不同的，卖方虽然要承担将货物运至指定目的地的运费，但是运输途中的风险由买方承担，因此 CPT 贸易术语下依旧是卖方将货物交至承运人处风险才转移给买方，卖方应及时给予买方关于承运人的信息，以便于买方可以及时为货物办理货运保险。

2. 费用的划分问题

CPT 贸易术语下，卖方只需要承担将货物运至指定目的地的正常运费，除此之外的其他特殊费用一般由买方承担。至于装卸费用，可根据承担方的不同进行贸易术语的变形或在合同中进行约定。

（四）CIP

CIP——Carriage and Insurance Paid to（Named Place of Destination），即运费、保险费付至（指定目的地）。按照 INCOTERMS 2020 的解释，"运费和保险费付至"是指卖方在约定日期或期限内，将货物交给与其订立运输合同的承运人，或者以取得已如此交付货物的方式（适用于链式销售）交货。与 FCA、CPT 相同，风险于卖方将货物交至承运人时即转移

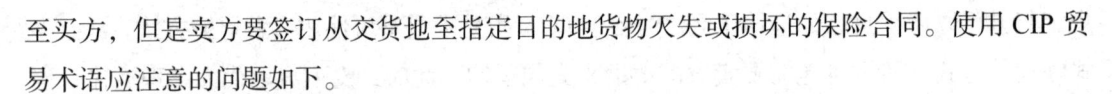

至买方，但是卖方要签订从交货地至指定目的地货物灭失或损坏的保险合同。使用 CIP 贸易术语应注意的问题如下。

1. 正确理解风险和保险问题

以 CIP 成交的合同，卖方要负责办理货运保险，并支付保险费，但货物从交货地运往指定目的地的运输途中的风险由买方承担。所以，卖方的投保属于代办性质。根据 INCOTERMS 2020 的解释，一般情况下，卖方要按双方协商确定的险别投保，而如果双方未在合同中规定应投保的险别，则由卖方按惯例投保最低的险别，保险金额一般是在合同价格的基础上加 10%。

2. 应合理确定价格

与 FCA 相比，CIP 贸易术语下卖方要承担较多的义务和费用。卖方要负责办理从交货地至目的地的运输，承担有关运费；办理货运保险，并支付保险费。这些都应反映在货价之中。所以，卖方在对外报价时，要认真核算成本和价格。在核算时，应考虑运输距离、保险险别、各种运输方式和各类保险的收费情况，并要预计运价和保险费的变动趋势等。买方也要对卖方的报价进行认真分析，做好比价工作，以免接受不合理的报价。

具体而言，FCA、CPT 与 CIP 是目前实践中陆运使用比例较高的贸易术语，它们有很多共同点，不过也有一些区别。共同点：3 种贸易术语都是货交承运人；风险转移界限都是货交承运人；都适用于任何运输方式；都是卖方办理出口通关手续，买方办理进口通关手续。区别：3 种贸易术语下买卖双方各自承担的运输责任及费用、保险责任及费用不同，从而导致成交价格不同。FCA 贸易术语下，卖方既不负责办理运输和保险，又不承担运费和保险费；CPT 贸易术语下，卖方需要负责办理货物的运输，承担运费；CIP 贸易术语下，卖方需要负责办理货物的运输和保险，承担运费和保险费。

（五）DAP

DAP——Delivered at Place(Named Place of Destination)，即目的地交货（指定目的地）。按照 INCOTERMS 2020 的解释，"目的地交货"是指当卖方在指定目的地的约定地点（如果有），将运输工具上可供卸载的货物交由买方处置，或者取得已如此交付的货物（适用于链式销售）。卖方承担将货物运送到指定目的地的一切风险，因此卖方要自付费用投保货运保险（如需要）。使用 DAP 贸易术语应注意的问题如下。

1. 关于交货地的问题

DAP 贸易术语下，卖方需要将货物运至指定目的地，此指定目的地即交货地，也是风险转移点，因此需要明确具体地点。

2. 关于卸货费用的问题

DAP 贸易术语下，卖方不需要将货物从运输工具上卸下即完成交货。如果卖方按照运输合同在交货地发生了与卸货相关的费用，除非买卖双方另有规定，否则卖方无权向买方追偿该费用。

（六）DPU

DPU——Delivered at Place Unloaded（Named Place of Destination），即目的地卸货后交货（指定目的地）。按照 INCOTERMS 2020 的解释，"目的地卸货后交货"是指当卖方在指定目的地的约定地点（如果有），将货物从运输工具上卸下并交由买方处置，或者以取得已如此交付货物的方式（适用于链式销售）交货。卖方承担将货物运送到指定目的地及卸载货物的一切风险，交货地和目的地是相同的。DPU 是 INCOTERMS 2020 新增加的一个贸易术语，代替了 INCOTERMS 2010 版本中的 DAT（运输终端交货）。DPU 与 DAP 的买卖双方的义务基本相同，区别在于 DPU 贸易术语下，卖方要在目的地完成卸货后才算交货，这也是 11 个贸易术语中唯一一个明确卖方需要在目的地卸货的贸易术语。

使用 DPU 贸易术语应注意的问题是，买卖双方的义务与 DAP 非常类似，唯一的区别在于：DAP 贸易术语下，卖方不负责卸货；DPU 贸易术语下，卖方要负责目的地的卸货。另外，DPU 是唯一一个明确卖方在目的地卸货的贸易术语，因此卖方应确保其可以在指定目的地组织卸货。如果双方不希望卖方承担卸货的风险和费用，则应避免使用此术语。

（七）DDP

DDP——Delivered Duty Paid（Named Place of Destination），即完税后交货（指定目的地）。按照 INCOTERMS 2020 的解释，"完税后交货"是指卖方在指定目的地的约定地点（如果有），将仍处于运输工具上，但已完成进口清关，且可供卸载的货物交由买方处置时，或者取得已如此交付的货物（适用于链式销售），即为交货。卖方必须承担将货物运至指定目的地的一切风险和费用，交货地和目的地相同。DDP 与 DAP 的风险和费用的转移点相同，买卖双方承担的义务也基本相同，区别在于 DDP 需要卖方办理进口清关手续，也是 11 种贸易术语中唯一一个需要卖方办理进口清关手续的术语。因此，卖方如不能直接或间接办理进口清关手续，可采用 DAP。使用 DDP 贸易术语应注意的问题如下。

1. 关于卸货费用的问题

DDP 贸易术语下，卖方不需要将货物从运输工具上卸下即完成交货。如果卖方按照运输合同在交货地发生了与卸货相关的费用，除非买卖双方另有规定，否则卖方无权向买方追偿该费用。

2. 关于办理进口通关手续的问题

DDP 贸易术语下，卖方需要办理货物的出口/过境/进口通关，并支付进口税费，是 11 个贸易术语中唯一一个需要卖方办理进口通关手续的贸易术语。若卖方不能直接或间接办理进口通关手续，则应避免使用此术语。与 EXW 相反，DDP 贸易术语是卖方义务最多、风险最大、费用最高的术语，成交价格也最高。

在与"一带一路"沿线国家中的内陆城市进行国际贸易时，应根据买卖双方承担义务的意愿的不同选择合适的贸易术语。例如，从成都运往俄罗斯莫斯科，若俄罗斯买方不想承担订立运输合同和办理保险的义务，可以选择 CIP Moscow/DAP Moscow/DPU Moscow/DDP Moscow；若俄罗斯买方想自己承担订立运输合同和办理保险的义务，可以选择 FCA Chengdu/ EXW Chengdu。

二、适合水运的贸易术语的选择

"一带一路"中的 21 世纪海上丝绸之路经济带从海上联通了亚欧非，与丝绸之路经济带形成了一个闭环。21 世纪海上丝绸之路圈定的范围包括上海、福建、广东、浙江、海南 5 个省、直辖市。从这些省、直辖市出发可以通过水运与"一带一路"沿线国家进行贸易往来，需要选用适合水运的贸易术语，即 FAS、FOB、CFR、CIF。

（一）FAS

FAS——Free Alongside Ship（Named Port of Shipment），即船边交货（指定装运港）。按照 INCOTERMS 2020 的解释，"船边交货"是指当卖方将货物交到买方指定的船边或取得已如此交付的货物时（适用于链式销售），即为交货。如果买方所派的船只不能靠岸，卖方则要负责用驳船把货物运至船边，在船边交货。货物灭失和损坏的风险在船边发生转移，买方承担交货后的一切风险和费用，包括装船的风险和费用。

1. 卖方义务

（1）在合同规定的时间内将合同规定的货物运至指定的装运港船边，并及时通知买方。

（2）承担货物交至装运港船边前的一切风险和费用。

（3）办理相关出口通关手续并承担费用，协助买方办理相关进口通关手续（如需要）。

（4）提交相关商业单据及金融单据。

2. 买方义务

（1）订立从装运港到目的地的运输合同并支付运费，及时通知卖方船舶到达的时间、地点、船舶名称等信息。

（2）在合同规定的时间、地点提货并支付货款。

（3）承担货物交至装运港船边之后所发生的一切风险和费用。

（4）办理相关进口通关手续并承担费用，协助卖方办理相关出口通关手续（如需要）。

3. 应注意的问题

1）办理出口通关手续的问题

按照 INCOTERMS 2020 的规定，FAS 贸易术语下，办理货物出口通关手续的义务和费用由卖方承担。

2）要注意船货衔接问题

FAS 贸易术语下，从装运港至目的地的运输合同由买方负责订立，买方要及时将船舶到达的时间、地点、船舶名称通知卖方，以便卖方按时做好备货出运工作；卖方也应将货物交至船边的情况及时通知买方，以利于买方办理装船事项。如果买方指派的船舶未按时到港接收货物，或者比规定的时间提前停止装货，或者买方未能及时发出派船通知，只要货物已被清楚地划出或以其他方式确定为合同项下的货物，由此而产生的风险和损失均由买方承担。

3）关于适合的运输方式和交货地点的问题

FAS 贸易术语只适用于水运，因此后面要注明装运港。该地点不仅是卖方完成交货的地点，还是风险和费用的划分点，因此建议买卖双方明确港口的具体地点，以免产生争执。而且 FAS 不适用于货物在交至船边之前已经交付给承运人的情形，如卖方在集装箱堆场将货物交至承运人，而风险还由卖方承担，容易引起争议，此时不建议使用此贸易术语。

（二）FOB

FOB——Free On Board（Named Port of Shipment），即船上交货（指定装运港），是国际贸易实践中最常用的贸易术语之一。按照 INCOTERMS 2020 的解释，"船上交货"是指卖方在指定装运港将货物装上买方指定的船舶，或以取得已交付至船上货物的方式交货。货物灭失和损坏的风险在货物装到船上时转移，同时买方承担自那时起的一切费用。使用 FOB 贸易术语应注意的问题如下。

1. 关于适合的运输方式和交货地点的问题

与 FAS 一样，FOB 只适用于水运，因此后面要注明装运港。该地点不仅是卖方完成交货的地点，还是风险和费用的划分点，因此建议买卖双方明确港口的具体地点，以免产生争执。而且 FOB 同样不适用于货物在交至船边之前已经交付给承运人的情形。

2. 关于船货衔接的问题

与 FAS 一样，FOB 贸易术语下，从装运港至目的地的运输合同由买方负责订立，买方要及时将船舶到达的时间、地点、船舶名称通知卖方，以便卖方按时做好备货出运工作；卖方也应将货物交至船上的情况及时通知买方，以利于买方办理其他事项。如果买方指派的船舶未按时到港接收货物，或者比规定的时间提前停止装货，或者买方未能及时发出派船通知，只要货物已被清楚地划出或以其他方式确定为合同项下的货物，由此而产生的风险和损失均由买方承担。

3. 关于装货费用的承担问题——FOB 贸易术语的变形

装货费用主要是指装船费，以及与装货有关的理舱费和平舱费。如果使用班轮运输，班轮运费已经包含装货费用，因此谁办理运输谁就承担装货费用；但如果使用定程租船，买卖双方就应当在合同中约定费用的承担方，通常采用在 FOB 后加列有关装货费由谁承担的附加条件以明确责任，这就产生了 FOB 贸易术语的变形。实际业务中，常见的 FOB 贸易术语变形有下列几种。

（1）FOB 班轮条件（FOB Liner Terms），是指装货费用如同班轮运输那样，由支付运费的一方（买方）承担。

（2）FOB 吊钩下交货（FOB Under Tackle），是指卖方将货物置于轮船吊钩所及之处，从货物起吊开始的装船费用由买方承担。如果载货船舶因港口吃水浅而不能靠岸，则卖方应将货物驳运到载货船舶的吊钩所及之处，有关的驳运费由卖方承担。

（3）FOB 理舱费在内（FOB Stowed，FOBS），是指卖方负责将货物装入船舱并支付包括理舱费在内的装船费用。

（4）FOB 平舱费在内（FOB Trimmed，FOBT），是指卖方负责将货物装入船舱并支付包括平舱费在内的装船费用。

在许多标准合同中，为表明由卖方承担包括理舱费和平舱费在内的各项装船费用，通常采用 FOBST（FOB Stowed and Trimmed）表示。

4. 关于《1941 年美国对外贸易定义修订本》对 FOB 的解释不同的问题

《1941 年美国对外贸易定义修订本》将 FOB 概括为 6 种，其中前 3 种是在出口国内陆指定地点的内陆运输工具上交货，第 4 种是在出口地点的内陆运输工具上交货，第 5 种是在装运港船上交货，第 6 种是在进口国指定内陆地点交货。因此，只有第 5 种才与 INCOTERMS 2020 中的 FOB 解释类似，但应在 FOB 和港名之间加上"Vessel"字样，如在旧金山交货，应为"FOB Vessel San Francisco"。

另外，在办理出口通关手续问题上也有所不同。按照 INCOTERMS 2020 的解释，FOB 贸易条件下，卖方应自负风险和费用办理出口通关手续。但是，按照《1941 年美国对外贸易定义修订本》的解释，买方自负风险和费用办理出口通关手续；卖方仅在必要时协助即可。

因此，在我国同北美国家的进出口贸易中，采用 FOB 贸易条件成交时，应明确相关事宜，以免产生争议。

（三）CFR

CFR——Cost and Freight（Named Port of Destination），即成本加运费（指定目的港），是国际贸易实践中最常用的贸易术语之一。按照 INCOTERMS 2020 的解释，"成本加运费"是指卖方在船上交货或以取得已交付至船上货物的方式（适用于链式销售）交货。货物灭失和损坏的风险在货物交到船上时转移。与 FOB 不同的是，CFR 贸易术语下，卖方承担自装运港至目的港的运费，但没有购买货运保险的义务，因此以防货物在运输途中发生损失，买方要购买相关货运保险。使用 CFR 贸易术语应注意的问题如下。

1. 关于风险和费用划分不一致的问题

CFR 贸易术语下，卖方需负责将货物运至指定目的港，但并不意味着卖方需承担将货物安全运至目的港的风险。与 FOB 一样，风险于装运港船上交货时即转移给买方，由买方承担货物自装运港运至目的港的风险，因此由买方办理保险。

2. 关于卖方应及时发送装运通知的问题

CFR 贸易术语下，由卖方负责运输，买方办理保险，因此卖方要特别注意在货物装船后应立即向买方发出装运通知，以便买方及时投保。尽管在 FOB 和 CIF 贸易术语下，卖方装船后也应向买方发出通知，但 CFR 贸易术语下的装运通知具有更为重要的意义。

（四）CIF

CIF——Cost Insurance and Freight（Named Port of Destination），即成本、保险费加运费（指定目的港），是国际贸易实践中最常用的贸易术语之一。按照 INCOTERMS 2020 的解释，"成本、保险费加运费"是指卖方将货物装上船或以取得已交付至船上货物的方式（适用于链式销售）交货。货物灭失和损坏的风险在货物交到船上时发生转移，这样卖方即被视为已履行交货义务，而无论货物是否实际以良好状态、约定数量或是否确实到达目的地。与 CFR 不同的是，CIF 贸易术语下，卖方既要承担自装运港至目的港的运费，又要承担办理货运保险的义务，但只需投保最低的险别。使用 CIF 贸易术语应注意的问题如下。

1. 关于保险险别的问题

CIF 贸易术语下，卖方需办理货运保险，办理保险须明确险别，险别不同，保险人承担的责任范围不同，收取的保险费也不同。买卖双方一般在签订买卖合同时，在合同的保险条款中会明确规定保险险别、保险金额等内容。按照 INCOTERMS 2020 对 CIF 的解释，卖方只需投保最低的险别，但在买方要求并由买方承担费用的情况下，可加保战争险、罢工险等。

2. 关于象征性交货的问题

象征性交货是相对于实际交货而言的。象征性交货是指卖方只要按期在约定地点完成装运，并向买方提交合同规定的包括物权凭证在内的有关单证，就算完成了交货，而无须保证到货。实际交货则是指卖方要在规定的时间和地点，将符合合同规定的货物交给买方或其指定人，而不能以交单代替交货。在象征性交货方式下，卖方凭单交货，买方凭单付款。只要卖方如期向买方提交了合同规定的全套合格单据（名称、内容和份数相符的单据），即使货物在运输途中发生损坏或灭失，买方也必须付款；反之，如果卖方提交的单据不符合要求，即使货物完好无损地运达目的地，买方仍有权拒绝付款。CIF 贸易术语下，卖方只要提交符合要求的单据，就算完成了交货，因此其属于象征性交货。除此之外，FOB、CFR、FCA、CPT、CIP、FAS 都属于象征性交货。

FAS、FOB、CFR、CIF 都只适用于水运，除 FAS 的交货地点是指定装运港船边外，其余 3 个贸易术语的交货地点都是装运港，FAS 与 FOB 的主要区别在于交货地点和风险划分点的不同。具体而言，FOB、CFR 与 CIF 是目前贸易实践中使用较多的贸易术语，它们有很多共同点，不过也有一些区别。共同点：3 种贸易术语的交货地点都是装运港；风险转移界限都是货物装上船；都只适用于水运；都是卖方办理出口通关手续，买方办理进口通关手续。区别：3 种贸易术语下买卖双方各自承担的运输责任及费用、保险责任及费用不同，从而导致成交价格不同。FOB 贸易术语下，卖方既不负责办理运输和保险，又不承担运费和保险费；CFR 贸易术语下，卖方需要负责办理货物的运输，承担运费；CIF 贸易术语下，卖方需要负责办理货物的运输与保险，承担运费和保险费。

在与"一带一路"沿线国家中的沿海国家进行国际贸易时，最好采用这 4 种贸易术语，根据买卖双方承担义务的意愿的不同选择合适的贸易术语。例如，从上海运往巴基斯坦卡拉奇，若巴基斯坦买方不想承担订立运输合同和办理保险的义务，可以选择 CIF Karachi；若巴基斯坦买方想自己承担订立运输合同和办理保险的义务，可以选择 FOB Shanghai。

第三节　商品的报价

价格条款是合同中的主要条款，与其他条款有着密切的联系，其内容与其他条款的内容相互影响。选择合理的作价方法，选用有利的计价货币，适当运用与价格有关的佣金和折扣，并订好合同中的价格条款，对跨境电商贸易有着非常重要的意义。

一、作价原则和作价方法

（一）作价原则
与传统国际贸易相同，跨境电商商品的作价原则有如下几条。

1. 按照国际市场价格作价

国际市场价格是在商品自身价值的基础上根据国际市场的供需关系制定出来的，具体包括以下几种。

（1）商品交易所的交易价格。

（2）主要生产国的出口价格。

（3）主要进口国的市场价格。

（4）国际博览会的价格。

2. 密切关注国际市场价格动态

国际市场价格会随着国际市场的供需变化而发生波动，外贸企业应该随时关注国际市场价格动态，根据市场的供需变化调整自己的进出口数量及价格。

3. 充分考虑影响商品价格的各种因素

影响国际贸易商品价格的因素有很多，主要包括以下几个。

（1）商品质量。商品质量与价格一般呈正相关，商品质量越好，相应的价格也越高。

（2）运输因素。商品价格与运输方式、运输距离等也密切相关。运输成本是商品价格的主要构成部分之一，一般情况下，国际贸易中采用海上运输的商品的价格相对会更低。

（3）贸易术语。商品价格与贸易术语也有关系，如同一批商品运往同一地区，采用FOB贸易术语和FCA贸易术语的价格就不一样。

（4）季节性需求的变化。时令性商品如果能在当季销售出去利润会比较高，过了当季就会降价处理。

（5）成交数量。成交数量不同，价格就不同，如批发价比零售价便宜。

（6）支付条件和汇率变动风险。支付条件越有利于卖方，商品价格就应该越低，如采用预付货款方式支付的商品价格低于采用到付方式支付的商品价格。另外，作价时应考虑汇率变动的风险，如采用汇率稳定的货币支付，商品价格会低一些。

（7）购销意图。商品价格在国际市场价格的基础上根据购销意图来确定，即可略高或略低于国际市场价格。

此外，消费者的偏好、保险费用的高低等因素也会影响商品价格，卖方应多方面考虑影响商品价格的因素，确定合理报价，以免发生滞销等不利情况。

（二）作价方法

在国际贸易中，有下列几种作价方法。

1. 固定价格

固定价格，即买卖双方在协商一致的前提下，明确地在合同中规定具体的价格。即使各国法律不同，但对合同的执行是一致的，合同一旦成立，双方都要遵守、执行。固定价格是国际贸易中常用的作价方法。

虽然固定价格是一种常用的作价方法,有着明确、具体且易执行的优点,但是由于国际贸易中市场行情变化频繁、汇率波动频繁,而且交货时间长,一旦固定价格对某一方产生不利影响,就会有违约的风险,因此固定价格带来的风险可能会影响合同的顺利履行。

2. 非固定价格

非固定价格大体上可分为以下几种。

1) 具体价格待定

这种作价方法又分为在价格条款中明确规定作价时间、作价方法和只规定作价时间两种。例如,"按提单日期的国际市场价格计算"和"由双方在××年×月×日协商确定价格"。若只规定时间而不规定作价方法,容易导致合同不能顺利履行。

2) 暂定价格

暂定价格是指在合同中先订立一个初步价格,以方便贸易的顺利进行,等双方确定最后价格后再进行清算,多退少补。例如,"暂定单价为USD30/piece CIF Shanghai,据此开立信用证"。

3) 部分固定价格、部分非固定价格

为了既能保证贸易顺利进行,又能排除部分国际市场价格波动的风险,可采用部分固定价格、部分非固定价格的作价方法,即对临近交货期限的货物采取固定价格的作价方法,其余货物采用非固定价格的作价方法。

3. 价格调整条款

在跨境电商贸易中,有的合同除规定具体价格外,还附有价格调整条款。例如,"如商品交易所的商品成交价高于或低于合同价格的5%,对本合同未执行的数量,双方可以协商调整价格",这是为了把价格波动的风险控制在一定范围内,以减轻双方的担忧。

随着有些国家通货膨胀的加剧,以及原材料价格和工人工资的上涨,有些商品合同,特别是加工周期较长的大型机械设备合同和初级产品合同,都普遍采用价格调整条款,要求在订立合同时只规定初步价格,同时规定如果原材料价格、工人工资发生变化,卖方保留调整价格的权利。

在价格调整条款中,通常使用下列公式来调整价格:

$$P = P_0 \left(A + B \frac{M}{M_0} + C \frac{W}{W_0} \right)$$

式中,P——商品交货时的最后价格;P_0——签订合同时约定的初步价格;M——计算最后价格时引用的有关原材料的平均价格或指数;M_0——签订合同时引用的有关原材料的平均价格或指数;W——计算最后价格时引用的有关工人工资的平均数或指数;W_0——签订合同时引用的有关工人工资的平均数或指数;A——经营管理费用和利润在价格中的比重;B

——原材料价格在价格中的比重；C——工人工资在价格中的比重。A、B、C 的百分比由买卖双方在签订合同时商定，三者之和为 100%。

一般情况下，买卖双方会在合同中规定，如果按照上述公式算出来的价格和初步价格的差额超过一定的范围（如百分之几），则进行价格调整，如不超过则按初步价格继续履行合同。

（三）计价货币和支付货币的选择

计价货币是指计算价格的货币，支付货币是指结算时使用的货币。跨境电商贸易中，二者一般情况下为同一种货币，但也可能不同。选用计价货币和支付货币最好遵循以下原则，以减少汇率波动带来的影响。

（1）尽量选用本币作为计价货币。因为采用本币无外汇风险，但如果买卖双方都想采用自己国家的货币，那么也可采用双方都认可的稳定的可自由兑换的第三国货币。

（2）尽量出口选硬货币，进口选软货币。硬货币是指汇率呈上升趋势的货币，软货币是指汇率呈下降趋势的货币。卖方应尽量选择硬货币，买方应尽量选择软货币，因为选择是对立的，需要双方进行协商。

二、出口商品报价

跨境电商贸易中，要为商品报价就要掌握商品的价格构成。

（一）出口商品的价格构成

商品价格通常由 3 部分构成，即成本、费用和预期利润。

$$商品价格=成本+费用+预期利润$$

1. 成本

成本是商品价格最主要的构成部分，包括企业生产成本或采购成本、加工成本等。成本中含有增值税，因此也被称为"含税成本"。而对于企业而言，有些商品可以获得出口退税，因此在定价时把出口退税部分减去才是实际成本。而出口退税额是在商品的不含增值税的采购成本（不含税购进价）下核算的，公式如下：

$$出口退税额=出口商品的不含税购进价 \times 出口退税率$$
$$=\frac{出口商品含税购进价}{1+增值税税率} \times 出口退税率$$

$$实际成本=生产成本或采购成本-出口退税额$$

【例题 7-1】某产品的单位采购成本是 100 元人民币，其中包括 13% 的增值税，若该产品出口有 9% 的出口退税，那么该产品的单位实际成本是多少？

【解】出口退税额=出口商品的不含税购进价×出口退税率

$$=\frac{\text{出口商品含税购进价}}{1+\text{增值税税率}}\times\text{出口退税率}$$

$$=\frac{100}{1+13\%}\times 9\%$$

$$\approx 7.96（元）$$

实际成本=采购成本−出口退税额=100−7.96=92.04（元）

因此，该产品的单位实际成本为 92.04 元。

2. 费用

商品价格中的费用分为国内费用和国外费用两部分。

国内费用包括国内运输费用、仓储费用、银行利息及银行其他业务费用、管理费用等。

国内费用的计算方法有两种：一种是逐一计算以上费用，进行累计；另一种是用采购成本直接与估算的定额费用率相乘，公式如下：

国内费用=采购成本×定额费用率

国外费用包括运费、保险费等。使用的贸易术语不同，国外费用的构成也不同。例如，FOB、FCA 价格中不包含运费和保险费，CFR、CPT 价格中包含运费不包含保险费，CIF、CIP 价格中既包含运费，又包含保险费。

1）运费

"一带一路"货物的运输可通过陆运、空运和水运（主要为海上运输）等方式进行。以海上运输举例，通常海上运输分为班轮运输和租船运输，跨境电商货物通常是小批量的，因此主要为班轮运输。班轮运费是按照班轮运价表的规定来计收的，不同的班轮公司有不同的班轮运价表。班轮运价表的结构一般包括说明及有关规定、货物分级表、航线费率表、附加费率表、冷藏货及活牲畜费率表等。货物分级表将承运的货物分成若干等级（一般分为 20 个等级），每一个等级的货物有一个基本费率，其中 1 级货物的费率最低，20 级货物的费率最高。

班轮运费由基本运费和附加运费构成。基本运费是指从装运港到目的港之间的运输费用，是班轮运费中的主要费用；附加运费是指班轮公司针对特殊货物或货物需要的特殊处理方式增收的费用。

基本运费的计算标准不同，常用的计费标准有以下几种，如表 7-2 所示。

表 7-2 班轮运输常用的计费标准

计费标准	含义	运价表内表示方式
重量吨（Weight Ton）	按货物毛重计费，以吨为单位	W
尺码吨（Measurement Ton）	按货物体积/容积计收，以立方米为单位	M

续表

计费标准	含义	运价表内表示方式
重量吨或尺码吨	在重量吨和尺码吨两种标准中择高收费	W/M
从价运费	按货物在装运地的 FOB 价格的一定百分比计收	"A.V." 或 "Ad.Val"
重量吨或尺码吨或从价运费	在重量吨、尺码吨和从价运费中选择最高的一种标准计收	W/M or A.V.
重量吨或尺码吨并从价运费	在重量吨、尺码吨两种标准中，选择较高的一种计收，再加上一定百分比的从价运费	W/M plus A.V.
单位计收	将每件货物作为一个计费单位收费	Per unit 等
议价运费	由货主和船公司临时议定	Open

附加运费通常在基本运费的基础上乘一定的附加费率得到，主要包括以下几类：超长附加费、超重附加费、燃油附加费、直航附加费、转船附加费、绕航附加费、港口附加费、货币贬值附加费等。

班轮运费的计算方法（以按重量吨或尺码吨为例）：

第一步，从班轮运价表中查出该货物的计费标准及等级；

第二步，找出货物相应等级的基本费率，计算基本运费，公式如下：

$$基本运费=基本费率×运费吨（运费吨指重量吨或尺码吨）$$

第三步，查出各种附加费的费率及计算方法，计算附加费，公式如下：

$$附加费=基本运费×附加费率$$

第四步，计算出总运费，公式如下：

$$总运费=基本运费+各种附加费之和$$

班轮运费的计算公式具体如下：

$$F = F_b \times (1 + \Sigma s) \times Q$$

式中，F——班轮运费；F_b——基本费率；Σs——附加费率之和；Q——运费吨。

下面以班轮运输为例计算运费。

【例题 7-2】某轮船从上海装运 100 箱遥控汽车到新加坡，计算全程应收多少运费。其中，每箱货物毛重 20 千克，体积是 60 厘米×50 厘米×30 厘米。

（查货物分级表可知，遥控汽车属于 10 级，计算标准为 W/M；查航线费率表可知，基本运价是 70 美元/运费吨；查附加费率表可知，燃油附加费率为 20%。）

【解】每箱货物的体积：60×50×30=0.09（立方米）

每箱货物的毛重：20 千克=0.02（吨）

M＞W，所以应按 0.09 立方米计收运费。

基本运费=70×0.09×100=630（美元）

$$燃油附加费=20\%×630=126（美元）$$

$$总运费=基本运费+附加运费=630+126=756（美元）$$

或运费=70×（1+20%）×0.09×100=756（美元）

因此，从上海港装运 100 箱遥控汽车到新加坡的总运费为 756 美元。

2）保险费

若计算海上运输的保险费，应以 CIF 贸易术语为基础。

若计算陆运的保险费，应以 CIP 贸易术语为基础。

$$保险金额=CIF 货价或 CIP 货价×（1+保险加成率）$$

$$保险费=保险金额×保险费率=CIF 货价或 CIP 货价×（1+保险加成率）×保险费率$$

3. 预期利润

预期利润是出口商品价格的组成部分之一，利润的大小由出口企业自行决定。企业的利润可以用一个固定数额表示，通常以利润率表示。以利润率表示时，一般以对外报价（成交价格）为计算基数，也有企业以出口成本（采购成本+国内费用）为计算基数。

$$预期利润=成交价格×利润率$$

（二）常用贸易术语的出口报价构成

在国际贸易中，不同的贸易术语表示其价格构成不同，即包括不同的费用。常用贸易术语的价格构成如下所示：

$$FOB 价格=实际成本+国内费用+利润$$

$$CFR 价格=实际成本+国内费用+海运费+利润$$

$$CIF 价格=实际成本+国内费用+海运费+保险费+利润$$

（三）折扣

国际贸易合同的价格条款中，可能会涉及佣金和折扣。但跨境电商是买卖双方直接通过电商平台进行采购的，除跨境电商平台外，中间一般不涉及其他中间商，因此商品报价基本不涉及佣金的问题，本章不再做过多解释。

折扣是指卖方在原价基础上给予买方一定百分比的优惠。凡在价格条款中明确规定折扣率的，叫作"明扣"，一般在买方支付货款时就扣除；凡交易双方关于折扣问题达成另外的协议，但在价格条款中不明示折扣率的，叫作"暗扣"或"回扣"，一般在买方支付不打折货款后卖方再另行支付给买方。

折扣通常在合同价格条款中用文字明确表示出来。例如，"CIP 纽约每吨 100 美元，折扣 5%"可表示为 "US $ 100 per M/T CIP New York including 5% discount" 或 "US $ 100 Per M/T CIP New York Less 5% discount"。此外，折扣也可以用数字来表示。例如，"每吨折扣

6 美元"。

折扣计算公式如下：

$$单位货物折扣额=原价（或含折扣价）×折扣率$$

$$卖方实际净收入=原价-单位货物折扣额$$

例如，CIF New York，每吨 1000 美元，折扣 3%，卖方的实际净收入为每吨 970 美元。

三、价格的换算

在国际贸易中，不同的贸易术语表示其价格构成不同，即包括不同的费用。这里以常用的 FOB、CFR 和 CIF 为例介绍不同贸易术语之间价格的换算。相应地，也可以将 FCA、CPT 和 CIP 进行换算。

$$CIF 价格=CFR 价格+保险费=FOB 价格+运费+保险费$$

$$CFR 价格=CIF 价格-保险费=CIF 价格×[1-（1+保险加成率）×保险费率]=FOB 价格+运费$$

$$FOB 价格=CIF 价格-运费-保险费=CFR 价格-运费$$

贸易过程中，外商或国外消费者可能会要求将原 FOB 报价改为 CIF 价格，这就需要外贸从业人员掌握不同贸易术语之间价格的换算。

【例题 7-3】某轮船从上海装运 100 箱遥控汽车到新加坡，报价为"USD500/per case CIF Singapore"，其中每箱货物毛重 20 千克，体积是 60 厘米×50 厘米×30 厘米。保险加成 10%，保险费率为 5%，外商要求改报 FOB 价格，在我国外贸公司利润不变的前提下，报价应改为多少？

（查货物分级表可知，遥控汽车属于 10 级，计算标准为 W/M；查航线费率表可知，基本运价是 70 美元/运费吨；查附加费率表得知，燃油附加费率为 20%。）

【解】每箱货物的体积：60×50×30=0.09（立方米）

每箱货物的毛重：20 千克=0.02（吨）

M＞W，所以应按 0.09 立方米计收运费，

每箱运费=70×（1+20%）×0.09=7.56（美元）

保险费=CIF 价格×（1+保险加成率）×保险费率=500×（1+10%）× 5%=27.5（美元）

FOB 价格=CIF 价格-运费-保险费=500-7.56-27.5=464.94（美元）

因此，FOB 报价应为"USD464.94/per case FOB Shanghai"。

四、出口盈亏核算

外贸企业在确定价格时要仔细核算盈亏情况，盈利是一家企业持续经营的保证。核算商品是否盈利的指标主要有两个，分别是出口商品盈亏率和出口商品换汇成本。

（一）出口商品盈亏率

出口商品盈亏率是指出口商品盈亏额与出口总成本的比率。大于零则盈利，小于零则亏损。

出口商品盈亏额是指出口销售人民币净收入（本币）与出口总成本（本币）的差额。前者大于后者为盈利，反之为亏损。其计算公式如下：

出口商品盈亏额=出口销售人民币净收入-出口总成本

出口销售人民币净收入=出口销售外汇净收入×银行外汇牌价

出口总成本=采购成本-出口退税额+国内费用

出口商品盈亏率=出口商品盈亏额/出口总成本×100%

（二）出口商品换汇成本

出口商品换汇成本也是反映出口商品盈亏的一项重要指标，它是指以某种商品的出口总成本（本币）与出口销售外汇净收入（外币）的比率，得出用多少人民币换回1美元。出口商品换汇成本如果高于银行的外汇牌价，则出口为亏损；反之，则说明出口有盈利。其计算公式如下：

出口商品换汇成本=出口总成本/出口销售外汇净收入

【例题7-4】一家中国公司拟以CIF鹿特丹出口一批货物到欧洲，合同总金额为2000美元，总运费为72美元，保险金额为CIF价格的110%，保险费率为1%。商品采购含税价格为10 000元人民币，定额费用率为10%，增值税税率为13%，出口退税率为11%。假设银行外汇牌价为1美元=6.5元人民币，求该笔业务的出口商品盈亏率和出口商品换汇成本，并说明该笔业务是盈利还是亏损。

【解】以下均以每吨商品为计算基础。

（1）国内费用=采购成本×定额费用率=10 000×10%=1000（元）

（2）出口退税额=$\dfrac{出口商品含税购进价}{1+增值税税率}$×出口退税率=$\dfrac{1000}{1+13\%}$×11%≈97.35（元）

（3）出口总成本=出口商品购进价+国内费用-出口退税额=10 000+1000-97.35
= 10 902.65（元）

（4）保险费=保险金额×保险费率=2000×110%×1%=22（美元）

（5）出口销售外汇净收入=FOB价格=CIF价格-运费-保险费
=2000-72-22=1906（美元）

出口销售人民币净收入=出口销售外汇净收入×银行外汇牌价
=1906×6.5=12 389（元）

（6）出口商品盈亏率=$\dfrac{出口销售人民币净收入-出口总成本}{出口总成本}$×100%

$$=\frac{12\,389-10\,902.65}{10\,902.65}\times100\%\approx13.63\%$$

（7）出口商品换汇成本=出口总成本/出口销售外汇净收入=10 902.65/1906≈5.72

由于出口商品盈亏率是正数，而且换汇成本小于银行外汇牌价，所以这样定价出口是盈利的。

五、价格条款

（一）价格条款的内容

商品的单价通常由 4 个部分组成，包括计量单位（如件）、单位价格金额（如 300）、计价货币（如英镑）和贸易术语（如 CIF 伦敦）。在价格条款中可规定单价为"GBP 300 per piece CIF London"。总值是指单价与数量的乘积，即货款总金额。

（二）规定价格条款的注意事项

为了使价格条款的规定清晰明了，必须注意下列事项。

（1）选用适合的贸易术语。

（2）选用合理的作价方法。

（3）选用有利的计价货币。

（4）争取增加价格调整条款。

（5）价格合理，保证企业盈利。

（6）价格中涉及的计量单位、计价货币、装卸地名称等必须清晰明确。

本章小结

INCOTERMS 2020 包含了 11 种贸易术语，并按照适用的运输方式将其分成两组：适用于所有运输方式的贸易术语和仅适用于水运的贸易术语。

INCOTERMS 2020 规定，适用于所有运输方式的贸易术语有 EXW、FCA、CPT、CIP、DAP、DPU、DDP，仅适用于水运的贸易术语有 FAS、FOB、CFR、CIF，并对每种贸易术语下买卖双方的义务进行了明确的划分，作为国际贸易从业者应熟练掌握每种贸易术语的内容。

价格条款是合同中的主要条款，制定价格应选择合理的作价方法，按照国际市场价格作价，密切关注国际市场价格动态，充分考虑影响商品价格的各种因素。尽量出口选硬货币，进口选软货币。准确根据成本、运费和预期利润等合理报价，并且适当运用与价格有关的佣金和折扣，可通过出口商品盈亏率和出口商品换汇成本计算出口价格是否能为企业获取利益。总之，订立好合同中的价格条款，对跨境电商贸易有着非常重要的意义。

关键词

贸易术语	INCOTERMS 2020	FOB	CFR
CIF	FCA	CPT	CIP
折扣	出口商品盈亏率	出口商品换汇成本	出口总成本

思考题

1. INCOTERMS 2020 对 FOB 贸易术语下卖方交货的地点、风险划分的界限及买卖双方各自承担的责任和费用问题是如何规定的?
2. FOB 贸易术语与 FCA 贸易术语有何共同点和区别?
3. 按照 CFR 贸易术语成交时，买卖双方各应承担哪些基本义务?
4. 将 CIF 贸易术语称作到岸价有何不妥?理由是什么?
5. 当买方要求卖方将货物交到进口国的内陆地点时，应选用何种贸易术语成交?
6. F 组中包括的 3 种贸易术语有何共同特点?
7. 与其他组的贸易术语相比，C 组贸易术语有何显著特点?
8. 如何计算出口商品盈亏率、出口商品换汇成本?

讨论题

中欧班列是运行于中国与欧洲及"一带一路"沿线国家的集装箱铁路国际联运列车。2011 年 3 月 19 日，首趟中欧班列"渝新欧"自重庆始发。12 年来，中欧班列实现快速发展和常态化运营，成为连接中国同亚欧大陆国家的重要贸易线和"一带一路"建设大动脉，特别是在新冠疫情期间，中欧班列成为国际社会携手抗疫的重要"生命线"，为保障全球供应链、产业链稳定发挥了重要作用。截至 2022 年年底，中欧班列累计开行突破 6.5 万列、运输货物超 600 万标箱、货物价值超 3000 亿美元。中欧班列已有 82 条线路开通运行，联通欧洲 24 个国家 200 多个城市，逐步"连点成线""织线成网"。

问题：什么贸易术语下的商品适合采用中欧班列运输？这些贸易术语又各自有怎样的特点？

第八章

"一带一路"跨境电商物流

【学习要点】

1. 社会的各种经济活动基本上离不开物流，跨境电商存在的前提也是有物流的存在，物流包括运输、储存、装卸、搬运、包装、流通加工、配送、回收、信息处理等基本环节。
2. 国际物流方式主要有海上运输、铁路运输、航空运输、公路运输、内河运输、管道运输、邮政运输和国际多式联运等。
3. 不同的运输方式需要不同的运输单据，运输单据不同，作用也有所不同。

【学习目标】

1. 了解跨境电商物流的特点；
2. 掌握各种物流方式的特点；
3. 掌握各种海运提单的分类；
4. 掌握各种海上货物运输保险的区别；
5. 了解B2C跨境电商物流的邮政物流、国际快递和专线物流之间的区别；
6. 理解国际快递的运费计算方法；
7. 掌握海外仓的概念及优缺点。

第一节 B2B 跨境电商物流

B2B跨境电商采用的多是传统物流方式。

一、物流概述

物流是跨境电商正常运作的基本条件，物流质量的高低直接决定了跨境电商效率的高低。本节将从物流的概念、物流的环节及跨境电商物流的特点等方面介绍 B2B 跨境电商物流。

（一）物流的概念

《中华人民共和国国家标准：物流术语》(GB/T 18354—2006) 给物流下了这样的定义：物流是物品从供应地向接收地的实体流动过程，根据实际需要，将运输、储存、装卸、搬运、包装、流通加工、配送、回收、信息处理等基本功能实施有机结合。

物流是一种满足社会需求的活动，是一种经济活动。自然中的空气、河海等的流动不属于物流。

（二）物流的环节

物流包括运输、储存、装卸、搬运、包装、流通加工、配送、回收、信息处理等基本环节。

（1）运输是指通过运输设备将物品从一个地点向另一个地点运送。运输是物流中的重要环节，运输成本往往占物流成本的 50%左右。

（2）储存是指管理、贮藏物品。储存也是物流中的重要环节，针对生产和消费的时间差既有缓冲与调节的作用，又有创造价值与增加效用的功能。但随着社会经济的发展，为了满足多样化的需求，生产方式向小批量的柔性生产方式转变，仓库的功能发生了变化。

（3）装卸是指物品在指定地点以人力或机械设备装上或卸下运输设备的物流环节。

（4）搬运是指在同一场所内，对物品进行水平移动的物流环节。

由于工资的上涨和智能机械设备的昂贵，装卸及搬运成本占物流成本的 20%左右。

（5）包装是指按一定的技术方法用容器、材料及辅助物等在流通过程中保护商品、方便储运、促进销售。包装包括运输包装和销售包装。包装既是生产的终点，又是物流的起点，与运输、搬运关系密切。

（6）流通加工是指物品在从生产地到使用地的过程中，根据需要进行包装、分割、计量、分拣、刷标志、拴标签、组装等简单作业。流通加工是提高物流水平、促进物流向现代化发展的不可缺少的环节。

（7）配送是指在经济合理区域范围内，根据客户的要求，对物品进行拣选、加工、包装、分割、组配等作业，并按时送达指定地点的物流环节。

（8）回收一般是指回收物流，即退货、返修物品和周转使用的包装容器等从需求方返回供货方或专门处理企业的物流环节。

（9）信息处理随着物流活动的产生而产生，物流活动（如运输、储存、装卸、搬运等）中会产生大量信息，进行信息处理是必要的环节。依据计算机网络手段可以根据反馈信息进行决策管理，提升物流的服务质量。

（三）跨境电商物流的特点

伴随着跨境电商的兴起和发展，跨境电商物流也日益发展，为跨境电商企业提供支撑。跨境电商物流是指分属不同关境的交易主体通过电商平台达成交易并支付结算后，通过跨境电商物流送达商品完成交易的国际商务活动。

跨境电商物流的特点具体如下。

1. 物流成本高

目前，我国跨境电商物流成本占跨境电商总成本的30%~40%，远高于欧美发达国家。跨境电商企业在跨境电商物流中所投入的人力、物力和所用的时间也远超一般贸易。另外，跨境电商涉及境内配货运送、跨境通关、境外配送交付等环节，而且在运输过程中还牵涉跨境检查，这些都导致跨境运输流程复杂，从而造成物流成本的增加。

2. 运输周期长、安全性差

2013年之后我国才重视发展跨境电商物流，起步较晚。我国国内快递完成跨境配送一般需要一周甚至一两个月，而四大知名国际快递公司最快可在3天内完成跨境配送。此外，我国跨境电商物流难以全程跟踪物流信息，大大降低了消费者满意度。因为我国物流企业没有建立起全球的物流网络，容易造成信息的缺失和配送的延迟。

3. 退换货困难

能否自如进行退换货是影响消费者体验的关键因素。跨境电商物流运输周期长、流程复杂、涉及税费较多，买卖双方难以达成一致意见，导致跨境电商退换货困难，这是全球跨境电商物流企业面临的通病。

4. 受语言、政治、文化因素影响大

在跨境电商交易中，买卖双方通过跨境电商平台进行线上沟通、支付，语言的不通可能导致交流过程中产生歧义。各国的通关政策不尽相同，对于各种商品的限制也不同，以及国家间的关税壁垒等政治问题阻碍了跨境电商物流的发展。各国之间文化的差异也会导致卖方对消费者市场了解不足而影响跨境电商的发展，进而阻碍跨境电商物流的发展。

5. 汇率风险

由于大部分国家采用的都是浮动汇率，跨境贸易必然涉及货币兑换，支付货币的贬值会导致跨境电商物流企业利润的损失甚至亏损。

二、物流方式

物流的一大部分功能是由运输完成的,因此有很多人认为物流等于运输。国际物流方式主要有海上运输、铁路运输、航空运输、公路运输、内河运输、管道运输、邮政运输和国际多式联运等。

(一)海上运输

海上运输是历史悠久的国际运输方式。最初的海上运输是与贸易融为一体的,即"船货一体"。后来,才出现了承运他人货物的公共承运人,且最初以不定期运输为主。目前,国际贸易总运量的 2/3 是通过海上运输完成的。

海上运输的特点:运量大;运费较低;通过能力大;适货性强;受气候等自然条件影响大;风险较大;速度较慢等。

海上运输的经营方式主要分为两类:班轮运输和租船运输。

1. 班轮运输

班轮运输又称定期船运输,是指船舶在固定航线的固定港口之间,按事先公布的船期表进行有规律的、反复的航行,以从事货物运输业务并按事先公布的费率收取运费的一种运输方式。

班轮运输的特点具体如下。

(1)具有"四固定"的特点:固定的航线、固定的港口、固定的时间和相对固定的运费。

(2)运价内已包括装卸费用,由班轮运输公司承担装卸责任。

(3)提单是运输合同的证明,承托双方的权利、义务和责任豁免以签发的提单条款为依据。

(4)适用于一般杂货和小额贸易货物的运输。

班轮运输的作用:有利于国际贸易的发展;能提供较好的运输质量;简化货方手续。

2. 租船运输

租船运输又称不定期船运输,它与班轮运输不同,没有固定的船期表、船舶航线和停靠港口。船舶航线、运输货物种类、航行时间、运费或租金由船货双方在租船合同中议定。

租船运输适用于大宗货物,如粮食、油料、矿物等的运输。

船方(船东)和承租人(租船人)需要签订租船合同,以明确双方的权利和义务。

租船运输的特点具体如下。

(1)适合运输低值的大宗货物。

(2)船期表、航线、停靠港口均不固定,由双方洽商决定。

（3）运价受租船市场供求关系的影响。

（4）根据租船合同组织运输。

（5）提单仅相当于货物收据，受租船合同的约束。

（二）铁路运输

铁路运输也是国际贸易中的主要运输方式，是内陆国家进行国际贸易的主要运输方式。我国开通的中欧班列就是典型的铁路运输，为我国与中亚、西亚和欧洲各国的贸易往来提供了支撑。

铁路运输的特点：不受气候的影响；风险相对较小；速度较快；成本较低；运量较大；基建投资较大。

1876年，中国第一条铁路——吴淞铁路诞生；1881年，中国第一条自建铁路——唐胥铁路（唐山—胥各庄）正式运行；1909年，詹天佑自行设计的京张铁路（北京—张家口）建成；2006年，中国建成了世界上海拔最高的铁路——青藏铁路。目前，中国拥有全球第二大铁路网、第一大高铁铁路网，铁路运输成为人员和贸易往来的主要运输方式。

（三）航空运输

航空运输是以航空器（飞机）为运输工具的运输方式。

1. 航空运输的特点

1）运送速度快

飞机的飞行速度一般在600千米/小时以上，是其他运输方式不可比拟的。由于航空运输的此优点，时令性比较强的、易变质腐烂的商品适用航空运输。

2）安全准确

众所周知，航空运输的安全性远远高于海上运输、铁路运输等，航空运输管理制度完善，商品破损率低，因此航空运输适于运输价值高昂的商品。

3）运费高昂

航空运输是一个资金密集型的行业，飞机造价高昂，因此必须征收高昂的运费才能维持航空运输企业的运营，价格低廉的商品不适用于航空运输。

4）易受天气影响

航空运输和海上运输一样受天气的影响较大，雨雪和大雾天气都不适宜飞行。

2. 航空运输的经营方式

航空运输有4种经营方式：班机运输、包机运输、集中托运和航空快运。

1）班机运输

班机运输是指航班在固定航线上定期航行以运送货物。

班机运输的特点具体如下。

（1）固定航线、固定停靠港、定期开航。

（2）收货人和发货人可确切掌握货物到达时间，便于收货人和发货人安排相关工作。

（3）一般为客货混载，因此舱位有限，大批量货物往往需要分期分批运输。

2）包机运输

包机运输是指航空公司按照约定的条件和费用，将整架飞机租给一个或若干个包机人，从一个或几个航空站装运货物运到指定目的地。

包机运输分为整机包机和部分包机两种。

整机包机是指航空公司按照与包机人事先约定的条件及费用，将整架飞机租给包机人，从一个或几个航空港装运货物运到指定目的地。包机费用是一次一议，原则上按每一飞行千米的固定费率核收，并按每一飞行千米费用的80%收取空放费。因此，要争取来回程都有货载。

部分包机是指由几家航空货运代理公司或发货人联合包租一架飞机，或者由航空公司把一架飞机的舱位分别出租给几家航空货运代理公司装载货物的运输方式。

包机运输方式的特点具体如下。

（1）解决了班机舱位不足的问题。

（2）货物全部由包机运出，节省时间与多次发货的手续。

（3）弥补了没有直达航班的不足，且不用中转。

（4）减少了货损、货差及丢失的现象。

（5）在空运旺季缓解了航班紧张的状况。

（6）解决了海鲜、活动物的运输问题。

3）集中托运

集中托运是指航空货运代理公司将若干批单独发运的货物集中成一批向航空公司办理托运，填写一份总运单送至同一目的地，然后签发分运单给各个发货人，再由航空货运代理公司委托的当地代理人负责将货物分发给收货人。

航空货运代理公司可以把从不同发货人那里收集的小件货物集中起来，使用航空公司最便宜的运价，因此集中托运的优点是可以为发货人节省运费、提供方便，发货人可以提前拿到航空分运单并提早结汇。

集中托运的缺点：时限性强的货物不适用；另外贵重物品、危险物品、活动物及文物等不能办理集中托运。

4）航空快运

航空快运又称快件、速递、快递，是指专门经营该项业务的航空货运代理公司，派专人以最快的速度,在发货人、机场、收货人之间运输和交接货物的运输服务业务。航空快运适合急需的药品、医疗器械、贵重物品、重要文件等小件物品。

航空快运的特点:快捷灵便;安全可靠;送交有回音;查询快且有结果。

世界著名的航空快运公司有以下几个。

(1) UPS(United Parcel Service, Inc., 美国联合包裹运送服务公司)在 1907 年作为一家信使公司成立于美国华盛顿州西雅图,是世界上较大的快递承运商与包裹递送公司。

(2) DHL(DHL Express, 敦豪航空货运公司)是德国邮递和物流集团 Deutsche Post DHL 旗下公司。1969 年,DHL 开设了其第一条从旧金山到檀香山的速递运输航线。

(3) FedEx(FedEx Express, 联邦快递)隶属于美国联邦快递集团(FedEx Corp.),是集团快递运输业务的中坚力量。FedEx 为遍及全球的顾客和企业提供涵盖运输、电商和商业运作等一系列的全面服务。

(4) TNT(TNT Express, 荷兰邮政集团)总部设在荷兰的阿姆斯特丹。TNT 为超过 200 个国家和地区的客户提供邮运、快递和物流服务。利用遍布全球的航空与陆运网络,TNT 提供了全球"门到门""桌到桌"的文件和包裹的快递服务。TNT 在供应链管理方面经验丰富,为汽车、电子、快消品及生物制药等行业提供了包括运输、储存、配送、物流加工、信息管理等在内的完整的供应链解决方案。

(四)公路运输

公路运输又称公路汽车运输,其要素是公路和汽车。与我国接壤的国家可以通过公路运输运送货物,如从中国运送货物到缅甸可以通过滇缅公路。

1. 公路运输的优点

(1)公路运输机动灵活、简捷方便,在短途货物的集散运转上具有较大的优越性。

(2)公路运输有助于实现"门到门"运输。

(3)投资少、回收快、技术含量低、易恢复。

2. 公路运输的局限性

(1)载重量小,运输成本高,不适宜长途运输。

(2)震动较大,易造成货损货差。

(五)内河运输

内河运输是水路运输的一个组成部分。它是内陆腹地和沿海地区的纽带,也是边疆地区与邻国边疆河流的连接线,在现代化运输中起着重要的辅助作用。

内河运输的特点:投资少、运量大、成本低、受天气影响较大。

世界上的主要内河有多瑙河、莱茵河、易北河、尼罗河、亚马孙河、拉普拉塔河、密西西比河和北美五大湖区。我国的内河主要是长江、珠江和淮河。

（六）管道运输

管道运输是指货物在管道内借助高压气泵的压力输往目的地的一种运输方式，通常运输气体、液体和粉末状固体。中国与俄罗斯、哈萨克斯坦、缅甸都建立了管道以运输天然气或石油。

管道运输的特点具体如下。

（1）运输通道与运输工具合二为一。

（2）运量大、占地少。

（3）管道运输只能单向运输。

（4）固定投资大但建成后运输成本较低、效益较好。

（七）邮政运输

邮政运输是指通过邮局寄交进出口货物的运输方式，是广泛使用的运输方式，一般为两种以上的运输方式相结合，能够实现"门到门"运输，适用于重量轻、体积小的商品。

（八）国际多式联运

国际多式联运是指按照国际多式联运合同，以至少两种不同的运输方式，由多式联运经营人将货物从一国国境内接管货物的地点运送至另一国国境内指定交货的地点。

根据以上对国际联运的定义和解释，结合国际实际做法，可以归纳出国际多式联运的特点具体如下。

（1）国际多式联运使用的是全程的联运提单。

（2）国际多式联运经营人对货主承担全程的运输责任。

（3）国际多式联运经营人以单一费率向货主收取全程运费。

（4）国际多式联运必须是国际货物运输，而这种运输必须采用两种以上不同的运输方式，并且衔接组成一个连贯的运输，来完成跨越国界的货物运输。

三、跨境物流运输单据

不同的运输方式需要不同的运输单据，运输单据不同，作用也有所不同。海运相关的单据有海运提单、海运单等，铁路运输有铁路运单，航空运输有航空运单，国际多式联运有国际多式联运单据，邮政运输有邮政收据等。以下介绍一些常用的运输单据。

（一）海运提单

海运提单是指承运人或其代理人，或者船长在收到货物或货物装船后，应托运人的要求签发的、证明已收到提单上列明的表面状况良好的货物，并负责将该货物运至指定目港，完好地交付给收货人的货运单证。

海运提单的作用有以下 3 点。

（1）货物收据。海运提单作为承运人或其代理人出具的货物收据，证明承运人已收到或接管提单上所列的货物。

（2）物权凭证。海运提单在法律上具有物权凭证的作用，承运人在货抵目的港后向海运提单的合法持有人交付货物。海运提单可背书转让，从而转让货物的使用权。另外，海运提单还可用于抵押贷款。

（3）运输合同的证明。海运提单是承运人和托运人之间的运输合同，提单条款规定了承托双方的权利、义务、责任豁免。

海运提单根据分类方式的不同可以分为不同的种类。

（1）根据货物是否装船，海运提单可分为已装船提单和备运提单。已装船提单是指船舶公司已将货物装上指定的船舶后签发的提单；备运提单是指船舶公司已收到指定货物，等待装运货物期间签发的提单。

（2）根据提单有无批注，海运提单可分为清洁提单和不清洁提单。清洁提单是指在提单上未批注有关货物受损或包装不良的提单；不清洁提单是指在提单上注明货物表面受损或包装不良的提单。

（3）根据提单是否可以流通，海运提单可分为记名提单、指示提单和不记名提单。记名提单是指在抬头上注明指定收货人的提单，这种提单是不能转让的，只能由提单上注明的收货人提货；指示提单是指抬头上注明"凭指定""凭××人指定"字样的提单，这种提单可以背书转让给第三人；不记名提单是指抬头为空白或不注明任何指定收货人的提单，这种提单不用背书即可转让。

（4）根据运输方式，可海运提单分为直运提单和转运提单。直运提单是指中途不经换船直接运达目的港口的提单；转运提单是指在货运过程中至少经过两艘轮船运输的货运提单，即装运港船舶不抵达目的港，在中途卸货交另一艘船舶继续运输。

（5）根据提单内容的繁简，海运提单可分为全式提单和略式提单。全式提单又称繁式提单，是指在背面详细注明承运人和托运人各自权利、义务的提单；略式提单是指只注明承运货物的基本情况和托运人的名称、地址、收货人等基本情况的提单。

（二）铁路运单

铁路运单为发送国铁路车站和发货人之间缔结的运输合同。运单签发即表示铁路车站已收到货物并受理托运。装车后加盖承运日期戳即为承运。

铁路运单正本随同货物送至终点站交收货人，是铁路车站同收货人交接货物、核收运杂费用的依据。铁路运单副本加盖日期戳后是发货人办理银行结算的凭证之一，也是向运输公司索赔的依据。

铁路运单与海运提单不同,其只是货物收据和运输合同的证明,不具备物权凭证的作用。

(三) 航空运单

航空运单是承运人与托运人之间缔结运输合同的文件,也是由承运人或其代理人出具的货物收据。航空运单非物权凭证,不可转让、流通。

航空运单的作用具体如下。

(1) 承运人与托运人之间的运输合同。

(2) 承运人或其代理人签发的货物收据(第一份正本)。

(3) 承运人核收运费的依据(第二份正本)。

(4) 收货人核收货物的依据(第三份正本)。

(5) 报关单据。

(6) 保险证书。

(7) 承运人内部业务的依据。

航空运单分为航空主运单(Master Air Waybill, MAWB)和航空分运单(House Air Waybill, HAWB)。凡是由航空公司签发的航空运单就称为航空主运单,是航空公司和托运人订立的运输合同;航空分运单是指由航空货运代理人(集中托运人)在办理集中托运业务时,签发给每一发货人的运单,是集中托运人和发货人之间的运输合同。发货人与航空公司没有直接的契约关系。

(四) 国际多式联运单据

国际多式联运单据是指证明国际多式联运合同及证明国际多式联运经营人接管货物并负责按照合同条款交付货物的单据。按发货人的要求,国际多式联运单据可做成可转让的,也可做成不可转让的。

国际多式联运单据的作用具体如下。

(1) 国际多式联运单据是国际多式联运合同的证明。

(2) 国际多式联运单据是国际多式联运经营人收货的收据和凭以交货的凭证。

四、国际货物运输保险

国际货物运输周期长、风险较大,因此买卖双方会将自己所承担的风险转移,这就是国际货物运输保险存在的意义。货物运输保险是指承保运输中货物因自然灾害或意外事故所致损失的保险。根据不同的运输方式,各国保险公司推出了不同的险别,即使是同一种运输方式,也有不同保险范围的险别。

保险的知识覆盖广泛,本教材仅简单介绍一下关于海上货物运输保险的内容,具体内容可在国际货物运输与保险的教材中学习。

（一）海上货物运输保险

关于海上货物运输保险的条款主要有两个，一个是中国人民保险公司指定的《中国保险条款》（China Insurance Clause，C.I.C.）中的《海洋运输货物保险条款》，另一个是英国伦敦保险协会指定的《协会货物保险条款》（Institute Cargo Clause，I.C.C.）。

1. C.I.C.

C.I.C.将海上货物运输保险的险别分为基本险、附加险和专门险。

1）基本险

基本险又称主险，是可以单独投保的险别，不必在投保其他险别的前提下就可投保。基本险包括以下3个。

（1）平安险（Free of Particular Average），英文解释为"单独海损不赔"，是3个基本险中赔偿范围最小的险别，也是保险费最低的，适合大宗、价值低、包装粗糙的货物，如废钢材、木材、矿砂等。平安险的取保责任范围具体如下。

①在运输途中由恶劣天气（如雷电）和海啸、地震、洪水等自然灾害，造成被保险货物的实际全损或推定全损。

②由运输工具遭遇搁浅、触礁、沉没、互撞、与流冰或其他物体碰撞，以及失火、爆炸等意外事故造成被保险货物的全部或部分损失。

③在运输工具已经发生搁浅、触礁、沉没、焚毁等意外事故的情况下，货物在此前或此后，又在海上遭遇恶劣天气和自然灾害造成被保险货物的部分损失。

④在装卸或转船时，由一件或数件，甚至整批货物落海造成被保险货物的部分损失或全部损失。

⑤运输合同订有"船舶互撞条款"，按该条款规定应由货方偿还船方的损失。

⑥运输工具遭遇自然灾害或意外事故，需要在中途港口或避难港口停靠，由卸货、装货、存仓及运送货物所产生的特殊费用。

⑦发生共同海损所引起的牺牲、分摊费用和救助费用。

⑧被保险人对遭受保险责任范围内危险的货物采取抢救、防止或减少损失的各种措施所支付的合理费用。但是，保险公司承担费用的限额，以不超过该批被救货物的保险金额为限。

（2）水渍险（With Particular Average），英文解释为"负责单独海损责任"。它的责任范围除包括上述平安险的各项责任外，还包括被保险货物由于恶劣天气（如雷电等）和海啸、地震、洪水等自然灾害所造成的部分损失。

（3）一切险（All Risks）的责任范围，除包括平安险和水渍险的所有责任外，还包括被保险货物在运输过程中，由一般外来原因所造成的全部损失或部分损失。一切险是3个基本险中责任范围最大的险别。

2）附加险

海上货物运输保险的附加险种类很多。附加险不能单独投保，它必须依附于基本险项下。附加险分为一般附加险（General Additional Risk）和特殊附加险（Special Additional Risk）。

（1）一般附加险。一般附加险必须依附于某个基本险项下，而一切险包含一般附加险，因此投保一切险不用投保一般附加险，可在平安险和水渍险的基础上加保一般附加险。C.I.C.《海洋运输货物保险条款》规定的一般附加险共11种。

①偷窃、提货不着险（Theft, Pilferage and Non-Delivery Risk）。在保险有效期内，被保险货物被偷、被窃，以及由此而引起的货物抵达目的地后整件或全部未交的损失，保险公司负责赔偿。偷窃不包括使用暴力手段的公开劫夺。

②淡水雨淋险（Fresh Water and Rain Damage Risk）。被保险货物在运输途中，直接被淡水、雨水及冰雪融水浸淋所造成的损失，保险公司负责赔偿。淡水是相对于海水而言的，主要源于船上淡水舱、水管漏水及舱汗等。

③短量险（Risk of Shortage）。被保险货物在运输过程中，因外包装破裂导致包装内货物或散装货物发生数量散失和实际重量短缺的损失，但不包括正常的途耗，保险公司负责赔偿。

④混杂、玷污险（Intermixture and Contamination Risk）。被保险货物在运输途中，因混进杂质或被其他物质玷污而造成的损失，保险公司负责赔偿。例如，砂糖中混进泥土，布匹、服装、纸张被油类或带色的物质污染而造成的损失，保险公司负责赔偿。

⑤渗漏险（Risk of Leakage）。流质、半流质的货物或油类货物在运输过程中因容器损坏而造成的渗漏损失，以及因渗漏而引起的货物腐烂、变质损失，保险公司负责赔偿。

⑥碰损、破碎险（Clash and Breakage Risk）。碰损主要是针对金属、木质等货物来说的；破碎则主要是针对易碎性质的货物来说的。前者是指在运输途中，因为受到震动、颠簸、挤压而造成的货物本身的损失；后者是指在运输途中由于装卸野蛮、运输工具颠簸造成的货物本身破碎、断裂的损失。当发生以上损失时，保险公司负责赔偿。

⑦串味险（Risk of Odor）。被保险货物在运输途中，因受其他异味货物的影响，品质受到损失，保险公司负责赔偿。例如，茶叶、香料、中药材等与皮张、樟脑等堆放在一起产生异味，不能使用。

⑧受热受潮险（Damage Caused by Heating and Sweating）。被保险货物在运输途中，由

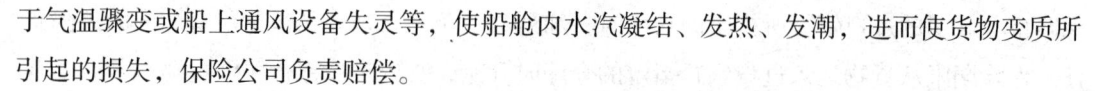

于气温骤变或船上通风设备失灵等，使船舱内水汽凝结、发热、发潮，进而使货物变质所引起的损失，保险公司负责赔偿。

⑨钩损险（Hook Damage Risk）。被保险货物在装卸过程中因为使用手钩、吊钩等工具所造成的损失，保险公司负责赔偿。例如，粮食包装被吊钩钩坏而造成粮食外漏的损失。此外，本险别还负责对包装进行修补或调换所支付的费用。

⑩包装破裂险（Breakage of Packing Risk）。因包装破裂而造成的货物短少、玷污等损失，保险公司负责赔偿。此外，在运输途中，为了续运安全的需要而产生的修补包装、调换包装所支付的费用，保险公司也予以负责。

⑪锈损险（Rust Risk）。被保险货物在运输途中因为生锈而造成的损失，保险公司负责赔偿。但生锈必须是在保险期内发生的，如果装船时就已生锈，保险公司不予负责。

（2）特殊附加险。特殊附加险与一般附加险一样，不能独立投保，但与一般附加险相比，特殊附加险不在一切险的责任范畴内，因此可以在投保一切险的基础上予以加保特殊附加险。目前，C.I.C.承保的特殊附加险具体如下。

①交货不到险（Failure to Delivery Risk）。货物从装上船开始，在预定抵达日期起满6个月仍不能到达原目的港时，无论何种原因，保险公司均负责赔偿。

②进口关税险（Import Duty Risk）。被保险货物在已遭受保险单责任范围内的损失后，目的港海关仍按完好货物的价值足额计征进口关税，保险公司对受损部分货物所缴纳的关税负责赔偿。

③舱面险（On Deck Risk），又称甲板险。某些体积较大、有毒性、污染性或易燃易爆的货物，按照航运习惯，必须装载在舱面上。投保舱面险后，被保险货物存放在舱面时，保险公司除按保险单所载条款予以负责外，还对货物被投弃或浪击落海的损失负赔偿责任。

④拒收险（Rejection Risk）。在该险别承保范围内，保险公司对于被保险货物在抵达目的港后，由于各种原因被进口国有关机构拒绝进口或强行没收所产生的损失，负赔偿责任。在投保这一险别时，被保险人必须保证持有进口所需的一切证明文件，如进口许可证等，并且货物的生产、质量、包装和商品检验符合产地国和进口国的有关规定，否则保险公司不负赔偿责任。

⑤黄曲霉素险（Aflatoxin Risk）。黄曲霉素是一种致癌毒素，一般发霉的粮食作物，如花生、油菜籽、大米中含有此类毒素。如果粮食作物中所含的这一毒素超过进口国家所规定的标准，就会被拒绝进口或被没收或被强制改变用途。

⑥出口货物到中国香港（包括九龙在内）或中国澳门的存仓火险责任扩展条款（Fire Risk Extension Clause for Storage of Cargo at Destination Hong Kong Including Kowloon, or Macao）。这是一种扩展存仓火险责任的保险。我国出口到港澳地区的货物，如直接装卸到

保险单上载明的过户银行所指定的仓库时,加列这一条款,则会延长在存仓期内的火险责任。保险期限从货物运入过户银行指定的仓库时开始,直到过户银行解除货物权益或运输责任终止时起满 30 天为止。这一险别主要是为了保障过户银行的利益。货主通过银行办理押汇业务,在货主不向银行归还货款前,货物权益属于银行。因此,在保险单上必须注明过户给放款银行。在此阶段,货物即使到达目的港,收货人也无权提货。货物往往存放在过户银行指定的仓库中,加列此条款后,如果存仓期间发生火灾,保险公司负责赔偿。

⑦战争险(War Risk)。战争险承保直接由战争或类似战争行为等所引起的被保险货物的损失。C.I.C.对战争险的承保责任范围具体如下:由战争、类似战争行为、敌对行为、武装冲突、海盗行为及由此引起的捕获、拘留、扣留、禁制、扣押所造成的损失;由各种常规武器,包括水雷、鱼雷、炸弹所造成的损失;由上述原因所引起的共同海损牺牲、分摊和救助费用。但对于因敌对行为使用原子或热核制造的武器所致的损失和费用;根据由执政者、当权者或其他武装集团的扣押、拘留引起的承保航程的丧失和挫折而提出的索赔,保险人不负赔偿责任。

⑧罢工险(Strikes Risk)。罢工险的承保责任范围:因罢工者,被迫停工工人,参加工潮、暴动和民众斗争的人员采取的行动,或者任何人的恶意行为所造成的货物直接损失,以及上述行动或行为所引起的共同海损牺牲、分摊和救助费用。

罢工险负责的损失必须是直接损失,任何罢工所引起的被保险货物的间接损失,如罢工期间由于劳动力短缺或无法使用劳动力,致使堆放码头的货物遭到雨淋日晒而受损,或由于劳动力或燃料匮乏导致冷冻机中断工作造成的被保险货物的损失,保险公司不负责赔偿。

3)专门险

专门险是保险公司根据某些商品的特性及某些特殊需要而开设的属于"基本险别"性质的险别。专门险可以单独投保。我国的海洋货物运输专门险主要是海洋运输冷藏货物保险(Ocean Marine Insurance for Frozen Products)和海洋运输散装桐油保险(Ocean Marine Insurance for Woodoil Bulk)。

2. I.C.C.

I.C.C.将海上货物运输保险的险别分为 I.C.C.(A)、I.C.C.(B)、I.C.C.(C)、战争险、罢工险和恶意损害险。

从保险范围上来看,I.C.C.(A)类似于 C.I.C.中的一切险,主要承保海上风险和一般外来风险,承保范围最大,列出了"除外责任"部分,除此之外的风险造成的损失都予以赔偿。I.C.C.(B)类似于 C.I.C.中的水渍险,I.C.C.(C)类似于 C.I.C.中的平安险。

战争险和罢工险与 C.I.C.中的不同,它们也是主险,可以单独投保。

恶意损害险所承保的是由被保险人以外的其他人（如船长、船员等）的故意破坏行为所导致的被保险货物的灭失或损害。恶意损害险承保的风险仅在 I.C.C.（A）中被列为承保风险的范畴，而在 I.C.C.（B）和 I.C.C.（C）中均列为"除外责任"。因此，如果被保险人需要对此风险取得保险保障，在其投保 I.C.C.（B）或 I.C.C.（C）时，就需另行加保恶意损害险。

（二）其他货物运输保险

其他货物运输保险有陆上货物运输保险、航空货物运输保险和邮包货物运输保险等。

（1）陆上货物运输保险的基本险分为陆运险和陆运一切险。陆运险的承保责任范围与海上货物运输保险中的水渍险相似。被保险货物在运输中由遭遇暴雨、雷电、地震、洪水等恶劣天气或自然灾害，或者运输工具遭受碰撞、倾覆、出轨，或者在驳运过程中，驳运工具遭受搁浅、触礁、沉没、碰撞，或者遭受隧道坍塌、崖崩，或者遭遇失火、爆炸等意外事故所造成的全部损失或部分损失，保险公司均负责赔偿。陆运一切险的承保责任范围与海上货物运输保险中的一切险相似。保险公司除承担上述陆运险的赔偿责任外，还负责赔偿被保险货物在运输途中由外来原因所造成的短少、短量、被偷窃、渗漏、碰损、破碎、钩损、雨淋、生锈、受潮、受热、发霉、串味、玷污等全部或部分损失。在陆上货物运输保险中，被保险货物除可投保陆运险和陆运一切险以外，经协商还可以加保陆上货物运输保险的附加险，如陆运战争险等。

（2）航空货物运输保险的基本险分为航空运输险和航空运输一切险。航空运输险的承保责任范围与海上货物运输保险中的水渍险大体相同。保险公司负责赔偿被保险货物在运输途中遭受雷电、火灾、爆炸，或者由飞机遭受碰撞、倾覆、坠落或失踪等意外事故所造成的全部或部分损失。航空运输一切险的承保责任范围与海上货物运输保险中的一切险大体相同，除包括上述航空运输险的责任外，对被保险货物在运输途中由外来因素所造成的全部或部分损失也负责赔偿。

航空货物运输保险的除外责任与海上货物运输保险的除外责任基本相同。

（3）邮包货物运输保险的基本险分为邮包险和邮包一切险两种。邮包险的承保责任范围与海上货物运输保险中的水渍险相似。邮包一切险的承保责任范围与海上货物运输保险中的一切险相似。被保险货物在投保上述邮包险或邮包一切险后，还可以加保邮包战争险等附加险。

第二节　B2C 跨境电商物流

一、邮政物流

邮政物流是指通过中国邮政的物流网络，将本地货物送交国外买家的运输体系。广义上来讲，邮政物流可分为国内物流、国际物流、电商物流。在本章中，邮政物流特指跨境电商背景下的物流体系。

邮政物流主要通过万国邮政联盟（Universal Postal Union，UPU）支撑起全球邮政系统的对接。万国邮政联盟简称万国邮政或邮联，是商定国际邮政事务的政府间国际组织，其前身是1874年10月9日成立的邮政总联盟，1878年改为万国邮政联盟。万国邮政联盟自1978年7月1日起成为联合国一个关于国际邮政事务的专门机构，总部设在瑞士首都伯尔尼。宗旨是组织和改善国际邮政业务，发展邮政方面的国际合作，以及在力所能及的范围内给予会员国所要求的邮政技术援助。

当前中国邮政的产品包括中国邮政小包、国际e邮宝、国际e特快、国际e包裹、国际e速宝、国际EMS。

（一）中国邮政小包

中国邮政小包，又称中国邮政航空小包、邮政小包、航空小包，是指包裹重量在2千克以内（阿富汗除外），外包装长、宽、高之和小于90厘米，且最长边小于60厘米，通过邮政空邮服务寄往国外的小邮包。中国邮政小包可分为平邮和挂号两种。

中国邮政小包的优点：①网络覆盖范围广；②通关能力强；③成本低廉；④可挂号跟踪。

中国邮政小包的缺点：①时效慢；②丢包率高；③平邮丢件不能获得偿付。

当日中午12点以前交寄邮局，一般晚上8点后可以在中国邮政官网查询包裹。

中国邮政小包的运输时效（不承诺）：①到亚洲邻国7~15天，②到欧美主要国家16~35天，③其他地区和国家（包括俄罗斯）35~60天。

平邮小包运费计算公式：

$$平邮小包运费=标准运费\times实际重量\times折扣$$

【例题8-1】一票到美国的货物，重200克，当前折扣为9折，标准运费为90.5元/千克，请计算平邮小包运费。

【解】　　　　平邮小包运费=90.5×200/1000×0.9=16.29（元）

挂号小包运费计算公式：

$$挂号小包邮费=标准运费\times实际重量\times折扣+挂号费8元$$

【例题8-2】一票到美国的货物，重200克，当前折扣为9折，标准运费为90.5元/千克，请计算挂号小包运费，挂号费为8元。

挂号小包运费=90.5×200/1000×0.9+8元=24.29（元）

（二）国际e邮宝

国际e邮宝是中国邮政为适应国际跨境电商寄递市场的需要，为中国跨境电商卖家量身定制的一款全新的经济型国际邮递产品。国际 e 邮宝是针对轻小件的空邮产品。目前，该业务仅为中国跨境电商卖家提供面向美国、加拿大、英国、法国和巴西等 39 个国家和地区的包裹寄递服务。

国际 e 邮宝的特点：①经济实惠；②时效快，通常 7～10 个工作日即能送达，但不承诺一定会送达；③专业，是为中国跨境电商卖家量身定制的邮政物流；④服务优良，与 eBay 对接提供一站式服务。缺点是不提供丢失赔偿。

国际 e 邮宝的重量限制在 2 千克以内，体积限制如下：①最大尺寸，单件邮件长、宽、高合计不超过 90 厘米，最长一边不超过 60 厘米，圆卷邮件直径的两倍和长度合计不超过 104 厘米，长度不超过 90 厘米；②最小尺寸，单件邮件长度不小于 14 厘米，宽度不小于 11 厘米，圆卷邮件直径的两倍和长度合计不小于 17 厘米，长度不小于 1 厘米。

国际 e 邮宝总费用=处理费+总重量×重量费

如果某国家或地区在国际 e 邮宝规定有首重，则不满首重的包裹按照首重计算费用。

【例题 8-3】若用国际 e 邮宝运送 2000 克的商品到美国，首重是 50 克，处理费是 15 元，续重是 64 元/千克，则费用是 143（15+2×64）元。

若用国际 e 邮宝运送 45 克的商品到巴西，首重为 50 克，处理费为 25 元，续重是 80 元/千克，则费用是 29（25+0.05×80）元。

若用国际 e 邮宝运送 45 克的商品到匈牙利，首重是 0，处理费是 25 元，续重是 60 元/千克，则费用是 27.7（25+0.045×60）元。

（三）国际 e 特快

国际 e 特快是为了满足跨境电商高价值物品寄递市场的需要，针对中国跨境电商卖家推出的国际速递产品，是对现有 EMS 业务的优化和升级，通过在线发运和优化处理方式，提高邮件的稳定性和时效性。其市场定位是针对 B2C、B2B 市场跨境电商卖家较高端的物流需求。

国际 e 特快的特点：①资费优惠；②快速稳定，比国际 e 邮宝更快；③清关便捷；④全程跟踪。

国际 e 特快针对通往不同国家的包裹有不同的限制。

国际 e 特快总费用=首重运费+续重运费

续重运费中，不足 50 克的部分按照 50 克计算。

【例题 8-4】若用国际 e 特快运送 200 克的商品到英国，首重是 70 元/50 克，续重是 0.6 元/50 克，则费用是多少？若国际 e 特快运送 1580 克的商品到英国，则费用是多少？

【解】　　　　　　　70+0.6×[（200-50）÷50]=71.8（元）

　　　　　　　　　　70+0.6×[（1600-50）÷50]=88.6（元）

（四）国际 e 包裹

国际 e 包裹是中国邮政与美国邮政联合开发的，为了完善美国现有物流产品体系，适应跨境电商重件市场需求而推出的经济型物流产品。

国际 e 包裹的特点：①服务跨境电商平台寄送较重物品的卖家；②全程信息化数据交换；③国内段使用 EMS 发运网络，到达境外后，纳入美国邮政的优先包裹进行投递；④时效稳定，一般 5～7 个工作日送达，但不承诺；⑤目前仅开通了美国路向。

$$国际 e 包裹总费用=首重运费+续重运费$$

国际 e 包裹运送到美国，首重是 100 元/500 克，续重是 35 元/500 克，计算运费时，不足 500 克的部分按照 500 克计算。

【例题 8-5】若用国际 e 包裹运送 2000 克的商品到美国，则费用是多少？若用国际 e 包裹运送 1880 克的商品到美国，则费用是多少？

【解】
$$100+35\times[（2000-500）\div 500]=205（元）$$
$$100+35\times[（2000-500）\div 500]=205（元）$$

（五）国际 e 速宝

国际 e 速宝是跨境电商商业物流渠道解决方案的构成产品。其通过与商业物流渠道合作，采取商业方式清关，落地纳入当地的国内投递网络。它是对邮政渠道国际 e 邮宝业务的补充。

国际 e 速宝的特点：①单件限重 2～3 千克；②针对跨境电商轻小件；③中国邮政负责客户开发和国内运输，渠道商负责国内清关、国际运输、境外清关与投递；④通过商业渠道在线发运系统建立订单，订单信息可以使用 Excel 批量上传或通过 API 对接建立。

国际 e 速宝合作的商业活动：国际 e 速宝与赛城公司合作开办了澳大利亚路向的 e 速宝，与永兴公司合作开办了德国路向的 e 速宝，与迦递开办了印度路向的 e 速宝，与 Sky Postal 开办了南美路向的国际 e 速宝。

$$国际 e 速宝总费用=处理费+总重量\times 重量费$$

（六）国际 EMS

国际 EMS 是中国邮政提供的一种快递服务，在海关、航空等部门享有优先处理权，为用户提供了传递境内境外紧急信函、文件资料、金融票据、商品货样等各类文件资料和物品的高质量服务。

国际 EMS 的时效：一般 3～7 个工作日送达。

国际 EMS 的优点：①运费比较便宜，一般找货代可以拿到至少 5 折的折扣；②可当天收货、当天操作、当天上网，清关能力比较强；③能够运送出关的物品较多，某些其他公司限制运送的物品 EMS 都能运送。

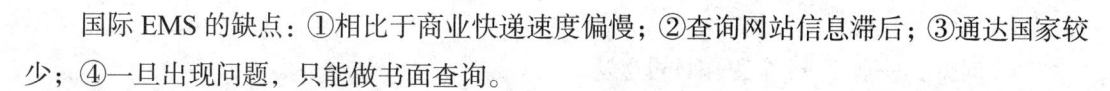

国际 EMS 的缺点：①相比于商业快递速度偏慢；②查询网站信息滞后；③通达国家较少；④一旦出现问题，只能做书面查询。

国际 EMS 的运费计算问题同国际快递相似，在下文进行对比介绍。

二、国际快递

国际快递是指在两个或两个以上国家或地区之间所进行的快递、物流业务。国家与国家或地区传递信函、商业文件及物品的递送业务，即是通过国家或地区之间的边境口岸和海关对快件进行检验放行的运送方式。

国际快递的特点：①业务流程复杂，影响因素多；②交付速度快；③过程安全可靠；④提供"门到门"运输服务，更方便；⑤统一信息网络，提供即时信息反馈。

全球四大国际快递——DHL、UPS、FedEx、TNT。它们通过自有的团队和本地化配送服务，为买家和卖家提供良好的客户体验，但与优质的体验相对应的是高昂的运费。

（一）DHL

DHL 时效：一般 2~4 个工作日可送达。

DHL 的优点：①速度快，发往欧洲一般需要 3 个工作日，发往东南亚一般需要 2 个工作日；②可送达国家的网点较多；③网站的货物状态更新较及时，遇到问题解决速度快；④21 千克以上物品有单独的大货价格，部分地区大货价格比国际 EMS 还要便宜。

DHL 的缺点：①运输小件物品时，价格较贵，不划算；②需要考虑物品的体积重；③对托运物品限制比较严格，许多特殊物品不能托运。

（二）UPS

UPS 时效：一般 2~4 个工作日可送达。

UPS 的优点：①速度快、服务好，发往美国只需要 2 个工作日；②物品可送达全球 200 多个国家和地区；③网站的信息更新快，遇到问题解决及时；④可以在线发货，全国 109 个城市提供上门取货服务。

UPS 的缺点：运费较贵；要计算物品包装后的体积重；对托运物品的限制比较严格。

（三）FedEx

FedEx 时效：一般 2~4 个工作日可送达。

FedEx 的优点：①发往中南美洲和欧洲的运费较有竞争力，发往其他地区的运费较贵；②网站的信息更新快、网络覆盖全、查询响应快。

FedEx 的缺点：①折扣比同类快递公司高 15% 左右；②体积重量超过实际重量时，按体积重量计算；③对所运物品限制较多。

(四) TNT

TNT 时效：一般 2~4 个工作日可送达。

TNT 的优点：①速度较快，发往西欧需要 3 个工作日左右；②可送达国家比较多；③网站的信息更新快，遇到问题响应及时。

TNT 的缺点：①需要考虑物品的体积重；②对所运物品限制较多。

(五) 国际快递的运费计算问题

国际快递运费的计算方式大致相同，先要了解与运费计算相关的基本概念。

1. 基本概念

1）实际重量

实际重量是指一批货物包括包装在内的实际总重量。凡重量大而体积相对小的货物以实际重量作为计费重量。

实际重量包括实际毛重（Gross Weight, G.W.）和实际净重（Net Weight, N.W.）。最常见的是实际毛重。

2）体积重量

体积重量是指因运输工具承载能力有限，即能装载货物的体积有限，将货物体积折算成重量。

国际快递体积重量的计算公式如下。

规则物品的体积重量（千克）=长（厘米）×宽（厘米）×高（厘米）÷5000

不规则物品的体积重量（千克）=最长（厘米）×最宽（厘米）×最高（厘米）÷5000

EMS 线上发货针对邮件长、宽、高三边中任一单边达到 60 厘米及以上的，都需要计算体积重量，公式如下：

体积重量（千克）=长（厘米）×宽（厘米）×高（厘米）÷6000

3）计费重量

计费重量是指据以计算运费或其他费用的重量。实际中，将货物的实际重量与体积重量相比较，取较大的为计费重量。

4）计费重量单位

（1）DHL、UPS、FedEx、TNT 四大国际快递公司针对 21 千克以下的货物，按照每 0.5 千克进行首续重计费；对超过 21 千克的货物，采用每千克计费。

（2）EMS 的每票货物不能超过 30 千克，所有的货物都按照每 0.5 千克进行首续重计费。

2. 运费的基本构成

1）基础运费

基础运费是指根据适用运价计算得出的发货人或收货人应当支付的每批货物的运输费用。

2）燃油附加费

燃油附加费是指物流公司收取的反映燃料价格变化的附加费。该费用以每运输吨多少金额或以运费的百分比来表示。燃油附加费一般会同运费一起打折，四大国际快递公司都会收取燃油附加费，但 EMS 不收取燃油附加费。

3）包装费

通常情况下，如果交运的货物本身就包装良好，或者只需要快递公司进行简单的包装、加固，一般不收取包装费，但是一些贵重物品、易碎物品等需要进行特殊包装和处理的，快递公司会收取一定的包装费。包装费一般不和运费一起打折。

4）其他附加费

除 EMS 之外，四大国际快递公司都有其他类型的附加费用，如偏远地区附加费、更改地址费、大型包裹附加费、超长超重费、进口控制费等。

3. 计算方式

1）四大国际快递公司对 21 千克以下货物的运费计算方式

先计算体积重量，然后从实际重量和体积重量中选较高者，再按照运费计算方法计算，计算公式如下：

$$基础运费=首重运费+[实际重量（千克）或体积重量×2-1]×续重运费$$

$$总运费=基础运费+总燃油附加费=\{首重运费+[实际重量（千克）或体积重量×2-1]×续重运费\}×（1+当月燃油附加费率）$$

2）四大国际快递公司对 21 千克以上货物的运费计算方式

计算公式如下：

$$总运费=计费重量×每千克运费×（1+当月燃油附加费率）$$

3）EMS 的运费计算方式

EMS 一般只按照实际重量计费（首续重计费），没有燃油附加费和报关费。

计算公式如下：

$$总运费=首重运费+[重量（千克）×2-1]×续重运费$$

【例题 8-6】15 千克货物发 UPS 快递，按首重 150 元、续重运费 28 元、当月燃油附加费率为 23.5%计算，则费用总额为多少？

【解】总运费=[150+（15×2-1）×28]×（1+23.5%）=1188.07（元）

【例题8-7】一件货物发TNT快递,总实际重量为60千克,体积为60厘米×80厘米×70厘米,每千克的价格为23元,当月燃油附加费率为23.5%,那么总费用为多少?

【解】体积重量=60×80×70/5000=67.2(千克)

计费重量为68千克,

总运费=68×23×(1+23.5%)=1931.54(元)

【例题8-8】用EMS将29.1千克的货物运到日本,体积为60厘米×40厘米×70厘米,首重为180元,续重运费为40元,总运费应为多少?

【解】体积重量=60×40×70/6000=28(千克)

计费重量为实际重量,即29.5千克,

总运费=180+(29.5×2-1)×40=2500(元)

三、专线物流

专线物流是指针对特定国家或地区推出的跨境专用物流线路,具有"五固定"特征,即物流起点固定、物流终点固定、运输工具固定、运输线路固定、运输时间固定。跨境电商专线物流主要包括航空专线、港口专线、铁路专线、大陆桥专线、海运专线等。

(一)专线物流的特点

(1)时效快。专线物流是专门的物流线路,采取固定班次,比邮政物流快。

(2)成本低。通过规模效应可以降低物流成本。

(3)安全性高。专线物流一般丢包率较低,且有额外赔偿。

(4)可跟踪。专线物流可以实现境内到境外的全程物流跟踪。

(5)易清关。专线物流由物流公司对货物统一清关,不需要买家出面,因此对买家而言更方便。

(6)通达地区和运送商品种类有限。由于"五固定"的特点,专线物流的通达地区有限。受运输方式的影响,可运送的商品种类也有限,如指甲油、香水、打火机等就有限制。

(二)专线物流的分类

1. 俄罗斯专线

俄罗斯幅员辽阔,地广人稀,当地的市场需求不能得到满足,因此我国跨境电商平台上有不少俄罗斯消费者。我国与俄罗斯之间也开通了专线物流,如中俄航空俄速通(以下简称俄速通)等。

俄速通是由黑龙江俄速通国际物流有限公司提供的中俄航空小包专线服务,从黑龙江省哈尔滨市采用全货包机的形式直飞叶卡捷琳堡和新西伯利亚,再由俄罗斯邮政进行配送。

俄速通的时效:80%以上的包裹在25天内到达,平均16～35天到达俄罗斯全境。

俄速通的运费：0.08 元/克+挂号费 7.4 元/件，运费根据包裹重量按克计费，首重为 1 克，每个单件包裹限重在 2 千克以内。

俄速通的配送范围：俄罗斯全境。

2. 中东专线

中东地区物资匮乏，消费者网购热情高涨，因此中国与中东地区成立了中东物流专线。

Aramex 作为中东地区最知名的快递公司，成立于 1982 年，Aramex 与中外运空运发展股份有限公司于 2012 年成立了中外运安迈世（上海）国际航空快递有限公司，提供一站式的跨境电商服务，以及进出口清关和配送服务。

Aramex 的时效：在目的地无异常情况下一般 3~6 天到达目的地。

Aramex 的运费：寄往中东、北非、南亚等国家的价格具有显著优势，运费低至 EMS 公布价的 4 折，没有偏远地区附加费用。

Aramex 的配送范围：阿拉伯联合酋长国、巴林、塞浦路斯、埃及、伊朗、约旦、科威特、黎巴嫩、阿曼、卡塔尔、沙特阿拉伯、土耳其、以色列、利比亚、摩洛哥，且均为全境服务。

3. 欧洲专线

欧洲也是中国跨境电商商品主要的流向地，尤其是英国、法国、德国和西班牙等国家。中外运—西邮标准小包（以下简称中外运—西邮）是中外运空运发展股份有限公司联合西班牙邮政针对全球速卖通卖家重量在 30 千克以内且申报价值≤15 英镑（约合 18 美元）的货物共同推出的"国际商业快递干线+末端西班牙邮政快递配送"的标准小包服务。

中外运—西邮的时效：正常情况下 20~25 天可以实现西班牙大陆地区妥投。

中外运—西邮的运费：深圳、广州、番禺、佛山仓库发货，60.7 元/千克+挂号费 19.1 元/件；义乌、金华、上海、苏州、杭州、北京、宁波、温州仓库发货，54.8 元/千克+挂号费 19.1 元/件。运费根据包裹重量按克计费，首重为 1 克，每个单件包裹限重在 30 千克以内。

中外运—西邮的配送范围：西班牙全境邮局可到达区域。

4. 澳大利亚专线

澳大利亚是中国的重要贸易伙伴，UBI 智能包裹澳洲专线是利通物流为中国的 eBay 卖家量身定做的可接受实际重量 30 千克以内的专线服务。利通物流作为澳洲邮政的最大代理之一和包裹战略业务合作伙伴，澳洲专线是其与澳洲邮政合作共同开发的专线产品。

UBI 智能包裹澳洲专线的时效：直飞悉尼、墨尔本、布里斯班和珀斯澳洲四大城市，5~8 个工作日。

UBI 智能包裹澳洲专线的运费：价格有取件服务价格和自送服务价格。客户选择揽收服务的，需要按照 UBI 取件服务价格支付运费，每次货量未达到 5 票，需要额外支付 5 元揽收费用；货量达到 5 票，无须支付揽收费用。自送价格：约 0.865 元/10 克，取件价格：约 0.89 元/10 克。首重为 50 克，不足 50 克的按照 50 克计费，单位计费重量为 10 克。

UBI 智能包裹澳洲专线的配送范围：澳大利亚全境。

5. 南美专线

菜鸟网络与智利、哥伦比亚、墨西哥等国的邮政合作开发，推出 AliExpress 无忧物流南美专线。

AliExpress 无忧物流南美专线的时效：平均时效为 15 天左右，最快 10 天到达。

AliExpress 无忧物流南美专线的运费：智利，104.5 元/千克+7 元/件挂号服务费；哥伦比亚，131 元/千克+9.5 元/件挂号服务费；墨西哥：92 元/千克+9.5 元/件挂号服务费。根据包裹重量按克计费，首重 1 克，限重 2 千克。

AliExpress 无忧物流南美专线的配送范围：智利、哥伦比亚、墨西哥全境邮局可到达区域。

第三节 海外仓

跨境电商物流中最影响消费者满意度的问题就是时效，跨境物流的复杂性导致运输周期长，影响消费者体验。因此，出现了海外仓模式。

一、海外仓概述

海外仓是指建立在海外的仓储设施。海外仓模式是指国内企业将商品通过大宗运输的形式运往目标市场国家，在当地建立仓库、储存商品，再根据当地的销售订单，第一时间做出响应，及时从当地仓库直接进行分拣、包装和配送。海外仓的本质就是使跨境贸易实现本地化，提升消费者的购物体验，从而提高跨境卖家在出口目标市场的本地竞争力。

（一）海外仓的功能

1. 代收货款

海外仓作为商家在海外的重要节点，可以代替商家收取货款，以解决由交易不便导致的资金结算不便问题。

2. 折包拆箱

跨境电商不像传统国际贸易一样大批量地运输货物，而是小批量、多批次地运输，因

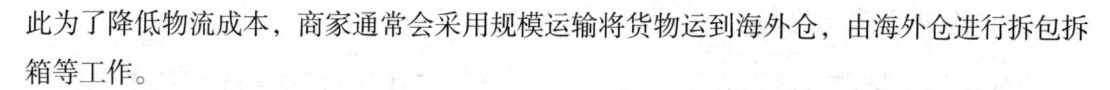

此为了降低物流成本，商家通常会采用规模运输将货物运到海外仓，由海外仓进行拆包拆箱等工作。

3. 保税功能

有些海外仓具有保税功能，此时海外仓也可被称为保税仓库。保税仓库是指由海关批准设立的供进口货物储存且不受关税法和进口管制条例管理的仓库，可有效躲避贸易制裁，并降低成本。

（二）海外仓的优缺点

1. 海外仓的优点

（1）可大大降低运输成本。通过海上运输将大批货物运到目标市场国，相比单件运输，可以通过规模运输降低运输成本。

（2）可避免物流高峰。在国外传统节日，如圣诞节、黑色星期五等物流高峰时，通过海外仓可以有效避免港口堵塞和集装箱一票难求的情况。

（3）提高商品曝光率。采用海外仓模式的商品的发货地为当地，会优先展示，赢得消费者的青睐。

（4）可提高消费者满意度。收货时间缩短可大大提高消费者满意度。

2. 海外仓的缺点

（1）大大提高仓储成本。海外仓会产生仓储费、处理费、当地配送费用等，大大提高了仓储成本。

（2）仅适合销售量大的商品。海外仓一般对商品有库存量的要求，因此不适合销售量小的商品。

（3）海外仓的本土化管理有难度。商家自营海外仓需要对本土工作人员进行管理，由于国外工会组织的强大，以及商家对国外文化、政策等的不熟悉会产生管理难题。

（三）海外仓的分类

根据经营主体，海外仓可划分为商家自营海外仓和第三方公共海外仓。

1. 商家自营海外仓

商家自营海外仓是指由出口跨境电商企业自身建设在海外的仓库，仅为本企业提供仓储、配送等服务。商家自营海外仓的运营成本较高，需要雇用当地工人、了解当地的文化及政策等，因此很少采用。

2. 第三方公共海外仓

第三方公共海外仓是指由第三方物流企业建设在海外的仓库，可以为众多跨境电商企业提供仓储、配送等服务。该模式采用较为普遍。

二、海外仓选品分析

海外仓选品是指卖家选择适合在海外仓储存的商品,且商品应符合当地买家的购物习惯及当地的市场需求。并不是所有的商品都适合在海外仓储存,商家在入驻海外仓之前要进行判断,选择合适的商品进入海外仓。

商品按照风险和利润的高低分为以下4类。

(一)高风险、高利润商品

高风险、高利润商品是指体积大、超重等大件物品,国内小包无法运送,或者运输费用太高,如家具、灯具、大型器械、大型零部件等商品。这些商品适合通过海外仓模式销售。

(二)高风险、低利润商品

高风险、低利润商品是指邮政国内小包和四大国际快递无法运送的商品,如锂电池类商品、液体类商品等。这些商品大部分是危险品,存放于海外仓有风险,而且利润较低,因此不适合海外仓模式。

(三)低风险、高利润商品

低风险、高利润商品是指日用快消品,非常符合本地的需求,并且需要及时送达的商品,如工具类、洗护类、母婴类商品等。这一类商品由于它的及时性,需要采用海外仓模式。

(四)低风险、低利润商品

低风险、低利润商品是指在境外市场热销的商品,批量运送更有优势,如3C配件、服装等。这些商品利润较低,适合大批量贸易,不适合零售,会增加仓储成本,因此不适合海外仓模式。

本章小结

跨境电商物流是跨境电商发展的前提,相比于国内物流而言,跨境电商物流涉及的范围更广、环节更多。根据跨境电商的类型不同,跨境电商物流分为B2B跨境电商物流和B2C跨境电商物流等。

物流包括运输、储存、装卸、搬运、包装、流通加工、配送、回收、信息处理等多个环节,运输是物流中的重要环节,国际物流方式主要有海上运输、铁路运输、航空运输、公路运输、内河运输、管道运输、邮政运输和国际多式联运等。其中,海上运输是最主要的运输方式,其包括班轮运输和租船运输。如果商品是急需品或生鲜等,对时效要求较高,则可采用航空运输,其包括班机运输、包机运输、集中托运和航空快运。若无直达航班或航线,则可采用国际多式联运,签订一次运输合同即可综合多种运输方式将货物运至目的地。各种运输方式都有相应的运输单据,其中海运提单是最常见的运输单据,有货物收据、物权凭证、运输合同证明的作用。在运输途中，商品往往面临着各种各样的风险，尤其是海上运输面临的风险更大，因此有必要投保海上货物运输保险。

B2C 跨境电商物流大致可分为邮政物流、国际快递和专线物流等。邮政物流包括中国邮政小包、国际 e 邮宝、国际 e 特快、国际 e 包裹、国际 e 速宝、国际 EMS 等产品，其中中国邮政小包最典型的特点是网络覆盖范围广、价格较便宜，但运输速度慢，而国际 EMS 属于快递，相对来说运输速度较快。著名的全球四大国际快递分别是 DHL、UPS、FedEx 和 TNT，它们的运输网络覆盖全球，运输时间较短，但价格较高。专线物流是指针对特定国家或地区推出的跨境专用物流线路，包括俄罗斯专线、中东专线、欧洲专线、澳大利亚专线和南美专线等。

对于跨境电商企业来说，运输时间的长短和运输成本等都起着至关重要的作用，但不管是哪种运输方式都有弊端，于是就诞生了海外仓。海外仓不仅是在海外建仓库，还是对现有物流方案的优化，跨境电商企业可以先按照一般贸易方式，将商品大批量出口到海外仓，线上完成销售后再直接从海外仓配送至消费者手中。对于跨境电商企业而言，运输方式的选择、保险种类的投保、是否采用海外仓等都与企业的发展息息相关。

关键词

物流运输	班轮运输	集中托运	国际多式联运
海运提单	C.I.C.	平安险	水渍险
一切险	I.C.C.	邮政物流	专线物流
海外仓			

思考题

1. 跨境电商物流的特点是什么？
2. 什么是班轮运输？班轮运输的特点是什么？
3. 海运提单的作用有哪些？
4. 什么是国际多式联运？国际多式联运的特点是什么？
5. 平安险、水渍险和一切险的区别是什么？
6. 中国邮政小包的优缺点是什么？
7. 四大国际快递分别是指什么？国际快递的特点是什么？
8. 海外仓的优缺点是什么？

"一带一路"跨境电商

讨论题

商务部数据显示，我国跨境电商近 5 年增长了将近 10 倍，2023 年第一季度仍然保持高速增长势头。跨境电商的快速增长，直接带动了物流行业的发展。在深圳，与跨境电商相关的空运、海运业务都出现了大幅增长。深圳机场快件中心每天都要处理往来 20 多个国家的快件包裹，这些快件包裹大多来自跨境电商。"五一"假期期间，机场航空快件处理区持续处于超负荷运转状态，处理量接连突破历史新高，日处理高峰超过 700 吨。与机场空运业务同样高速增长的还有港口的海运业务。由于跨境电商的发展，海运公司不仅业务量出现大幅增长，业务形态也发生了改变。

问题：如果你是一名跨境电商卖家，主要销售机械设备，主要客户是国外批发商或零售商，你将采取什么物流方式？

第九章

"一带一路"跨境电商支付与退税

【学习要点】

1. 跨境电商支付是指分属不同关境的交易主体,在进行跨境电商交易过程中通过跨境电商平台提供的与银行之间的支付接口或第三方支付工具进行的即时跨境支付行为。

2. "一带一路"沿线国家电商的发展水平差异较大,市场需求规模有别,因此各国对跨境电商支付的关注和跨境电商支付的发展程度不一样,部分国家已经依据贸易合作伙伴的一般情况建构了基本能满足自身需求的跨境电商支付平台。不同的支付方式差别很大,它们都有各自的优缺点。按照是否需要去柜台办理业务,跨境电商支付方式分为线上支付和线下支付两大类。

3. "一带一路"跨境电商支付模式主要分为跨境电商人民币支付模式和跨境电商第三方支付模式,且以第三方支付模式为例介绍了"一带一路"跨境电商支付资金的出入境流程。

4. "一带一路"沿线国家快速扩大的跨境电商规模使跨境电商支付被迫加速量增,但相关保障性措施还未来得及制定和完善,导致"一带一路"沿线国家的跨境支付安全还得不到充分保障。

5. 出口退税是国家对出口货物实行的零税率政策,其具体实施方法是国家对出口货物退还或免征其在国内生产和流通环节已经按国家税法缴纳的增值税和消费税,出口退税需要满足规定的条件并且遵循相应的流程。

【学习目标】

1. 了解跨境电商支付的概念;
2. 了解"一带一路"倡议助推跨境电商支付发展;
3. 掌握"一带一路"跨境电商线上及线下支付方式的优缺点;

4. 掌握"一带一路"跨境电商支付方式所存在的问题；
5. 掌握"一带一路"跨境电商支付模式；
6. 理解"一带一路"跨境电商支付风险；
7. 理解如何控制"一带一路"跨境电商支付风险；
8. 了解我国跨境电商出口退税的流程。

第一节 "一带一路"沿线国家跨境电商支付概述

一、跨境电商支付的概念

跨境支付是指两个或两个以上国家或地区之间因国际贸易、国际投资及其他方面所发生的国际债权债务，借助一定的结算工具和支付系统，实现资金跨国或跨地区转移的行为。

跨境电商支付是指分属不同关境的交易主体，在进行跨境电商交易过程中通过跨境电商平台提供的与银行之间的支付接口或第三方支付工具进行的即时跨境支付行为。中国消费者在网上购买国外商家的产品或国外消费者购买中国商家的产品时，由于币种不一样，需要一定的结算工具和支付系统实现两个国家或地区之间的资金转换，最终完成交易。

二、"一带一路"倡议助推跨境电商支付发展

自 2013 年共建"一带一路"倡议提出，截至 2022 年 6 月底，中国与"一带一路"沿线国家货物贸易额累计约 12 万亿美元，2021 年贸易额较 2013 年贸易额增长了 73%；对沿线国家非金融类直接投资超过 1400 亿美元，2021 年非金融类直接投资占比较 2013 年增加了 5.4%。

"一带一路"沿线国家快速扩大的跨境电商规模促使跨境支付快速量增。2021 年，中国与"一带一路"沿线国家人民币跨境收付金额为 5.42 万亿元，同比增长 19.6%，占同期人民币跨境收付总额的 14.8%。其中，货物贸易收付金额为 9982.71 亿元，同比增长 14.7%；直接投资收付金额为 6225.64 亿元，同比增长 43.4%。截至 2021 年年底，中国与 22 个"一带一路"沿线国家签署了双边本币互换协议，在 8 个"一带一路"沿线国家建立了人民币清算机制安排。

从行业发展来看，跨境电商成为引领跨境电商支付快速崛起的强劲动力。截至 2022 年年底，中国跨境电商规模稳居世界第一。从平台细分来看，支付宝和财付通分别覆盖 33 个及 13 个国家和地区；银联卡在"一带一路"沿线 50 个国家均可处理业务，东南亚地区覆盖率近 90%。配合"一带一路"倡议，人民币在沿线国家的跨境支付功能逐步增强，这意

味着人民币日趋提升的国际地位和跨境支付在"一带一路"倡议中所扮演的积极角色必将助推跨境电商支付进一步发展。

第二节 "一带一路"跨境电商支付方式

案例 2

"一带一路"沿线国家电商的发展水平差异较大,市场需求规模有别,因此各国对跨境电商支付的关注和跨境电商支付的发展程度不一样。目前,部分国家已经依据贸易合作伙伴的一般情况建构了基本能满足自身需求的跨境电商支付平台。不同的支付方式差别很大,它们都有各自的优缺点。按照是否需要去柜台办理业务,跨境电商支付方式分为两大类:一种是线上支付,包括各种电子账户支付和国际信用卡支付,线上支付方式通常有交易额的限制,比较适合小额的跨境零售;另一种是线下支付,比较适合金额较大的跨境交易。

一、跨境电商线上支付方式

(一)国际信用卡

国际信用卡是一种银行联合国际信用卡组织签发给那些资信良好的人士,使其可以在全球范围内进行透支消费的卡片,同时该卡也可被用于在国际网络上确认用户的身份。通常国际信用卡以美元作为结算货币,可以进行透支消费(先消费后还款)。国际上比较常见的信用卡品牌包括 Visa、MasterCard、AE(美国运通)、JCB(日本信用卡株式会社)、DinersClub(大莱卡)等,其中 Visa 目前占世界信用卡发行量的 70% 左右,MasterCard 占世界信用卡发行量的 20% 左右,其他种类的信用卡占世界信用卡发行量的 10% 左右。所以,大多数第三方支付机构提供的信用卡在线支付网关基本上是支持 Visa 和 MasterCard 的。

国际信用卡支付是指商品购买者在网站上选择商品之后,通过第三方支付机构提供的信用卡支付网关输入相应的信息,如卡号、有效期、CVV 码、支付金额,支付商品款项给第三方支付机构。国际信用卡支付可以安全、方便、快捷地将钱支付到商家的账户,让商家方便、及时地收到货款。

1. 优点

国际信用卡是欧美最流行的支付方式,用户数量非常庞大。Visa、MasterCard 的用户量超过 20 亿人次,使用率很高。如果存在交易争议,国际信用卡支付只会冻结该笔交易的金额,不会冻结账户,因此不会影响整个账户。

2. 缺点

接入方式麻烦,需支付开户费和年服务费、预存保证金等,收费高昂,付款额度偏小。虽然国际信用卡有 180 天的拒付期,但是仍存在拒付风险。拒付是指信用卡持卡人本人主动要求把钱退回的行为，拒付的原因包括买家没有收到货、货物质量存在问题，以及黑卡、盗卡、诈骗等。

3. 适用范围

国际信用卡一般用于 1000 美元以下的小额支付，比较适合跨境电商零售平台和独立的 B2C 贸易，常见于鞋服、饰品、生活用品、电子产品、保健品等商品的交易。

（二）PayPal

PayPal 是美国 eBay 公司的全资子公司，致力于使个人或企业通过电子邮件可以安全、简单、便捷地实现在线付款和收款。其可实现即时支付、即时到账，并能通过中国的本地银行提现。通过 PayPal 账户集成的高级管理功能，用户可以轻松掌控每一笔交易的详情，相对于传统的邮寄支票与汇款的支付方式有了很大的突破。在跨境电商交易中，将近 70% 的在线跨境买家更喜欢用 PayPal 支付海外购物款项。用这种支付方式支付时，PayPal 会收取一定数额的手续费，值得注意的是用 PayPal 付款时收款人需支付手续费，而付账人不支付手续费。

1. PayPal 的支付流程

（1）付款人凭电子邮箱地址注册并登录 PayPal 账户，通过验证成为其用户，提供信用卡或相关银行资料，增加账户金额，将一定数额的款项从其开户时登记的账户（如信用卡）转移至 PayPal 账户下。

（2）当付款人启动向第三人付款的程序时，必须先进入 PayPal 账户，指定特定的汇出金额，并提供收款人的电子邮件账号给 PayPal。

（3）接着 PayPal 向收款人发出电子邮件，通知其有等待领取或转账的款项。

（4）若收款人也是 PayPal 用户，其决定接收后，则付款人指定的款项即转给收款人。若收款人没有 PayPal 账户，则收款人须依 PayPal 电子邮件的内容指示进入网页注册，取得一个 PayPal 账户，收款人可以选择将取得的款项转换成支票寄到指定的处所、转入其个人的信用卡账户或转入另一个银行账户。

2. PayPal 账户受限

账户受限就是我们常说的账户冻结。PayPal 账户受限是指 PayPal 发现账户中存有可疑交易时为确保交易安全，对该账户进行的功能限制，主要对收款、付款和提现三大功能进行限制。账户受限的主要原因具体如下。

（1）以虚假信息注册 PayPal 账户。

（2）注册多个 PayPal 账户。

（3）账户交易数量及交易金额短期内激增。

（4）账户违规操作，如存在套现等行为。

（5）交易纠纷率较高。

（6）滥用 PayPal 买家保护。

（7）新注册的账户与受限账户有关联。

（8）出售涉及侵权等违规或禁售商品。

（9）存在其他违规违法的账户使用行为，如涉嫌使用信用卡套现、为其他用户提供提现通道或进行中转支付、涉嫌洗钱及其他金融犯罪等。

3. PayPal 的优缺点

优点：交易完全在线上完成，无开户费；用户遍布全球，适用范围广，尤其受美国用户信赖；收付双方必须都是 PayPal 用户，以此形成交易闭环；作为美国 eBay 公司旗下的支付平台，风控较好，资金风险较低。

缺点：PayPal 用户付款人（买家）的利益大于 PayPal 用户收款人（商户）的利益，交易费用主要由收款人提供；对收款人每笔交易收 2.9%～3.9%的手续费，对每笔跨境交易收取 0.5%的跨境费，对每笔提现收取 35 美元；如果一笔交易存在争议，买卖双方不能达成一致意见，那么 PayPal 会冻结卖家的整个账户，以保护买家利益。

4. 适用范围

适用于跨境电商零售行业几十到几百美元的小额交易。

（三）Cashrun Cashpay

Cashrun 公司于 2007 年 9 月在瑞士的圣加仑开始运营，为电商交易提供诈骗防范服务。2008 年 11 月，Cashrun 成立了其在新加坡的子公司——Cashrun 私人有限公司，从而扩大了其在亚洲的业务。Cashrun 公司在德国的分公司于 2009 年设立，主要扩充其在欧洲的业务。为抢占中国市场，Cashrun 于 2010 年年底在中国成立了全资子公司——Cashrun China（上海铠世宝商务咨询有限公司）。Cashrun 的核心业务是为欧洲国家，以及美国、中国的电商交易提供可靠、安全的诈骗防范及全球支付方案。Cashrun 可提供两个物超所值的服务包，即现金防护盾（CashShield）和现金支付（Cashpay）服务包。现金支付是一种国际支付方式，借助 Cashrun 完善的金融基础组织，客户可以在全球范围内以极低的成本进行转账操作。

1. 优点

优点：结算快，加快了偿付速度（2～3 天）；安全性高，有专门的风险控制防欺诈系统 CashShield，一旦出现欺诈 100%赔付，降低了退款率，使资料数据更安全；是一种多渠道集成的支付网关，可提供更多支付网关以供客户选择，能够降低汇率风险，保护客户不受高汇率及支付网关附加费用的影响；支持多种币种提现。

2. 缺点

缺点：中国市场知名度不高。

（四）Moneybookers

Moneybookers 是一家极具竞争力的网络电子银行，成立于 2002 年 4 月，是英国伦敦 Gatcombe Park 风险投资公司的子公司之一。2003 年 2 月 5 日，Moneybookers 成为世界上第一家被政府官方认可的电子银行。只要有电子邮箱地址，用户就可以注册，无须信用卡，直接凭借电子邮箱地址及带照片的身份标识，如身份证、护照、驾照传真，便可以完成认证。Moneybookers 的最大好处是不用申请美元支票，多个国际中介公司可提供兑换人民币的业务。另外，通过 Moneybookers 账户，用户可以直接把美元、欧元转账到国内的外币存折或银行卡上。此外，没有付款手续费和收款手续费是其强大的优势之一。只要激活认证便可以直接申请支票；如果不能激活，同样可以收款或付款给别人。

1. 优点

优点：以电子邮件为支付标识，付款人不需要暴露信用卡等个人信息；只需要电子邮箱地址，就可以转账；可以通过网络实时进行收付款。

2. 缺点

缺点：不允许客户有多个账户，一个客户只能注册一个账户；目前不支持未成年人注册，须年满 18 岁才可以。

（五）Payoneer

Payoneer（派安盈）成立于 2005 年，总部设在美国纽约，是 MasterCard 组织授权的具有发卡资格的机构。作为在线支付公司，其主要业务是帮助其合作伙伴，将资金下发到全球，同时也为全球客户提供美国银行或欧洲银行的收款账户，用于接收欧美电商平台和企业的贸易款项。

1. 优点

优点：无须银行账户即可注册申请 Payoneer 实体卡和虚拟卡，可在全球 200 多个国家和地区使用，可在商店刷卡，也可用于在线购物和 ATM 取现；高效，Payoneer 为跨境电商卖家提供了灵活、快捷、低费率的跨境收款方式，跨境电商卖家只需一个 Payoneer 账户即可轻松收取各大电商平台的资金，并方便地提款到本地银行账户（快则一天到账）；全世界任意 Payoneer 用户间的转账都没有手续费；可在全球任意 ATM 取现或在网点和实体店消费。

2. 缺点

缺点：手续费较高，转账到全球 200 多个国家和地区的当地银行账户，收取 2%的手续费，ATM 每天取现最多 2500 美元，每笔取现将收取 3.15 美元的固定费用，也可取人民币。

3．适用范围

适于单笔交易金额小且客户群分布广的跨境电商网站或卖家使用。

（六）Paysafecard

Paysafecard 是欧洲的一种在线支付方式，公司于 2000 年在奥地利维也纳成立。Paysafecard 在欧洲应用非常广泛，涉及游戏、音乐、电影、体育、娱乐行业等，但主要适用于游戏在线支付，如游戏充值、Skype 充值等。Paysafecard 在全球有超过 600 000 个销售网点，仅 2017 年就发生了 1.2 亿笔交易，支持 47 个国家、27 种货币、26 种语言。

Paysafecard 主要是预付卡[①]，用户可在线下销售网点或线上商店购买，输入 16 位的 PIN 码进行在线支付，无须输入个人信息或银行详细信息，也可以在"我的 Paysatecard"在线电子钱包中存储和管理多个 Paysafecard PIN，一旦用户将 PIN 添加到电子钱包中，那么只需输入 Paysafecard 用户名和密码即可支付。

1．优点

1）方便

用户无须改变支付习惯，支持海外及本地支付。用户只需要输入 16 位 PIN 码，即可充值，多种面值能适应各类型的付款项目（发售面值为 10 欧元、15 欧元、20 欧元、25 欧元、30 欧元、50 欧元、100 欧元）。

2）简单

Paysafecard 不需要银行卡或信用卡付款，也不需要个人信息即可购买；不支持拒付，无月费、无年费，申请只需 1～2 个工作日。

3）安全

Paysafecard 不可重复下载使用，使用后也没有任何顾客使用信息，如数字安全信息、使用地址等。

4）购买便捷

Paysafecard 在线下便利店、超市、报亭、烟草商店、邮局、自动售货机等均可购买，可用于游戏充值、付费文件下载、软件下载、售后服务、购买体彩等。

2．缺点

Paysafecard 的交易费用较高，对于商家而言交易费用一般在 15%左右。费用高可以说

---

① 预付卡是指发卡机构以盈利为目的，通过特定载体和形式发行的，可在特定机构购买商品或服务的预付凭证。

是预付卡支付的一个惯例，国内的游戏卡支付一般和这个费用差不多。

（七）WebMoney

WebMoney 是由成立于1998年的 WebMoney Transfer Techology 公司开发的一种在线电商支付系统，WebMoney 是俄罗斯最为普及的第三方支付工具，其次依次是 Yandex.Money、Qiwi wallet、RBK Money 和 Robokassa。WebMoney 可以在包括中国在内的全球70个国家使用。WebMoney 提供了转账需要手机短信验证、异地登录IP保护等多重保护功能，可即时到账。其支持通过独联体国家所有地区的支付终端、电子货币、预付卡和银行转账（银行卡）等方式充值。WebMoney 具有适用范围广、可线上线下付款、手续费低、无拒付、实时到账等优势。

（八）Qiwi wallet

Qiwi 是俄罗斯最大的支付服务商之一，由俄罗斯互联网集团 Mail.ru 于2007年创立，在欧洲、亚洲、非洲和美洲的22个国家开展业务。Qiwi wallet 的成功之处在于结合了当地人偏爱使用现金消费的习惯和只有5%的消费者拥有银行账户的现状。用户可以通过 Qiwi wallet 即刻支付购买产品。Qiwi wallet 拥有较完善的风险保障机制，不会产生买家撤款，因此买家使用 Qiwi wallet 付款的订单没有24小时的审核期限制，支付成功后卖家可立刻发货。Qiwi wallet 支持通过独联体国家所有地区的支付终端、电子货币、预付卡和银行转账（银行卡）等方式充值。

俄罗斯作为欧洲最大的网民国家，拥有6000万名网民，占欧洲4亿多名网民的近15%。并且每年网民数量的增速达近14%。所以，俄罗斯及其周边国家的在线市场容量大、增速快。Qiwi wallet 可以使用户在店铺里，或者在手机上完成支付。俄罗斯人民至今都保持着使用现金的习惯，现金交易量大约占到资金交易量的94%，而 Qiwi wallet 也生逢其时，每天超过400 000笔的交易足以证明 Qiwi wallet 的使用率及其强大的覆盖率。

1. 优点

用户使用率高，无须保证金，无拒付风险，操作流程简便。

2. 缺点

有交易限制，单笔限15 000卢布，每月限600 000卢布。

（九）Yandex.Money

Yandex.Money 是俄罗斯第一个电子支付系统，买家注册后，即可通过俄罗斯所有地区的支付终端、电子货币、预付卡和银行转账（银行卡）等方式向钱包内充值。Yandex.Money 可以让用户轻松、安全地在线上购买商品、给他人转账或收款。为加强交易保护，

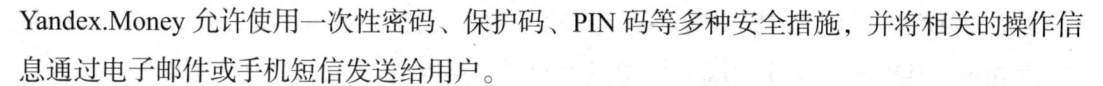

Yandex.Money 允许使用一次性密码、保护码、PIN 码等多种安全措施，并将相关的操作信息通过电子邮件或手机短信发送给用户。

其具有以下特点。

（1）充值方便，实时到账。用户可通过支付终端、电子货币、预付卡和银行转账（银行卡）等方式向钱包内充值，实时到账。

（2）无拒付风险。

（3）支持多币种交易。目前支持欧元、美元、卢布 3 种货币进行交易，且每笔交易不能超过 10 000 美元。

（4）使用范围广。独立国家或联合体国家均可使用。

（十）CashU

CashU 是中东地区和北非地区最流行的支付方式（不含信用卡），主要用于在线购物、游戏支付、电信服务、IT 服务和外汇交易等方面。CashU 可以接收来自超过 28 个国家的付款，但始终以美元显示账户金额。CashU 是一个拥有最新防欺诈和反洗钱系统的支付平台，不仅为买家和卖家避免了相关风险，还让在线支付变得更便捷、安全。

CashU 在埃及、沙特阿拉伯、科威特、利比亚及阿拉伯联合酋长国都比较受欢迎。建议有中东客户的电商企业及游戏公司接入 CashU 支付方式，Offgamers、网龙游戏已经支持 CashU 支付方式了。

1. 优点

（1）实时交易；这与 PayPal 和信用卡是一样的。

（2）不能拒付；而 PayPal 和信用卡为了保护买家，可以拒付，在 180 天内买家都可以拒付。

（3）无保证金或循环保证金；而 PayPal 和信用卡一般都会有一定的交易保证金及 10% 的循环保证金，这会给商家的资金周转造成很大的压力。

2. 缺点

交易费用相对贵一些，CashU 对于商家收取的费用为 6%～7%。

（十一）Sofortbanking

Sofort 是欧洲的一种在线银行转账支付方式，支持德国、奥地利、比利时、荷兰、瑞士、波兰、英国及意大利等国家的银行转账支付。Sofortbanking 通过集成各个国家的银行支付系统，为跨境电商提供了一个便捷、安全、创新的在线支付解决方案。

目前，已经有超过 3 万家商家集成了 Sofortbanking 支付，覆盖电商、航空及各种在线服务类行业，如 DELL、Skype、Facebook、Emirates 等都支持 Sofortbanking 支付，另外中国航空在 2012 年也开始支持 Sofortbanking 支付。在欧洲，使用 Sofortbanking 支付最多的国家是德国，其次是奥地利、比利时、瑞士、荷兰、英国、波兰、意大利、法国、西班牙、匈牙利等国家。

1. 优点

（1）实时交易。

（2）不能拒付。

（3）无保证金或循环保证金。

2. 缺点

单笔支付最高为 5000 欧元。

（十二）NETeller

NETeller（在线支付或电子钱包）是在线支付解决方案的领头羊，可免费开通，全世界有数以百万计的会员选择 NETeller 的网上转账服务。你可以把它理解成一种电子钱包或一种支付工具。刚开始大家发现在网上交易非常方便，只要轻点鼠标即可选购自己喜欢的商品，但是付款却比较麻烦，那时还没有网上银行，后来网上银行出现了，但是频频曝出银行账号被盗用的事件（包括信用卡盗用），于是充当交易双方中介的网站出现了。PayPal、NETeller 等相继诞生并发展壮大，为广大网友提供在线支付服务。它的原理是通过银行转账或电汇把钱转入 NETeller 账户，然后在网上交易时只需要在接受 NETeller 付款的网站用 NETeller 支付就可以了，不用再输入银行、信用卡账号等敏感信息，大大地增加了资金的安全性。

（十三）MOLPay

MOLPay 于 2005 年年底在马来西亚成立，是马来西亚第一家第三方支付服务公司，起初命名为 NBePay，后被 MOL AccessPortal Sdn. Bhd.收购改名为 MOLPay。MOLPay 几乎覆盖了东南亚的大部分地区。其特点如下：使用实时交易，这与 PayPal 和信用卡是一样的；MOLPay 属于非信用卡交易，因此不能拒付，但交易费用便宜，无保证金或循环保证金；MOLPay 支持多种货币支付，包括美元、马币、新加坡元、越南盾、菲律宾比索等。

（十四）Boleto

Boleto 全称是 Boleto Bancario，是一种现金付款方式，受巴西中央银行的监管。需要注意的是，Boleto 不是一家公司，它和银联、支付宝不一样，因此不存在所谓的 Boleto 官方，它只是一种付款方式而已。Boleto 翻译成英文的意思是"ticket"。

巴西有 81%的人没有可以跨境消费的信用卡，很多人只能申请本地信用卡（只支持巴西当地货币雷亚尔消费，不支持跨境消费）。使用 Boleto 收款，先要去银行给银行账户开通 Boleto 权限,银行帮助处理 Boleto 收款要收费。很多中国跨境电商企业已经发现了 Boleto 支付的重要性,不少已经支持 Boleto 支付,如全球速卖通在 2013 年的时候就开始支持 Boleto 支付,敦煌网后来也支持 Boleto 支付。

(十五) iDEAL

iDEAL 是荷兰最受欢迎的一种支付方式,超过一半的电商交易通过这一支付方式完成。2005 年,荷兰的几大标志性银行一同提出并开发了这个支付系统,在 2010 年其用户已超过 7000 万名。在荷兰,超过 1300 万名银行客户使用 iDEAL。用户无须注册,只要拥有银行账户便可以直接在网上操作。

除网店外,iDEAL 也为其他机构和个人提供服务,如向慈善机构捐款、手机充值、缴纳地方税和交通罚款等,目前超过 100 000 个网店和其他机构使用 iDEAL 在线支付服务。DEAL 具有交易无限制、无须保证金、无拒付、实时交易、操作流程简便、目标用户使用率高等优点。

(十六) Escrow

Escrow(国际支付宝),英文全称为 Alibaba.com's Escrow Service,是阿里巴巴专门针对国际贸易推出的第三方支付担保交易服务。该服务现已全面支持航空快递、海上运输等常见物流方式的订单。航空快递订单和海上运输订单已经实现了平台化,买卖双方均可在线下单。使用 Escrow,能有效避免传统贸易中买家付款后收不到货、卖家发货后收不到钱的风险。Escrow 支持部分产品的小额批发及样品、小单、试单交易,每笔订单金额小于 10 000 美元。目前支持 TNT、顺丰、邮政等多种国际运输方式。其特点如下。

1. 免费的买家服务

海外买家更倾向于和开通 Escrow 的卖家交易,丰富真实的交易记录可以提升买家的信任,减少与卖家的沟通成本,快速达成交易。Escrow 服务向买家免费开放,只在交易完成后对卖家收取手续费,买家无须支付任何费用。

2. 提供安全保障

Escrow 在收到买家全部货款后才会通知卖家发货,从而帮助卖家规避收款不全或钱货两空的风险。买家的货款将在 Escrow 账户上被暂时冻结,待买家确认收货之后再转给卖家。Escrow 提供的是第三方支付担保服务,其不只是一种支付工具。

3. 方便快捷

Escrow 支持线上支付,直接到账,使人们足不出户即可完成交易。只要海外买家有信用卡账户,并开通网银功能,就可以方便地在网上进行付款操作。即使没有信用卡账户,买家也可以通过传统的电汇、西联汇款等方式进行付款，这不会增加海外买家任何额外的操作成本。

（十七）区块链

作为新兴支付方式与技术，区块链为分布式分账技术提供了平台，不需要银行和其他金融机构等第三方来进行价值交换，解决了交易过程中的信任问题，具有更高的安全性与实用性。其特点如下。

1. 安全性

当前，移动支付已经得到了广泛普及，但也隐藏着很大的安全问题，区块链的出现能够很好地解决这一难题。区块链能够对移动支付的安全给予技术支持，本质上是使交易以一个防篡改的账本为基础，从而让试图闯入用户账户的行为变得难上加难，如欺诈、重复支付、哄抬物价等问题将在区块链技术下得到有效解决。

2. 及时性

当前，移动支付的速度提升已经成为一道难题。即使诸如比特币这样的特殊虚拟交易，也需要耗费几分钟甚至几个小时才能够完成。但是，通过区块链技术，支付速度就可以超越现有水平，真正实现及时性。目前，开发人员正在继续研发更快捷的网络，通过此技术的搭建，仅仅需要几秒钟，人们就可以通过智能手机向任何地区的支付对象转账。

3. 节省性

据世界银行调查，全球平均汇款成本为7.5%左右，商业银行更是高达10%。但是，如果这一比率能够降至5%，那么每年全球的消费者可以节省至少160亿美元。因为区块链技术不需要第三方机构介入，所以用户可以向全世界任何人转账而不需要支付高昂的服务费与交易费。

另外，目前还有很多人没有开通银行账户，但通过区块链技术，人们可以直接跳过开通银行账户这一操作，直接进行贷款、转账等业务操作，大大减少了由中间环节带来的时间消耗，降低了人力成本。

4. 便捷性

在区块链技术的加持下，移动互联会变得更加便捷，现金、支票等传统媒介已成为过去。生活中人们已感受到支付宝、微信支付和大型零售方数字钱包等带来的便利。

5. 共享性

获得奖励的反馈更有利于消费者在交易中得到激励并产生二次消费。区块链技术对积分交易方式的改变，使所有交易都被记录在一个公开账本上共享，市场上所有商家都可以通过共享账本对交易记录进行监视，以防止不诚信事件的发生。

二、跨境电商线下支付方式

（一）汇款

1. 汇款的含义及其当事人

汇款也称汇付，是指汇款人（进口商）通过银行向收款人（出口商）汇寄货款的一种结算方式。

在一笔汇款业务中有以下 4 个当事人。

（1）汇款人，即付款人，通常是进口商。

（2）收款人，通常是出口商，与汇款人存在债权债务关系。

（3）汇出行，即受汇款人委托汇款的进口地银行。

（4）汇入行，即受汇出行委托付款的出口地银行，是汇出行在国外的分行或代理行。

2. 汇款的种类

（1）电汇（Telegraphic Transfer，T/T），是汇款人请求当地银行（汇出行）用电报或电传委托收款人所在地银行（汇入行）向收款人付款的一种结算方式。电汇收款速度最快，对收款人收款有利，但汇款人则要负担较高的电报费用。电汇的支付工具比较特殊，是加押电报或电传。

（2）信汇（Mail Transfer，M/T），是汇款人请求当地银行（汇出行）用银行信件委托收款人所在地银行（汇入行）向收款人付款的一种结算方式。信汇收款较电汇慢，但汇款费用低。信汇的支付工具也比较特殊，是信汇委托书。

（3）票汇（Demand Draft，D/D），是汇款人请求当地银行（汇出行）开出以出口地银行（汇入行）为付款人的银行即期汇票后，汇款人自行将其寄交收款人再由收款人到汇入行取款的结算方式。票汇的支付工具是银行即期汇票。

3. 汇款方式的支付程序

（1）汇款人填写汇款申请书，写明收款人、汇款金额、汇款方式等内容，并交款付费给汇出行。

（2）汇出行向汇入行发付款通知（汇款委托书、电报、汇票通知书等）。

（3）收款人凭汇入行的通知（在票汇时凭银行即期汇票）到汇入行取款、签收。

（4）汇入行凭收款人的取款凭证向汇出行结算。

（二）托收

1. 托收的含义及其当事人

托收是指出口商开具以进口商为付款人的汇票，委托当地银行通过它在国外的分行或代理行向进口商收取货款的结算方式。目前，应用于托收的法律是国际商会于1995年制定的《托收统一规则》(URC522)。

在一笔托收业务中有以下4个基本当事人。

（1）出口商，委托银行办理代收货款的人，出口商为债权人，即委托人或收款人。

（2）托收银行，接受出口商的委托，办理代收货款业务的银行。

（3）代收银行，接受托收银行的委托，代向付款人收款的银行。

（4）进口商，即商业汇票的付款人，也是主债务人。代收银行应将商业汇票等票据向其提示并要求其承兑或付款。

除以上4个基本当事人外，在托收中有时还有一个当事人，即提示银行。提示银行是向进口商提示商业汇票等票据的银行，通常代收银行就是提示银行，但有时代收银行会委托其他银行，如进口商所在地银行，代为提示票据。

2. 托收方式的种类

根据汇票是否随附装运单据，托收方式可分为光票托收和跟单托收。

1）光票托收

光票托收是指出口商仅开立汇票交给银行托收，并不附带任何装运单据，或者虽然有时也附带单据，如发票、付款清单等，但因这些单据不是装运单据，所以也属于光票托收。因为光票托收在付款时没有交货凭证——装运单据相交换，对进口商来说，承兑或付款后需承担收不到货物的风险，所以光票托收在国际贸易结算中使用不多，一般只用于收取佣金、样品费等小额费用。光票托收的汇票可以是即期汇票，也可以是远期汇票。

2）跟单托收

跟单托收是指出口商将汇票和装运单据一同交给银行托收。根据交单的条件不同，跟单托收分为付款交单（Document Against Payment，D/P）和承兑交单（Document Against Acceptance，D/A）两种。

（1）付款交单是指出口商装运货物之后，开具汇票，连同装运单据一起交给托收银行，托收银行通过国外的分行或代理行（代收银行）向进口商提示，进口商在付清货款后才能从代收银行那里取得装运单据，即通常所说的"一手交钱，一手交货"。

付款交单又有即期付款交单和远期付款交单之分。即期付款交单是指托收的汇票是即期汇票，在经代收银行（或提示银行）提示时，进口商必须见票付款，然后领取装运单据；远期付款交单是指托收的汇票是远期汇票，在经代收银行（或提示银行）提示时，进口商先承兑汇票，等汇票到期时再付款赎单。

（2）承兑交单是指出口商装运货物之后，开具远期汇票，连同装运单据一起交给托收银行，托收银行通过国外的分行或代理行（代收银行或提示银行）向进口商提示，进口商承兑远期汇票之后，即可取得装运单据，提取货物，待汇票到期再付清货款。

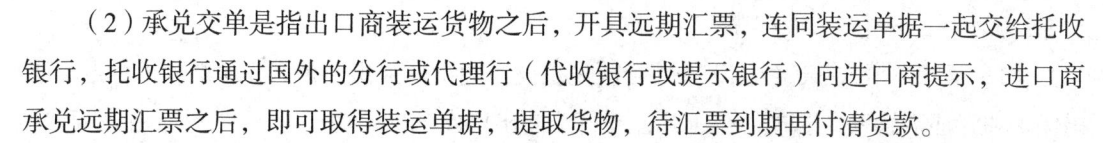

3. 托收方式的特点

（1）托收属于商业信用。托收以进口商为付款人，出口商与银行之间是委托代理关系，银行不负责保证付款。银行办理托收业务时，只是作为出口商的代理行事，既无检查装运单据是否齐全或正确的义务，又无承担付款的责任。

（2）在付款交单的情况下，进口商在没有付清货款之前，货物的所有权仍属于出口商；在承兑交单的情况下，作为汇票付款人的进口商履行承兑手续后，便可取得货运单据，货物的所有权就不再属于出口商，所以承兑交单的风险比付款交单的大。

（三）信用证

1. 信用证的含义及其主要内容

信用证（Letter of Credit，L/C）是开证银行根据开证申请人的请求，以自身的名义向受益人开立的在一定金额和一定期限内凭规定的单据承诺付款的书面文件。简而言之，信用证是一种银行开立的有条件的承诺付款的书面文件。信用证是银行做出的有条件的付款承诺，属于银行信用，采用的是逆汇法。信用证并无统一的格式，不过其主要内容基本上是相同的。

2. 信用证的当事人和支付的一般程序

1）信用证的当事人

（1）开证申请人。它是指向银行申请开立信用证的人，一般为进口商。

（2）开证银行。它是指接受开证申请人的委托，开出信用证的银行。

（3）通知银行。它是指受开证银行的委托将信用证转交给出口商（受益人）的银行。它只证明信用证的真实性，并不承担其义务。

（4）受益人。它是指信用证上指明有权使用该证的人，一般为出口商。

（5）议付银行。它是指愿意买入或贴现受益人交来跟单汇票的银行。议付银行可以是指定银行，也可以是非指定银行。

（6）付款银行。它是指信用证上指定的付款银行。如果信用证未指定付款银行，那么开证银行即为付款银行。

信用证的当事人除上述 6 个之外，根据需要还可能涉及保兑银行、偿付银行、承兑银行与转让银行等当事人。

2）信用证支付的一般程序

（1）开证申请人（进口商）按照合同规定向当地银行提出申请，并缴纳若干押金（或担保）和开证手续费，要求银行（开证银行）向出口商开出信用证。

（2）开证银行开出信用证，并将其交给受益人（出口商）所在地的通知银行。

（3）通知银行接到信用证，并经审查核实无误后将其转交受益人（出口商）。

（4）受益人（出口商）对照合同核对信用证无误后，按规定条件装运货物。

（5）受益人（出口商）发货后，备妥信用证规定的各项单据连同汇票在信用证有效期内送请当地银行（议付银行）议付。

（6）议付银行将单据与信用证核对无误后，按汇票金额扣除利息和手续费将货款垫付给受益人（出口商），即为议付。

（7）议付银行将单据等寄交开证银行或其指定的付款银行要求付款。

（8）付款银行或开证银行审核汇票、单据无误后，付款给议付银行，同时通知开证申请人付款赎单。

（9）开证申请人付款并取得装运单据，并凭以向承运人提货。

3. 信用证的特点

1）信用证是一项独立文件

信用证虽然以贸易合同为基础，但它一经开立，就成为独立于贸易合同之外的另一种契约。贸易合同是买卖双方之间签订的契约，只对买卖双方有约束力；信用证则是开证银行与受益人之间的契约，开证银行和受益人及参与信用证业务的其他银行均应受信用证的约束，但这些银行当事人与贸易合同无关，故不受贸易合同的约束。

2）开证银行是第一付款人

信用证属于银行信用，由开证银行以自己的信用做出付款保证，开证银行提供的是信用而不是资金。在符合信用证规定的条件下，先由开证银行承担付款责任。根据《跟单信用证统一惯例》（UCP600）的规定，信用证是一项约定，无论其如何命名或描述，该约定不可撤销，并因此构成开证银行对于相符提示予以兑付的确定承诺。

3）信用证业务处理的是单据

根据《跟单信用证统一惯例》（UCP600）的规定，银行处理的是单据，而不是单据所涉及的货物、服务或履约行为。可见，信用证业务是一种纯粹的凭单据付款的业务。所以，在使用信用证支付的条件下，受益人要想安全、及时地收到货款，必须做到单单一致、单证一致。

（四）西联汇款

西联汇款是一种全球性的汇款方式，业务发起公司为西联国际汇款公司，该公司是世

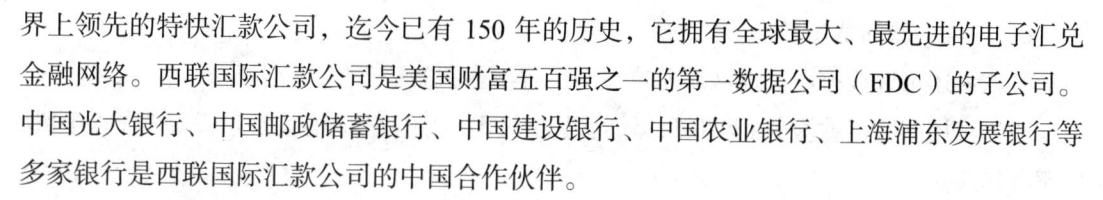

界上领先的特快汇款公司,迄今已有 150 年的历史,它拥有全球最大、最先进的电子汇兑金融网络。西联国际汇款公司是美国财富五百强之一的第一数据公司(FDC)的子公司。中国光大银行、中国邮政储蓄银行、中国建设银行、中国农业银行、上海浦东发展银行等多家银行是西联国际汇款公司的中国合作伙伴。

1. 汇款流程

西联汇款有两种汇款方式可供选择:合作银行网点汇款和电子渠道(网上银行和手机银行)汇款。

办理汇款需到西联汇款合作网点,填写收款人的详细信息,其余的工作由西联汇款合作网点完成。西联汇款在全球共有 500 000 多个合作网点,遍及 200 多个国家和地区。

汇款流程具体如下。

1)填写汇款表单

汇款人填写提供的表单,然后向合作网点出示身份证或其他证件。

2)支付汇款手续费

汇款人将要汇出的款项连同必要的服务费用一起交给合作网点。

3)签名并接收收据

汇款人在确认所有信息均无误之后,需要签署一张收据。收据所打印的内容之一是汇款人的汇款监控号码(MTCN)。汇款人可使用 MTCN 联机(在网上)跟踪汇款的状态。

4)通知收款人

合作网点与收款人取得联系,将一些必要信息告诉他/她,如汇款人姓名、汇款金额、汇款监控号码和汇款国家/地区。直接到账汇款服务——新加坡的客户可以汇款到中国的银行卡账户,如收款人第一次使用直接汇款至中国的银行卡账户的服务,则应在北京时间早 8:00 和晚 8:00 之间拨打中国服务热线核实如下信息。

(1)收款人的中文姓名和汇款监控号码。

(2)收款人的有效身份证号码。

(3)收款银行的名称和银行卡账号。

同一收汇人第一次使用直接到账汇款服务以后,再次使用时则不需要再拨打中国服务热线核实必要信息。但如果收汇人的必要信息有所改变(例如,汇款至同一银行的另一银行卡账户),则需要拨打中国服务热线,核实必要信息。

5)跟踪汇款

转到西联网站主页上的"跟踪"链接后,汇款人可通过键入汇款人姓名的拼音和汇款监控号码来跟踪汇款的状态。

6）检查汇款的状态

汇款人还可以拨打中国地区服务热线来了解汇款状态。

查询直接到账汇款服务（西联只提供从新加坡汇至中国的该汇款服务），请拨打中国地区服务热线。

2. 取款流程

西联汇款有 3 种收款方式可供选择：合作银行网点收款、电子渠道（网上银行和手机银行）收款、直接到账收款服务。

取款流程具体如下。

1）确认款项

收款人在前往西联合作网点之前，请确保汇款已经可以提取。收款人可以直接联系汇款人进行确认，也可以在网上跟踪汇款状态。

2）前往合作网点

收款人携带以下信息：汇款人的姓名（包括姓、中间名和名）、汇款国家/地区、汇款金额、汇款监控号码、带有照片的身份证。

3）填写表单

收款人只需填写表单并向合作网点提供汇款监控号码和带有照片的身份证。

4）签署收据

合作网点将会给收款人一张收据，收款人阅读其全部内容后在上面签名。

5）取款

合作网点随后会将款项连同收据一同交给收款人。交易完成。

（五）速汇金

速汇金（Money Gram）是一种个人间的环球快速汇款业务，可在十余分钟内完成由汇款人到收款人的汇款，具有快捷便利的特点。速汇金也是与西联汇款相似的一家汇款机构。速汇金在国内的合作伙伴有中国银行、工商银行、交通银行、中信银行。我国是外汇管制国家，国外公司给国内公司汇款需要有汇款的理由，不能随便汇款，而且速汇金是针对个人的。通过速汇金系统办理汇出款业务，目前仅限于美元办理速汇金汇出款业务。

1. 优点

1）汇款速度快

在速汇金代理网点（包括汇出网点和解付网点）能够正常受理业务的情况下，汇款在汇出后十几分钟内即可到达收款人账户。

2）收费合理

速汇金收费采用的是超额收费标准，在一定的汇款金额内，汇款的费用相对较低，无其他附加费用和不可知费用，即无中间行费、无电报费。用户可事先通过网上查询手续费：用户打开 MoneyGram 的网站首页，单击左侧的"How to send money"按钮，然后单击右边的"How much"按钮，输入汇款金额即可知道要付多少手续费。

3）手续简单

汇款人无须选择复杂的汇款路径，收款人无须事先开立银行账户，即可实现资金划转。如果汇美元支取人民币，则此业务为结汇业务，无论是境内个人还是境外个人，每人每年凭本人有效身份证件可结汇等值 5 万美元（含），即不再限制单笔结汇金额，只要当年不超过 5 万美元即可。当客户汇了一笔速汇金汇款的时候，收款人只要凭客户提供的八位数汇款编号，然后到当地合作银行的速汇金汇款柜台，带上身份证填写一张收款表格即可取款。

2. 缺点

与西联汇款相比，速汇金在以下两方面存在局限性。

（1）速汇金仅在工作日提供汇款服务，而且办理速度缓慢，一年中速汇金办理汇款业务的天数不超过 300 天，而西联汇款则 365 天营业。

（2）速汇金的合作伙伴银行对速汇金汇款业务不提供 VIP 服务，而西联汇款提供全国 VIP 专窗服务。

（六）离岸账户

离岸账户（Offshore Account）也称 OSA 账户，是境外机构按规定在依法取得离岸银行业务经营资格的境内银行离岸业务部开立的账户，属于境外账户。离岸账户只支持公司开户，不支持个人开户。离岸银行在金融学上是指存款人在其居住国家以外开设账户的银行；相反，位于存款人所居住国内的银行则称为在岸银行或境内银行。离岸账户相对于 NRA 账户（人民币银行估算账户）来说，受外汇管制更少，从资金的安全性角度来看，离岸账户要安全些，受国家外汇管理局的监管没那么严格。

1. 优点

1）资金调拨自由

公司客户的离岸账户等同于在境外银行开设的账户，公司客户可以从离岸账户上自由调拨资金，不受国家外汇管制。

2）存款利率、品种不受限制

存款利率、品种不受境内监管限制，比境外银行同类存款利率优惠、存取灵活，特别是大额存款，可根据公司客户需要在利率、期限等方面"量身定做"，灵活方便。

3）免征存款利息税

中国政府对离岸存款取得的利息免征存款利息税，使离岸存款实际净收益更为可观。

4）提高境内外资金综合使用效率

公司客户可充分利用银行既可提供在岸业务同时又具备境外银行业务功能的全方位服务的特点，降低资金利用成本，加快境内外资金周转，提高资金使用效率。

5）境内操控，境外运作

公司客户可以通过网上银行对离岸账户进行操作。

2. 缺点

离岸账户因其不在公司营业地，公司客户的相应服务可能产生不便，同时开设离岸账户的起点资金金额一般较高，因此主要服务于规模较大的公司客户。

3. 适用范围

离岸账户主要用于业务收款、税务筹划、海外投资、支付外汇、支付佣金等，适用于传统外贸及跨境电商中已有一定交易规模的公司。

综上，由于跨境电商线下支付主要采用汇款、托收、信用证等方式，存在支付环节链条较复杂、结算系统匹配不高、支付效率低、结算速度慢、支付成本高等问题。"一带一路"沿线各国正处在快速发展时期，有强烈的发展愿望，与我国经贸、金融等领域的往来日益密切，传统的中心化跨境支付模式已难以满足我国装备制造、基础设施建设、贸易投资等领域高速发展态势的支付需求，现有的跨境支付基础设施仍存在连而不通、通而不畅的情况，特别是在当前以美元为主导的国际货币体系下，政府机构还应积极预防美元汇率波动带来的全球性经济危机。因此，在金融风险防范、征信系统局限、双边及多边合作、物资追本溯源等方面我国仍面临巨大挑战。

三、跨境电商支付方式所存在的问题

（一）跨境电商支付的安全性较低

"一带一路"沿线国家快速扩大的跨境电商规模使跨境电商支付被迫加速量增，但相关保障性措施还未来得及制定和完善，导致"一带一路"沿线国家的跨境支付安全还得不到充分保障。截至2023年1月，我国已与151个国家、32个国际组织签署200余份共建"一带一路"合作文件，因此"一带一路"倡议涉及国家较多。

从跨境电商支付企业看，"一带一路"沿线国家间的地理距离远、时差大、地域文化差异明显，这些因素使跨境电商支付企业面临着来自三方面的风险。第一，由于缺乏多元化的支付方式和支付货币，由单一货币支付带来的汇率损失风险。第二，由于经验有限，尚不能跨渠道完成对客户的支付，面临损失客户的风险。第三，更多跨境支付工具的出现，

使跨境电商支付企业为获得客户资源而竞争，在相关规章制度尚未在"一带一路"沿线国家形成的情况下，可能出现恶性市场竞争。

（二）缺乏通用的跨境电商支付监管框架

跨境电商支付与跨境电商一样均是市场端开始发力、政策法规后续相继出台的经济事物，在"一带一路"区域引导跨境电商支付长远发展的监管框架即使在一国范围内都是空白的，在整个区域内能够统一监管跨境电商支付的规则制度更是鲜有。以中国为例，自2010年以来，中国发布了一系列关于跨境电商支付的监管规定（见表9-1）。

表 9-1 我国关于跨境电商支付监管规定一览表

时间	发布主体	跨境支付监管规定
2010年6月	中国人民银行	《非金融机构支付服务管理办法》
2012年12月	中国人民银行	在支付系统中增加跨境支付清算功能
2013年2月	国家外汇管理局	《支付机构跨境电子商务外汇支付业务试点指导意见》
2013年3月	国家外汇管理局	《银行卡收单业务管理办法（征求意见稿）》
2013年9月	国家外汇管理局	将支付宝、财付通、快钱等17家第三方支付企业设为跨境支付业务试点
2015年1月	国家外汇管理局	《关于开展支付机构跨境外汇支付业务试点的通知》
2015年6月	国务院办公厅	《关于促进跨境电子商务健康快速发展的指导意见》
2017年8月	中国人民银行	正式推出网联，切实迈出对互联网金融监管的第一步
2021年3月	中国人民银行	《非银行支付机构客户备付金存管办法》
2021年7月	中国人民银行	《非银行支付机构重大事项报告管理办法》

可见，有关跨境电商支付的监管基本处于应对问题和解决问题的阶段，对潜在问题的预估和防范能力偏弱。"一带一路"沿线国家在跨境电商支付监管领域遭遇的问题迥异，监管规范进程差别较大，统一的监管框架建设尚为空白，这极大地阻碍了"一带一路"区域融入世界金融体系的步伐。

（三）缺乏统一的跨境电商支付平台

"一带一路"沿线国家的电商发展水平差异较大，市场需求规模有别，因此各国对跨境电商支付的关注和跨境电商支付的发展程度不一样。目前，部分国家已经依据贸易合作伙伴的一般情况建构了基本能满足自身需求的跨境电商支付平台。前文已有说明，在此不再赘述。

综上，"一带一路"沿线国家和地区基本都有自己习惯的跨境电商支付平台，但因支付方式、支付币种、政治因素、风俗习惯等，这些平台均致力于满足现有客户群体的需求，均以壮大自己的发展为目标，平台互认度极低，致使跨平台、跨区域支付效率低下。同时，又由于有限的流量被严重分散，区域内的跨境电商支付平台缺乏做大做强的基础。

第三节 "一带一路"跨境电商支付模式

就当前来看,我国非银行机构在跨境业务中主要的支付模式有两类。第一类是跨境电商人民币支付模式,此模式是由支付机构依托商业银行,通过商业银行向当地外汇管理局申请支付,受我国央行各分支机构跨境办属地管理。这类支付模式的应用场景主要集中在"一带一路"沿线对人民币的接受度较高的国家。第二类是跨境电商第三方支付模式。从模式上看两者流程基本一致,都是通过收取人民币或外币,进行购汇或结汇并向境内外商家结算的流程,其区别主要在于依托的消费贸易场景不同。

一、跨境电商人民币支付模式

目前,支付机构开展跨境人民币支付业务主要是和境内商业银行合作,并通过境内商业银行向"一带一路"沿线国家的跨境办提交申请材料来完成。这种跨境电商人民币支付模式主要用于"一带一路"沿线国家的项目建设、进行大宗商品交易等,跨境电商企业较少使用该支付模式。截至 2021 年年底,中国与 22 个"一带一路"沿线国家签署了双边本币互换协议,在 8 个"一带一路"沿线国家建立了人民币清算行(见表 9-2)。

表 9-2 "一带一路"沿线国家人民币清算行一览表

时间	国家	清算行
2013 年 2 月	新加坡	中国工商银行新加坡分行
2014 年 11 月	卡塔尔	中国工商银行多哈分行
2015 年 1 月	马来西亚	中国银行(马来西亚)有限公司
2015 年 1 月	泰国	中国工商银行(泰国)有限公司
2015 年 6 月	匈牙利	中国银行匈牙利分行
2016 年 9 月	俄罗斯	中国工商银行(莫斯科)股份有限公司
2016 年 12 月	阿拉伯联合酋长国	中国农业银行迪拜分行
2019 年 9 月	菲律宾	中国银行马尼拉分行

(资料来源:中国人民银行《2022 年人民币国际化报告》)

二、跨境电商第三方支付模式

境内买家购买境外卖家的商品时,通过第三方支付机构,直接支付人民币购买外币标价的商品,第三方支付机构代买家通过境内合作的商业银行进行购汇并向境外卖家支付。境外买家购买境内卖家的商品时,也通过第三方支付机构,直接支付外币,第三方支付机构代境外买家通过境内合作的商业银行进行结汇并向境内卖家支付。

跨境电商人民币支付模式和跨境电商第三方支付模式的支付流程基本一致,只不过是充当购汇或结汇的主体因依托的消费贸易场景不同而有所区别。通过第三方支付机构进行购汇及结汇的跨境电商企业所占比重较大,因此我们将以跨境电商第三方支付模式为例介绍"一带一路"跨境电商支付资金的出入境流程。

(一)跨境电商支付资金的出境流程

跨境电商支付资金的出境流程(见图9-1)主要是境内买家购买境外卖家商品时的流程,境内买家向已取得跨境支付牌照的第三方支付机构以人民币付款,第三方支付机构通过其合作银行进行购汇,换得外币之后再与境外卖家以外币进行结算。

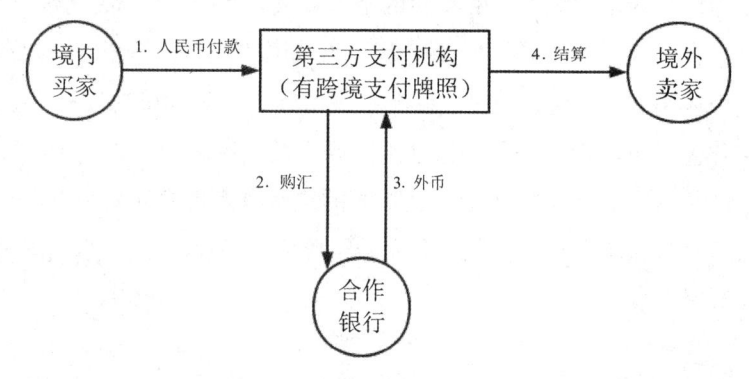

图9-1 跨境电商支付资金的出境流程

(二)跨境电商支付资金的入境流程

跨境电商支付资金的入境流程(见图9-2)主要是境外买家购买境内卖家商品时的流程,境外买家向已取得跨境支付牌照的第三方支付机构以外币付款,第三方支付机构通过其合作银行进行结汇,换得人民币之后再与境内卖家以人民币进行结算。

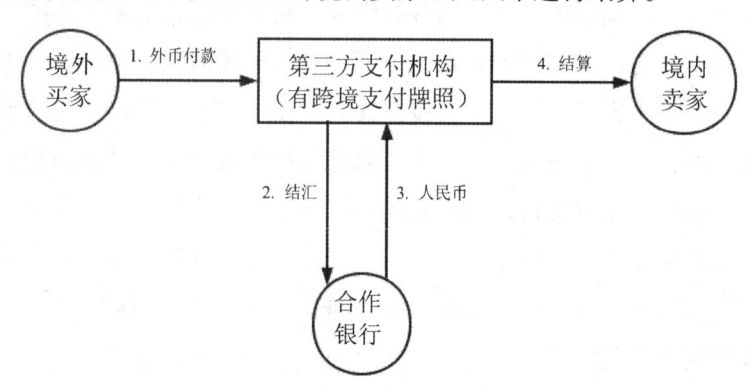

图9-2 跨境电商支付资金的入境流程

与跨境电商人民币支付模式相比,跨境电商第三方支付模式以外币结算,可以为跨境电商卖家省去币种兑换的麻烦,缩短了支付周期,以前要十几天才能完成整个付款流程,现在只需要"T+3"日就可以完成,同时也使买家避免了货币汇兑的汇差损失。对于第三方支付机构来说,跨境支付牌照是国家外汇管理局签发的,而人民币跨境支付许可则是由中国人民银行签发的。

第四节 "一带一路"跨境电商支付风险及控制

首先,部分"一带一路"沿线国家存在较高的地缘政治风险。一些沿线国家的利益冲突导致以人民币为结算货币开展贸易和支付的阻力较大。其次,"一带一路"沿线国家的资源和经济发展水平存在较大的差异。"一带一路"沿线国家众多,部分国家如欧盟国家使用的欧元在世界货币体系中占有绝对优势,影响人民币成为结算货币的进程。再次,"一带一路"沿线国家文化差异也较大。一些国家处于民族宗教冲突之中,不利于跨境电商支付业务的发展。最后,"一带一路"沿线国家快速扩大的跨境电商规模使跨境电商支付被迫加速量增,但相关保障性措施还未来得及制定和完善,目前,"一带一路"沿线国家的跨境电商支付安全还得不到充分保障。

一、跨境电商支付风险

(一)跨境电商支付欺诈风险

跨境电商支付欺诈是很多跨境电商企业都遭遇过的问题,给企业带来了不小的损失,而因担心损失拒绝潜在客户的案例比比皆是,这些都严重影响了企业的发展和客户的体验。电商的发展使电子支付在支付体系中占据越来越大的比重,欧美地区的客户习惯用信用卡支付,而"一带一路"沿线国家倾向于捆绑借记卡、储蓄卡,所采用的支付方式有凭密支付和免密支付。目前,这两种支付方式在"一带一路"沿线国家应用广泛,凭密支付一般需要发卡行、收单行等多方验证及支持,授权失败率比较高,尤其是在美国等传统上习惯免密支付的国家,授权失败率高达50%。为了降低授权失败率、提升用户的支付体验,大多数跨境电商企业倾向于免密支付,用户只需输入卡号、有效期及CVV码即可完成支付。这虽然提高了支付的成功率,但也方便了犯罪分子进行支付欺诈。不同于境内支付,跨境电商支付过程中发生的大多数支付欺诈事件的追溯流程很长,往往要2~3个月才能判定是否属于支付欺诈行为,并且跨境电商支付方往往遍布全球各地,这个支付方来自秘鲁,另一个支付方可能来自英国,这实际上非常考验跨境支付过程中风险管理的有效性。跨境电商支付还要承受全天24小时来自全球犯罪分子的攻击。这都给跨境电商支付的风险管理提出了巨大的挑战。

（二）跨境电商支付交易风险

因为跨境电商支付的整个交易流程涉及各方主体的交互，所以跨境电商支付交易风险也一直是跨境电商支付发展的关键。跨境电商交易涉及多方主体，部分交易风险不可规避，主要有两类。一类是源于第三方电商平台的不合规交易风险，由于"一带一路"沿线国家的第三方电商平台大多处于成长状态，为获得较高的利益，各平台大多会放弃成本较高但效果更好的大数据分析来审核相关信息，倾向于采用成本较低的方式来审核相关信息。这会加剧虚假信息的泛滥，甚至部分主体会以服务贸易或货物贸易的方式转移外汇资金，扰乱跨境电商支付秩序，威胁国家资金安全。另一类是源于用户遭遇的交易风险，由于"一带一路"沿线国家的消费者普遍缺乏互联网金融意识，故个人信息、账号、银行卡等信息有泄漏和丢失的风险，他们将面对个人隐私信息被窃取、账号被盗、银行卡被盗用、支付信息丢失等情况，这些都对跨境电商支付交易安全提出了更高的要求。

（三）跨境电商交易资金风险

跨境电商使诸多中小商家可以直接将经济交易半径延伸至境外，但当前"一带一路"沿线国家的跨境电商平台都以买家利益为主。发生纠纷时，卖家资产多被跨境电商平台冻结，若要申诉还需要聘请律师，很多中小卖家因时间、财力等因素而放弃申诉承受损失。因此，很多从事跨境电商的中小卖家由于自身资金实力不足，除了看重跨境电商支付过程中的支付成本、放款效率等，对资金的安全问题也一直很关注。但很多中小卖家对跨境电商平台的相关条款并没有完全理解，也不熟悉国外的法律法规。例如，Wish、eBay等跨境电商平台很多时候都更重视买家的利益，在碰到纠纷时往往会为买家考虑，而让卖家遭受损失。近几年发生的 eBay 和 Wish 的大规模纠纷事件就直接反映了中国卖家在发生纠纷时的弱势。当发生知识产权纠纷或交易纠纷的时候，卖家资金往往会很快被跨境电商平台冻结，由于这些平台在中国没有合适的法律主体，中国卖家要向平台申诉还要赴海外聘请当地律师。从中国中小卖家的角度出发，它们既没有时间又没有精力来完成相应的上诉流程，只能放弃申诉承受损失。

二、跨境电商支付风险控制

（一）建立风险管理体系，开展数据监控

建立一套完整的风险管理体系无论是对跨境电商企业，还是对第三方支付平台都非常重要。面对跨境电商支付欺诈风险，企业可以通过账户安全、交易安全、卖家安全、信息安全、系统安全五大安全模块的组合来建立风险管理体系，从而防止账户出现被盗用和信息泄露的可能性。除了建立风险管理体系，企业还可以通过建立以数据驱动为核心的反欺诈系统来进行风险管控。不同于传统反欺诈系统运用的签名识别、证照校验、设备指纹校

验、IP地址确认等审核方式，跨境电商支付反欺诈系统应拥有强大的实施模型、灵活的风险规则和专业的反欺诈人员判断。第三方电商平台还应该加强行业内部的风险共享和合作机制，因为一般犯罪分子在盗取一批信用卡信息之后会在多个交易平台上反复使用，以实现价值的最大化，且往往把风控能力最弱的一方作为突破口，所以建立风险共享与合作机制非常必要，要从根本上有效提升整体的风险防控能力。

（二）履行相关责任，保证交易真实

在跨境电商支付交易的过程中，第三方支付机构应严格按照相关法律法规，并遵循有关部门发布的指导意见审核交易信息的真实性及交易双方的身份信息。第三方支付机构可适当增加交易过程中的信息交互环节，并留存交易双方的身份信息以备查，对有异常的交易及账号进行及时预警，按时将自身的相关业务信息上报给国家相关部门。国家相关部门也应定期抽查并审核交易双方的身份信息，并对没有严格执行规定的第三方支付机构进行处罚；同时应制定科学的监管方案对第三方支付机构进行监管，并促进第三方支付机构和海关、工商、税务部门进行合作，建立跨境贸易信息共享平台，使监测更加准确和高效。第三方支付机构也应加大对技术的研发力度，提升跨境电商支付的安全性，增强跨境电商支付交易数据的保密程度，利用大数据及国内云技术的优势对交易双方进行身份审核并分级，从而为境内外客户提供更加安全、更加有保障的购物环境。

（三）遵守知识产权，合法进行申诉

随着国家的大力推动，跨境电商从原来的粗放式模式慢慢向精细化模式发展。跨境电商企业要真正解决跨境交易的资金风险，首先，要做的就是合规经营，以知识产权为核心，同时注重企业产品的品质，并且要努力、持续地学习各个跨境电商平台的规则和条款，尤其是涉及资金安全的条款。其次，在遇到跨境电商交易纠纷的时候，跨境电商企业应该认识到个体的力量是弱小的。遭到资金冻结的企业一方面应积极了解相关法律法规，另一方面也可以聚拢起来利用行业协会的优势，积极取得诉讼的主动权，以保证自身的资金安全。

第五节 "一带一路"跨境电商出口退税

自2013年"一带一路"倡议提出以来，为更好地服务"一带一路"倡议，我国对跨境电商出口税收政策进行了密集调整，即对跨境电商综合试验区的出口退税政策"松绑"。税务部门持续深化"放管服"改革，持续优化税收环境，提升出口退税质效，为企业减负担、增活力。例如，国家税务总局杭州市余杭区税务局专门针对出口企业开设"一带一路"企业绿色通道，建立定期联系制度，提供个性化服务。目前，我国尚未出台针对"一带一路"

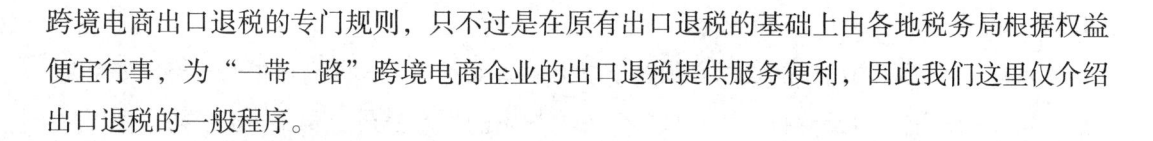

跨境电商出口退税的专门规则，只不过是在原有出口退税的基础上由各地税务局根据权益便宜行事，为"一带一路"跨境电商企业的出口退税提供服务便利，因此我们这里仅介绍出口退税的一般程序。

一、出口退税的概念

出口退税是国家对出口货物实行的零税率政策，其具体实施方法是国家对出口货物退还或免征其在国内生产和流通环节已经按国家税法缴纳的增值税和消费税。出口退税可以保证我国的利益，防止出口货物被双重征税，这样一来，我国的货物在进入国际市场时，价格就会比较低，增强了我国出口货物在国际市场上的竞争力，扩大了出口创汇。

二、出口退税的货物

一般情况下，只有以下几种货物，才可以获得出口退税。

1. 增值税和消费税征收范围内的出口货物

我国出口退税要求出口货物在增值税和消费税征收范围内。该范围包括所有的增值税应税货物，以及烟、酒、化妆品等11类征收消费税的消费品，但不含直接向农业生产者所收购的免税农产品。

我国的出口退税政策具有"未征不退"的特点，而且只对已经征收过增值税和消费税的出口货物退还其已纳税额或免征其应纳税额，未征收过增值税和消费税的出口货物则不能退税。

2. 报关离境出口货物

出口货物一般有两种出口方式，分别为自营出口和委托代理出口。想要办理出口退税，货物必须已经报关离境出口，这是国家政策及税务机关对出口退税的硬性规定。

货物如果在国内销售而没有报关离境，无论出口商对其以外汇质算还是以人民币结算，即使在财务上对其做了销售处理，也不能视其为出口货物，不能办理出口退税（另有规定的除外）。

在境内经营以外汇结算的特殊货物，如国际宾馆、饭店等，因为其经营过程在实质上并没有离境，所以也不能办理退税。

3. 在财务上作为销售处理的货物

出口退税一般仅适用于贸易性出口货物，对于礼品、展品、样品、个人购买随身带离出境的商品（另有规定的除外）、邮寄品等非贸易性出口货物，因其在财务上普遍不作为销售处理，所以按照相关规定也无法办理出口退税。

4. 已收汇并经核销的货物

依据我国相关规定，只有已经收汇而且经过外汇部门核销的出口货物，才能申请办理出口退税。

国家规定外贸公司出口的货物必须属于以上 4 种类型之一，才有退税的资格。如果是生产公司（如有进出口经营权的生产公司、外商投资的生产公司、委托外贸公司代理出口的生产公司）申请办理出口退税，则货物必须是由生产公司自己生产的，或者是可以看作自己生产的，才可以申请出口退税。

出口企业想要获得出口货物的出口退税，则必须按照国家税务机关的相关规定，使货物符合以上条件，才能办理出口退税。

三、出口退税的流程

出口退税的办理是包含在货物出口全过程之中的，出口企业从货物出口开始直到取得退税款一共要经历 10 个步骤，如图 9-3 所示。在办理出口退税时，出口企业须注意办理退税登记、准备出口退税材料、退税款核算 3 个方面。

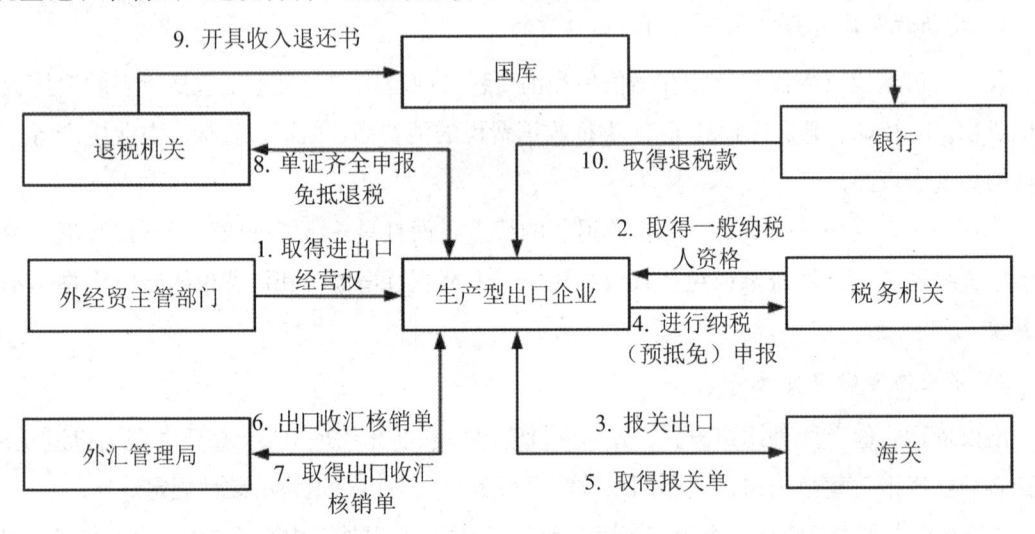

图 9-3　出口退税的详细流程

注：国库拨款到银行不算作步骤之一。

1. 办理退税登记

出口企业办理退税登记是指我国出口企业在具备出口经营权以后必须到税务机关办理书面登记，一般包括注册、变更、注销登记和年检，是我国所有出口企业办理出口退税必不可少的一个过程。

在办理对外贸易经营者备案登记或签订第一份委托出口协议之日起 30 天之内，出口企业应该准备好相关材料，到税务机关办理出口退（免）税资格认定。出口企业只有具备了退税资格，才能进行退税登记。

出口企业在办理出口退税登记之前，应该先审视自身是否满足经营出口产品业务、持有工商行政管理部门所发营业执照、具有法人地位且实行独立经济核算3个基本条件，只有满足以上条件，才能进行退税登记。

一般情况下，退税登记分为以下3个环节。

（1）在相关文件检验完毕后领取出口退税登记表。

（2）按要求填写出口退税登记表并加盖企业公章，与出口产品经营权、工商登记证明材料一起提交税务机关，税务机关审核无误即代表登记被受理。

（3）税务机关发放出口退税登记证。

2. 准备出口退税材料

出口退税是外贸环节中的重要一环，所有出口企业都应该对其有所重视，是否能够退税在一定程度上决定着出口企业的利益。办理出口退税涉及税务机关、海关、外经贸主管部门、外汇管理局等诸多单位，所需要的单证比较繁杂，业务员在办理过程中应仔细准备材料，避免退税被延误。所需材料具体如下。

（1）报关单原件。

（2）出口货物发票原件。

（3）出口收汇核销单原件，也可以提供远期收汇备案证明。

（4）增值税专用发票原件。

（5）如果有代理业务，出口企业还需要提供代理出口货物证明及代理协议原件。

（6）企业出口退税进货明细申报表、企业出口退税出口明细申报表、企业出口退税汇总申报表。

（7）出口退税申报软件中生成的电子数据。

（8）出口货物销售明细。

（9）需要的其他材料。

3. 退税款核算

退税款的核算很重要，关系到出口企业的收益。我国目前实行的退税方法大体分为两种：一为免、抵、退税；二为先征后退。两种方法分别适用于不同的条件。

（1）免、抵、退税一般适用于自身具有进出口经营权的生产企业自营出口的自产货物（也包括委托出口）。这种方法以出口货物的离岸价为计税依据，它的退税率与出口企业出口获得的退税率是一致的。

免、抵、退税对于出口货物的应退税款采取的并不是全额退税的办法，它对出口货物实行的是首先免征其出口环节的税款，再抵消内销货物应纳的税额，最后对其应纳税额不足以抵消应退税额的部分，根据生产企业出口销售额在其当季度全部货物销售额所占的比例来确定是否退税。

免、抵、退税的计算公式如下：

当期出口货物不予免征抵扣和退税的税额=当期出口货物的离岸价×外汇人民币牌价×（征税税率-退税率）-当期海关核销免税进口料件组成计税价格×（征税税率-退税率）。

（2）先征后退一般适用于自身不具备进出口经营权的生产企业委托出口的自产货物。先征后退采用的是对于手续齐全的出口货物在出口环节所照常征收的增值税和消费税给予退税的办法。其退税一般由主管出口退税的国税部门负责。

先征后退的计算分为征税的计算和退税的计算，其中征税的计算公式如下：

出口货物销项税额=出口货物的离岸价×外汇人民币牌价×征税税率

当期应纳税额=内销货物销项税额+出口货物销项税额-进项税额

退税的计算公式如下：

应退税额=出口货物的离岸价×外汇人民币牌价×退税率。

本章小结

跨境电商支付是指分属不同关境的交易主体，在进行跨境电商交易过程中通过跨境电商平台提供的与银行之间的支付接口或第三方支付工具进行的即时跨境支付行为。"一带一路"倡议助推了跨境电商支付的发展。

"一带一路"沿线国家的电商发展水平差异较大，市场需求规模有别，因此各国对跨境电商支付的关注和跨境电商支付的发展程度不一样，部分国家已经依据贸易合作伙伴的一般情况建构了基本能满足自身需求的跨境电商支付平台。不同的支付方式差别很大，它们都有各自的优缺点。按照是否需要去柜台办理业务，跨境电商支付方式分为两大类：一种是线上支付，包括各种电子账户机构和国际信用卡支付，线上支付方式通常有交易额的限制，比较适合小额的跨境零售；另一种是线下支付，比较适合金额较大的跨境交易，主要包括汇款、托收、信用证、西联汇款、速汇金、离岸账户。"一带一路"跨境电商支付方式主要存在以下三大问题：跨境电商支付的安全性较低、缺乏通用的跨境电商支付监管框架、缺乏统一的跨境电商支付平台。

"一带一路"跨境电商支付模式主要分为跨境电商人民币支付模式和跨境电商第三方支付模式。跨境电商人民币支付模式主要用于"一带一路"沿线国家的项目建设、进行大宗商品交易等；而通过第三方支付机构进行购汇及结汇的跨境电商企业所占比重较大。

"一带一路"跨境电商支付发展过程中逐渐显现的三大风险——跨境电商支付欺诈风险、跨境电商支付交易风险、跨境电商交易资金风险，已经成为制约跨境电商产业更好、更快发展的重要因素。为控制跨境电商支付风险，可以从以下 3 方面入手：建立风险管理体系，开展数据监控；履行相关责任，保证交易真实；遵守知识产权，合法进行申诉。

出口退税是国家对出口货物实行的零税率政策，其具体实施方法是国家对出口货物退还或免征其在国内生产和流通环节已经按国家税法缴纳的增值税和消费税。出口退税货物需要满足以下条件：增值税和消费税征收范围内的出口货物、报关离境出口货物、在财务上作为销售处理的货物、已收汇并经核销的货物。

关键词

跨境电商支付	跨境电商平台	跨境电商支付模式
跨境电商人民币支付模式	跨境电商第三方支付模式	
跨境电商支付风险	跨境电商出口退税	

思考题

1. 简述跨境电商支付的概念。
2. 简述"一带一路"跨境电商线上支付方式。
3. 试分析"一带一路"跨境电商支付方式所存在的问题。
4. 简述"一带一路"跨境电商支付资金的出入境流程。
5. 试分析"一带一路"跨境电商支付风险。
6. 试分析如何控制"一带一路"跨境电商支付风险。
7. 何为出口退税？出口退税需要满足哪些条件？
8. 论述"一带一路"倡议如何助推跨境电商支付发展？

讨论题

案例 2 分析思路

CIPS 是人民币跨境独立支付系统，该系统由中国人民银行研究开发，主要是为境内及境外的金融机构提供跨境和离岸等相关业务的资金清算、结算服务。它是我国最为重要的金融基础设施之一，有着诸多的好处。众所周知，美元之所以会有现如今的地位，主要是有诸多组织机构的保驾护航。SWIFT（环球银行金融电信协会）就是其中之一，除此之外，还有世界银行、国际货币基金组织。随着全球经济一体化脚步的加快，全球大部分国家的相关机构都开始采用 SWIFT 系统，进一步奠定了美元在国际上的地位。

问题：你认为应如何借助"一带一路"倡议的东风进一步推行 CIPS，从而推动人民币的国际化？

运营管理篇

第十章

"一带一路"跨境电商选品

【学习要点】

1. 七分靠选品,三分靠运营,正确的选品策略是跨境电商卖家能够成功的重中之重。
2. "一带一路"跨境电商卖家在进行选品之前,要了解其基本原则及注意事项。
3. "一带一路"跨境电商卖家在选品时,可以根据货源定位、平台、客户需求、竞争对手、本国文化、客户端等进行选品。

【学习目标】

1. 了解"一带一路"跨境电商选品的含义及思路;
2. 了解"一带一路"跨境电商选品的注意事项;
3. 掌握"一带一路"跨境电商选品的策略;
4. 针对"一带一路"沿线国家选择合适的跨境电商商品。

第一节 "一带一路"跨境电商选品概述

一、跨境电商选品的含义及思路

影响跨境电商卖家成功的因素有很多,第一步就是如何正确进行跨境电商选品。七分靠选品,三分靠运营,正确的选品策略是跨境电商卖家能够成功的重中之重。跨境电商卖家在选品过程中,不仅要对选择的产品有一个清晰的认识,还要熟悉所从事的行业及平台。

（一）跨境电商选品的含义

从市场角色关系的角度来看，选品即卖家从供应产品中选择满足目标市场需求的产品。从这个角度来看，卖家一方面要把握用户需求，另一方面要从众多供应产品中选出质量、价格和外观能满足目标市场需求的产品。成功的选品，最终能实现供应商、用户、卖家三者的共赢。

从用户需求的角度来看，选品要满足用户对某种效用的需求，如带来生活便利、满足虚荣心、消除痛苦等生理或心理需求。

从产品的角度来看，选出的产品在外观、质量和价格等方面要能满足目标用户的需求。需求和供应都处于不断变化之中，因此选品也是一个无休止的过程。

（二）跨境电商选品的思路

卖家应在把握网站定位的前提下，进行行业动态分析和区域化用户需求分析，借助数据分析工具，进一步把握目标市场的消费规律，并选择正确的参考网站，结合供应商市场，进行选品。

1. 网站定位

网站定位，即确定网站的目标市场或目标消费群体，通过对网站整体定位的理解和把握，卖家可以选择合适的品类进行研究分析。网站定位对产品集成的要求主要体现在以下两个方面。

第一，宽度方面。拓展品类选择的维度，全面满足用户对某一类别产品的不同方面的需求，在拓宽品类宽度的同时，也提升了品类的专业度。选择产品时，卖家应考虑该品类与其他品类之间的关联性，提高关联销售度和订单产品数。

第二，深度方面。每个品类的产品数量要有规模，品种要足够丰富；产品要有梯度，体现在品种、价格等方面；挖掘品牌产品进行合作，提高品类口碑和知名度；要对目标市场进行细分研究，有针对性地选择适于各个目标市场的产品。

2. 行业动态分析

从行业的角度研究品类，了解中国出口贸易中该品类的市场规模和国家分布，对于认识品类的运作空间和方向有较大的指导意义。

目前，了解某个品类的出口贸易情况，主要有以下3种途径。

1）第三方研究机构或贸易平台发布的行业或区域市场调查报告

第三方研究机构或贸易平台具备独立的行业研究团队，这些行业研究团队具备全球化的研究视角和资源，因此它们发布的市场调查报告往往可以带来较系统的行业信息。

2）行业展会

行业展会是行业中供应商为了展示新产品和新技术、拓展渠道、促进销售、传播品牌而进行的一种宣传活动。参加展会可以获得行业的最新动态和企业动向。

3）供应商

卖家在选品时，需要与供应商进行直接沟通。资历较老的供应商对所在行业的出口情况和市场分布都很清楚，通过他们，卖家可以获得较多有价值的市场信息。需要注意的是，卖家需要先掌握一定的行业知识后再与供应商进行沟通。

3. 区域化用户需求分析

结合网站定位，并借助第三方信息（市场调查报告、行业展会等）及数据分析工具，进行区域化用户需求分析。

4. 数据分析工具

从数据来源看，数据分为内部数据和外部数据。内部数据是指企业内部经营过程中产生的数据。外部数据是指除本企业以外的其他企业、市场等产生的数据。要想做出科学、正确的选品策略，需要对内外部数据进行充分调研和分析。

1）内部数据分析

分析思路：内部数据是已上架产品的销售信息，是卖家选品成功与否的验证，也可用于指导以后选品的方向。

2）外部数据分析

分析思路：灵活运用各个分析工具全面掌握选品的数据依据。

组合方法：通过 Google Trends（谷歌趋势）工具分析品类周期性特点，把握产品开发先机；借助 Keywords（关键词搜索）工具发现品类搜索热度和品类关键词，同时借助 Alexa 工具，选择出至少 3 家竞争网站，作为对目标市场产品分析和选择的参考。

二、跨境电商选品的基本原则及注意事项

（一）跨境电商选品的基本原则

（1）产品的市场潜力要足够大，利润率要较高。根据经验，跨境电商产品的利润率一般在 50%以上。

（2）产品要适合国际物流运输，不能太大、太重或太脆。

（3）产品的操作要足够简单，否则后续的客户投诉和服务成本会非常高。

（4）企业要有自己独立的研发、包装等设计能力，不要违反平台和进口国、出口国的法律法规及侵犯知识产权。

（二）跨境电商选品的注意事项

1. 法律问题

在进行跨境电商选品时，一定不能忽视法律问题。从国际贸易的角度来看，跨境电商不能违反相关的法律法规：一是国际相关法律法规；二是出口国的法律法规；三是进口国

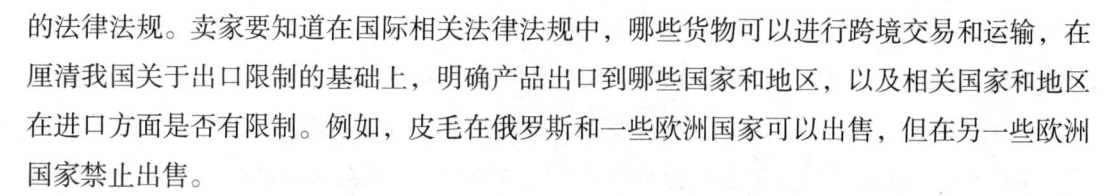

的法律法规。卖家要知道在国际相关法律法规中，哪些货物可以进行跨境交易和运输，在厘清我国关于出口限制的基础上，明确产品出口到哪些国家和地区，以及相关国家和地区在进口方面是否有限制。例如，皮毛在俄罗斯和一些欧洲国家可以出售，但在另一些欧洲国家禁止出售。

2. 市场因素

在进行跨境电商交易之前，对目标市场进行分析是必不可少的环节。例如，新兴经济体发展迅速，网购群体规模日益扩大，发展潜力巨大，但由于语言文化、物流通关、市场规范、法律法规等方面的原因，卖家为单笔交易付出的时间和人力成本相对较高；在一些发达国家，消费者的消费观念较为成熟，购物需求从满足基本生活需要提升到了提高生活品质，且物流运输相对发达，所以一些经济发达国家仍然是跨境电商网络零售的重镇。卖家必须在进行市场调研的基础上，一方面把握目标市场的需求及消费水平，另一方面从众多供应产品中选出质量、价格和外观都能满足目标市场需求的产品。

3. 侵权问题

在进行跨境电商交易时，很多商家会模仿现有爆款产品进行跟卖，但在模仿跟卖时，注意不要侵犯他人知识产权（商标权、专利权、著作权等），否则会对我国产品名誉造成较大损害。跨境电商卖家在进行选品销售时，要对侵权问题提高警惕，确认其销售的产品质量稳定、可靠，并符合中国及进口国的各项行业标准及法律法规。另外，选品销售时应拥有相关品牌的海外销售（包括网上销售）许可。

4. 货源问题

跨境电商卖家在选品时还需要注意一个问题，即货源问题。不管在哪个平台以怎样的模式进行销售，都需要货源充足。什么热卖就跟卖什么，出了单再各处找货的经营方式难以为继。

首先，建议卖家从自身比较熟悉的产品和领域入手，充分结合自身产品的优势和目标市场的趋势及消费者偏好，依靠已有货源渠道备好货品。其次，在选品品类上建议从单一类型入手。目前，跨境电商平台上产品非常多，卖家不能做到备货充足，发货时间就无法保证，成本就无法控制，就更谈不上客户服务了。最后，目前跨境电商的价格竞争越来越激烈，多品类备货也会造成很大的资金压力。

第二节 "一带一路"跨境电商选品的策略

一、根据货源定位选品

对于绝大多数跨境电商卖家来说，最难的就是"我要卖什么商品"。销量大的商品，竞争店铺太多；价格高的商品，销量低；太小众、长尾的商品又怕找不到客户。如今在跨境电商领域，根据货源定位选品成为跨境电商选品的重要策略之一。实际上，卖家在选品时先要对自己有清晰的定位，即了解自身资源。如果有雄厚的资金就可以大批量采购工厂货品；如果是中小卖家，就尽可能选择自己熟悉的品类或有良好货源的品类。卖家还要考虑公司资源储备方面是否有优势，如要进入母婴类，公司有没有母婴商品的销售经验、公司主要负责人有没有相关的从业经验。另外，卖家要从影响买家购买的因素来考虑，即物流速度、服务、产品质量和价格。因为品类的选择直接决定产品价格、物流方式等。

根据货源定位选品分为站内选品和站外选品两种。假设卖家做的是全球速卖通平台，站内选品是指在全球速卖通平台内通过各种工具进行选品，而把除全球速卖通这个运营平台之外的其他平台（如 eBay、亚马逊）作为货源出处，就是站外选品。因此，跨境电商卖家从货源定位角度进行选品时，就需要从站内、站外两方面进行分析，以下以全球速卖通为例进行说明。

（一）站内选品

站内选品实际上是选择主推商品，以下几个维度可以作为选择主推商品的依据：①平台热卖趋势，如热卖排行榜商品、市场流行趋势等；②商品价格区间，参考平台热卖商品；③数据，如销售量、添加购物车数量、收藏量、转化率、商品关键词曝光量等；④商品成本，扣除平台抽点、联盟佣金、直通车广告等费用后是否还有利润，如果没有那么要分析引流的价值，是否有带动销售；⑤商品库存，主推商品是否有库存，以及同类商品销售的延续性。

在站内选品之前，要进行站内数据调研。跨境电商平台都有自带的站内数据工具，如 eBay 的 eBay Plus、亚马逊的四大排行榜、全球速卖通的生意参谋、Wish 的跨境商户数据分析平台及敦煌网的数据智囊。以全球速卖通为例，全球速卖通生意参谋工具中的"市场"功能能为卖家选品提供相应数据参考。生意参谋是阿里巴巴重点打造的首个商家统一数据平台，面向全体卖家提供一站式、个性化、可定制的商务决策体验，集成了海量数据及店铺经营思路，不仅可以更好地为卖家提供流量、商品、交易等店铺经营全链路的数据披露、分析、解读、预测等功能，还能更好地指导卖家进行数据化运营。卖家使用"市场"功能中的"市场大盘""国家（地区）分析""搜索分析"可以对行业、商品的市场数据进行分析。

（二）站外选品

1. 站外货源

全球速卖通的站外货源基本包括 3 种。

第一,线上货源,包括国内网站和国外网站。国内网站有 1688、淘宝、天猫等。国外网站有 eBay、Bestbuy、Sears、亚马逊等主流购物网站。优点:比较方便、成本较低、货源较稳定、易操作。缺点:见不到实物。

第二,本地批发市场,属于线下货源。对于初级卖家来说,如果所在地区有成规模的产业带,或者有体量较大的批发市场,则可以考虑直接从市场上寻找现成货源。例如,江浙一带的卖家可以到义乌或温州商品批发市场去选购商品;山东、河南一带的卖家可以到临沂批发城选购;广东一带的卖家可以到深圳华强北等地选购。优点:方便、运输成本低、可见实物、可议价,且货源较稳定。缺点:无法个性化定制。

第三,实体店或工厂货源,也属于线下货源。优点:人性化,可定款、定价、定量。缺点:小批量订单对于工厂来说很难合作。

2. 站外选品策略

1)线上货源

(1)卖家可以跟卖平台热销商品或类似商品,但必须是不需要品牌授权的商品,否则很容易涉及侵权。卖家可以从现今应用较为广泛、流量较大的几个平台中分析销售排行榜,选择排名靠前的商品即目前热销的商品。

(2)销售与平台热销商品有一定差异的商品,即寻找差异化机会,如相同一款女童靴子,在价格上要有优势。

(3)上传平台没有的商品,即做第一个"吃螃蟹"的人。

2)批发市场货源

批发市场货源分为供货线上电商和供货线下实体店。批发市场货源有几个特点:货源流转快;货源季节性强;热销商品分销商众多,市场和价格竞争力大。因此,批发市场货源的选品策略:选择供货线上电商的货源,商品资料齐全;选择本季节库存稳定、拿货价格稳定的货源;选择近期热卖款、热卖类似款或者有一定差异的特色款式。

3)工厂货源

工厂货源也分为供货线上电商和供货线下实体店。针对工厂货源,建议最好选择那些货源稳定,国内有运营电商的团队,可以省掉商品图片拍照、商品描述及网络运营等工作的工厂。

总而言之,站外选品的本质是找出好卖的商品,淘汰不好卖的商品,挖掘热卖类目的蓝海商品。因此,在进行站外选品时要注意以下几点:第一,商品在于精,不在于多;第二,认准一个类目,做精做细;第三,别人好卖的,你未必卖得动;第四,与同类目商品的一点点差异就是非常好的营销利器。

3. 站外选品工具

卖家可以利用一些数据分析工具，推导出未来具有潜力的商品，如利用 Google Trends、海鹰数据等，分析未来某个品类或品牌的趋势情况，作为进入市场的必要参考。

1）Google Trends

Google Trends 是谷歌的一款数据分析工具，它可以对行业信息和经营信息进行分析，并且可以分析品类的周期性特点，挖掘出有价值的信息，以此作为选品参考。

2）海鹰数据

海鹰数据是中国跨境电商的数据分析工具，支持 Wish、Amazon、eBay 和 Shopee 等平台的数据分析，并且大部分数据功能是免费的，用户不用登录即可操作。海鹰数据主要从商品分析、店铺分析、类目分析这 3 个维度进行分析。商品分析又分为多个类别，包括热销商品、飙升商品、热销新品、飙升新品、海外仓热销飙升商品等。例如，热销商品栏目下，卖家可以设置一些参数，进而精确搜索企业所需数据。卖家通过海鹰数据可以对选品多一些灵感，但是需要对数据进行类比与分析，切不可盲目跟卖。

二、根据平台选品

跨境电商是当前经济发展的重要组成部分，在其实际发展中出现了各种各样的跨境电商平台，主要包括全球速卖通、敦煌网、eBay、Wish、亚马逊、兰亭集势等。这些不同的跨境电商平台在竞争激烈的电商市场中形成了自己独特的优势。

平台不同，选品思维也不一样。对于相同的商品，中国卖家喜欢多平台销售，但商品在每个平台所表现出来的销售情况又是不同的，所以可以当作有几个不同的销售方法，扬长避短，相互借鉴。例如，同一种商品在某一个平台销售是为了获取利润，在另一个平台销售是为了跑量提升供应链和物流折扣，在其他平台销售是为了收集用户信息做二次营销等。

（一）亚马逊平台选品

亚马逊平台的特点是以商品为导向，适合做品牌。亚马逊平台允许多个卖家共用一个商品链接。对于中国卖家来说，在亚马逊上只有跟卖 Listing 和自建 Listing 两条路线。那么，在这种情况下，中国卖家应如何选品呢？

跟卖 Listing：跟卖要选择销量好的商品，在亚马逊上跟卖的商品大多数是电子商品、汽车配件、家居商品和运动器材等标准化商品。选品思路是中国式采购思维，加上目前亚马逊的规则，很多都已经采用 FBA（亚马逊提供的代发货业务）配送，所以选择这一路线的时候，可以根据要跟卖的母 Listing 是否是品牌，来确认有无侵权风险；剩下的主要精力放到分析采购成本和计算国内物流头程上。卖家要围绕市场的销售价格区间，不断对这类商品做测试。在标题、关键词、页面、图片、本地派送一样的情况下，根据每个跟卖竞争账号的绩效表现、运营费用，判断实力强弱。卖家选品就是为了销售，这是选品的根本和核心。

  自建Listing：自建Listing的大多数是已经得到认可的品牌。选择这条路线，除品牌自有的号召力之外，标题、关键词、页面、图片等都要自己做。除账号绩效表现、物流和性价比之外，选品的核心因素是这类商品的市场销售容量。这类商品往往是非标准化和主观性商品，且是高毛利、竞争对手相对较少的小众市场商品。只有在这种情况下，才能在非中国式采购思维的门槛前，在特定的用户群和竞争较小的市场缝隙中获得发展。

（二）全球速卖通平台选品

  全球速卖通由于门槛低、操作方便、海外知名度大且背靠阿里巴巴，从而备受跨境电商中小卖家的青睐。目前，集中在全球速卖通的商品大多是时尚类商品和配件，以及小家居、运动类商品，性价比突出。因为目前全球速卖通主要面向俄罗斯及巴西等新兴电商市场，所以卖家在全球速卖通选品的时候，可以选择体积小、价格低的商品进行销售。多数中国卖家在选品时，还是以中国式采购思维为主，标题、关键词、页面、图片等都必须做好，性价比要比其他平台表现得更为突出。有心的卖家还可以按照亚马逊自建Listing的思维，做垂直化的产品线，把亚马逊的卖家品牌思路利用起来，重点利用全球速卖通的付费流量做自己的品牌店铺。不少业内人士表示，有关全球速卖通的选品并没有一定的条框或规则，也没有永远的热销商品。"人无我有，人有我优，人优我转"是卖家应该谨记的一条准则。

  全球速卖通网站推出的"潮流趋势"功能是卖家了解海外潮流趋势的一大利器，它将帮助卖家进行合理选品。"潮流趋势"是平台利用站内外大数据挖掘并整合、分析出服饰、鞋包、珠宝、手表等类目的流行趋势，希望推动有一定供应能力和市场敏锐度的卖家，开发系列新款商品，带动增长潜力。"潮流趋势"的入口是"数据纵横"—"选品专家"—"潮流趋势"。

  "潮流趋势"针对的是时尚相关行业的流行趋势，如服饰、鞋包、珠宝、手表等行业。因此，具有相关流行元素、特征、描述、关键词、图片的商品，将有机会在全球速卖通各个分站的"潮流趋势"频道中曝光，包括英文站Fashion Trending、俄文站Fashion Trending、葡文站Fashion Trending。

（三）eBay平台选品

  作为全球商务的领军者，eBay可以帮助全球消费者随时、随地、随心地购买他们所爱、所需的商品，eBay平台上的商品非常多样化，目前提供的上架商品数量已超过8亿件，种类繁多。可以说，消费者需要和喜爱的任何商品在 eBay 上都可以找到。以美国、英国、澳大利亚和德国为代表的市场目前是 eBay 中国卖家最主要的销售市场。这些市场具有人均购买力强、网购观念普及、消费习惯成熟、物流配套设施完善等特点，消费者对于商品质量、买家体验都有比较高的要求。卖家除要选择高性价比的商品之外，更重要的是要提供堪比零售标准的服务。除品牌和专营店这种战略布局经营外，其他的选品思维可用境外仓派系和中国直发派系来区分。

境外仓派系的选品思维：标题、关键词、图片、描述、本地物流选择方式等因卖家的不同而不同，所以在这些方面做得好，再结合较好的账号绩效及 eBay 实操细节，就会占有很大优势，剩下的就和跟卖思维一样；有 eBay 实操经验的人都懂，超级卖家对待新入卖家最恨的就是在性价比上"动手"（其他细节都已经调整维护完毕）。当累积到一定的销售比例后，超级卖家就拿到了定价权和引领市场均价的旗帜，其商品售价反而会高出新入卖家很多。

中国直发派系的选品思维可以用上面提到的全球速卖通的选品思维操作。可以说，两个市场是大致相同的，不同点就是平台对卖家的考核不一样和平台在受众国家（地区）的宣传力度不一样。

（四）Wish 平台选品

Wish 平台是跨境电商行业的一个特殊存在。首先，Wish 是基于移动终端开发的平台；其次，Wish 是细分类别的独家分支应用。Wish 主要针对移动终端，移动终端的显示屏展示的内容有限，因此在该平台上无法进行价格比较。相关人士表示，想在 Wish 平台上通过低价商品博得更多关注的概率相比其他平台小很多，所以卖家在选品时不能一味地选择低价商品。

细心的卖家会发现，在 Wish App 上有一行品类导航栏，显示着目前热销的商品品类。导航栏是动态变化的，系统每增加一个类目，即代表该类目处在上升趋势，是用户需要的商品品类。除要关注用户的偏好和数据之外，卖家还需要关注平台的开发和运营思路。除了 Wish App，Wish 出品的几款垂直类 App 也是卖家需要关注的对象。Wish 相继出品了 Geek、Mama、Cute、Home 4 个垂直类 App。Geek 强调的是科技感，主要侧重智能运动、健康相关方向，而不仅仅是传统的 3C 品类。Mama 倾向于母婴用品，主要上线的商品有儿童及女士服装、鞋袜、玩具、婴幼儿用品、厨房用品等，受众为年轻母亲或家庭。Cute 主要是美妆类商品，如美发、美甲工具等。Home 主营厨房、卧室、花园的相关用品或工具。这 4 个垂直类 App 的主营商品也正是 Wish 平台上深受用户喜爱和需要的商品品类，通过观察垂直类 App 的产品，卖家也可对平台推广趋势有所了解。

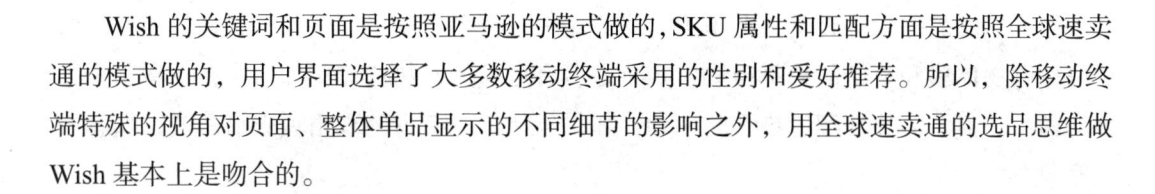

Wish 的关键词和页面是按照亚马逊的模式做的，SKU 属性和匹配方面是按照全球速卖通的模式做的，用户界面选择了大多数移动终端采用的性别和爱好推荐。所以，除移动终端特殊的视角对页面、整体单品显示的不同细节的影响之外，用全球速卖通的选品思维做 Wish 基本上是吻合的。

三、根据客户需求选品

市场经济发展背景下，为了能够使使用价值和价值实现有效交换，实现市场经济活动的有效运行，需要切实贯彻落实需求导向原则。从这一方面来讲，跨境电商在发展中，从根本上满足人们的需求，切实落实需求导向原则是非常重要的。跨境电商卖家只有满足客户需求才能顺利实现销售，而利润的获得也是在满足客户需求的基础上而实现的。简言之，只有符合客户需求的商品才能带来订单，才能有交易，反之就不会有订单，也不能实现有效交易。因此，紧紧抓住市场需求是跨境电商实现高水平发展的关键，对于促使跨境电商向着可持续方向发展起着非常重要的作用。

（一）关注国外社交软件

社交软件是流量和曝光的基点，知名博主的任意动态都可能催生出爆款，这将是某个动态市场的一个风向。参考这一具有较强影响力的因素，对选品有着重要作用。卖家可以根据目标客户的社交软件获得选品灵感，如 Instagram、YouTube 等社交软件。以 YouTube 为例，在生活区根据外国人的生活习惯来分析判断他们所需要的商品，以此来选择拥有独特作用或非常实用的生活必需品；在时尚区发现各类国外红人、潮人的最新动态，根据视频中的着装来分析当前季度国外的穿衣搭配、着装风格。

（二）了解客户的文化背景

来自不同国家、不同民族的客户有着不同的宗教、文化背景，进而影响他们的消费习惯。因为地域特性、人文因素的差别，卖家应该充分了解目标客户的文化背景，了解目标客户主要受哪种文化的影响，在选品时需要特别注意将禁售商品和敏感性商品考虑在内，尊重该地区民众的宗教和风俗习惯。例如，马来西亚信奉伊斯兰教的消费者比较偏爱星、月图案，茶叶罐上的梅、兰、荷花和牡丹图案很受他们的欢迎；泰国等信奉佛教的消费者把白象视为吉祥物，喜欢大象图案，"白象牌"电池备受欢迎，但包装造型不宜采用宗教形象；新加坡反对在商业上使用如来佛像，禁用宗教性的词句和符号标志，出口新加坡的商品所采用的瓶、罐等包装容器，其造型如果状如菩萨，则会受到谴责。

四、根据竞争对手选品

卖家在了解客户需求之后，还需要评估竞争情况，主要从以下两方面考虑。

第一，商品质量是否具有竞争力。竞争对手入驻平台质量如何？自己是否能够提供更好的购物体验和更广的选择范围？定价是否有竞争力？物流速度如何？在选择某个品类的商品之前，需要仔细考虑上述问题。如果不能提供有力的理由说服消费者，那就没有竞争力。

第二，从搜索引擎的角度来看，现在跨境电商独立站的引流主要是靠搜索引擎，甚至用户搜索的某个具体跨境商品会被搜索引擎引导到竞争对手的平台上去，需要从SEO（搜索引擎优化）的角度了解竞争对手的平台是否具有较大优势、平台搜索结果能否出现在首页。一般来说，如果已经有很多平台霸占了搜索引擎首页，那就说明在这个领域中有很多强劲的对手，很难撼动。

选品也一样，关键看是否能给客户创造出独特的价值，人无我有，人有我优，独树一帜，SEO就不是大问题。因此，卖家可以选择某一个小的品类，成为业内龙头，就有可能与大平台竞争。

五、根据本国文化选品

我国以历史悠久、文化底蕴深厚著名，世界上很多国家的人民对中国文化表示出好奇和喜爱，所以从本国文化入手也未尝不可。中国许多国货品牌深受国外人民的喜爱，若能将其喜爱的品牌或品类通过跨境电商渠道销售，那么销量不可小觑。

近年来，中国旗袍在国际舞台上曝光度颇高。米兰食博会期间，荷兰华人妇联主席熊国秀组织姐妹们穿着各自珍藏的旗袍进行了精彩的旗袍秀；很多风靡全球的红毯上，国外女星用改良旗袍作为"战衣"的新闻层出不穷。这些都证明中国旗袍在海外备受关注，存在巨大的商机。

六、根据客户端选品

选择的商品是在移动终端还是在PC端销售，和选品的决策也有很大的关系。由于移动终端的显示屏展示的内容有限，在移动终端上是无法进行价格比较的，所以卖家在选品时不能一味地选择低价商品。卖家要特别区分哪些品类和价位的商品适合在移动终端或PC端销售。

第三节 "一带一路"沿线国家跨境电商市场选品的差异

在"一带一路"倡议的推动下，一大批区域跨境电商市场正在从零散走向集中，从小到大、从弱到强，逐步走向成熟，成为中国跨境电商企业关注的新兴市场。为了拓展有巨大潜力的新兴市场,很多有发展眼光的企业充分开展市场调研,注重研究"一带一路"沿线国家跨境电商市场选品的差异。

一、东南亚市场

东南亚市场目前人口约为6.5亿人,其中30岁以下人口占比超过50%,是全球年轻人口占比最高的市场之一,巨大的人口红利和互联网的日益普及使线上购物成为主流趋势。东南亚市场已成为众多企业布局跨境电商的首选区域。深入了解东南亚市场,做好选品工作是进军东南亚市场的重要任务。

近年来,受短视频直播等多方面的影响,美妆护肤类商品在东南亚市场的销量大增,各种护肤品、彩妆用品和美容仪器深受女性用户的喜爱,但不同地区买家的需求存在明显偏好。例如,马来西亚买家喜欢结合性价比和品牌进行选择;菲律宾买家受社交媒体的影响较大,因此商品选择更具多样性;印度尼西亚买家的年龄段主要集中在18~34岁,更偏爱眼妆、眉笔、唇彩;越南买家则注重脸部和眼部彩妆。由于东南亚宗教信仰的原因,当地清真化妆品市场也占据了一定的地位。

从东南亚各国市场来看,新加坡经济运行稳定,国民经济稳步发展,消费水平较高,是东南亚最成熟的电商市场之一,时尚饰品、手工艺品、护肤品等都是新加坡电商市场中需求量相对较大的商品。其中,珠宝类销售份额最高,其次是服装和时尚类商品。泰国是东南亚第二大经济体,在跨境电商交易中,五金、机电类商品占比最高,其他金属、化工、时尚类(服饰、鞋子、包袋)商品的占比也越来越高。马来西亚作为东南亚第三大经济体,本地人口年轻化,跨境电商交易中电子、电器商品占比较大,除此之外机器设备、化学、石化、服装、机器配件等商品的占比也较高。

二、独联体市场

(一)俄罗斯

随着互联网的普及及渗透率的迅速提高,俄罗斯成为全球主要新兴电商市场之一,跨境消费者数量持续增长。2022年,俄罗斯电商交易额达4.98万亿卢布(约合674.7亿美元),同比增长超30%。俄罗斯本土电商公司多数规模较小,但也不乏运营较为出众的几家公司,其中Wildberries、M.Video、Citilink、Ozon是目前俄罗斯排名前四的本土电商公司。虽然俄罗斯消费者对本土平台和品牌的热衷度不低,但越来越多的俄罗斯消费者呈现出在海外平台消费的倾向。通过对俄罗斯排名靠前的本土电商平台进行调研,发现其并不能紧跟时尚潮流且价格昂贵。俄罗斯人对跨境服饰、鞋靴的需求量极大。与此同时,俄罗斯人自己维修汽车的情况很普遍,汽车零部件也是中国卖家可选择的潜力品类。全球速卖通、环球易购、DX 是中国跨境电商卖家进入俄罗斯市场的主要平台，卖家除了参考以上调研结果，还要注意俄罗斯的风俗习惯和商业偏好与我国存在的差异，从而做出合适的选品策略。

1. 俄罗斯季节温差较大，营销季节性很强

俄罗斯冬季气温较低，人们在室外非常注重保暖，所以帽子、围巾、手套是必备品，女性还特别热衷购买动物皮毛的外套。数据显示，服装类别占俄罗斯人总花费的 18%，俄罗斯人最喜欢的是具有保暖性能的毛皮大衣、人造皮大衣等，因此冬季热销商品有帽子、围巾、手套及各种皮大衣等。

2. 俄罗斯人热爱运动

运动是俄罗斯人生活的重要组成部分，他们经常跑步、游泳、滑雪等，所以要购买专门的运动服、运动鞋及配件。运动品类商品通常会出现在热销榜单前列。

3. 俄罗斯人爱度假和享受休闲时光

俄罗斯人（特别是年轻人和孩子）有度假的习惯，尤其喜欢去海滩，因此会购买泳装、沙滩风休闲装、沙滩鞋及宽松家居服等。

4. 俄罗斯女性注重打扮

俄罗斯女性较为精致，喜欢化妆，注意穿搭，因此对美容、美妆类商品需求大，且偏好购买品牌化妆品。除此之外，当季热门、新奇、创意流行商品也较为受俄罗斯女性的追捧。值得注意的是，俄罗斯成年女性喜欢穿合体服装，比较偏好欧美风，卖家在进行服装选品时要注意风格。

（二）乌克兰

近些年来，随着乌克兰互联网用户的增多，该国电商呈现出快速发展势头。与其他国家一样，电子产品、电话配件、汽车等产品非常受乌克兰人的欢迎。除此之外，乌克兰人对化妆品、美容产品有着比其他国家消费者更强烈的需求。与同属欧洲的德国、法国、英国等国家消费者的消费观念不同，乌克兰消费者更在意价格，因此对于 3C 电子类产品、时尚服装、美容产品、化妆品等，乌克兰消费者更愿意在全球速卖通平台购买。

三、中东市场

中东市场是一个较为特殊的存在，很多国家信仰伊斯兰教，和中国卖家在文化、语言、认知上差异较大，针对这个市场，卖家选品应慎之又慎。

首先，卖家选品时要考虑：价值，选择利润较高的商品；物流，选择体积小、重量轻、不易碎的商品；包装，选择包装精美的商品；售后，选择功能简单且耐用的商品。

其次，要选择符合中东消费者需求的商品。相较于其他地区，中东市场的特殊性在于气候炎热，人们的服饰以夏装为主，尤其是白色服饰，既清凉又耐穿，深受广大中东地区人民的青睐；中东地区宗教色彩浓厚，在公共场所需要穿袍子，因此传统及改良版阿拉伯服饰较为受欢迎；因气候原因当地人偏爱凉拖，基本四季都穿夹脚凉拖；夏季户外活动很少，游泳是中东地区人民的主要运动项目，出行以家用车为主，自行车、电动车非常少。

最后，选品时要注意中东地区的禁忌，若一不小心触犯，轻则产品下架，重则店铺被封。宗教禁忌：在中东地区，宗教令人敬畏，不可作为商品卖点，因此绝不能出现任何伊斯兰教元素，如清真寺图案、古兰经图案等；其他宗教元素也要避免，如十字架、六芒星，以及佛教、印度教、道教等的元素。颜色禁忌：大多数伊斯兰国家喜欢绿色，白色、黑色次之，阿拉伯人不喜欢大面积的红色，叙利亚人视黄色为不祥之色，伊朗人视蓝色为不良之色等。文化禁忌：伊斯兰教不吃猪肉，因此在选品时，避免猪肉及猪肉制品，选择一些其他耐储存、加工简单、可替代性的肉类。

四、东欧市场

Euromonitor（欧睿咨询）数据显示，截至2021年，东欧跨境电商市场规模为1092亿美元，虽然规模不及西欧市场，但涨势明显高于西欧。2020年，西欧电商渗透率高达86%，东欧电商渗透率仅为41%，但东欧电商市场规模增长率将近30%。东欧电商市场主要包括波兰和捷克。

Mediapanel Gemius Polska关于2020年波兰电商市场的报告显示，69%的波兰人喜欢网购服饰，尽管在售这类商品的卖家很多，但留给新卖家的空间仍然很大。值得强调的是，与竞争日渐激烈、要求高品质的西欧市场相比，波兰人更加看重商品价格，93%的波兰人表示低价是其网购的决定性因素——这实际上也是中国卖家的竞争优势。对于想要开拓东欧市场的中国卖家来说，波兰消费者的这一特性不容忽略。

调查发现，捷克消费者最爱时尚品类，在线销售比例达29%；消费电子和媒体（28%）紧跟其后；玩具、业余爱好和DIY（23%）次之；家具和电器（12%），以及食品和个人护理（8%）占比最低。

本章小结

1. 卖家应在把握网站定位的前提下，进行行业动态分析和区域化用户需求分析，借助数据分析工具，进一步把握目标市场的消费规律，并选择正确的参考网站，结合供应商市场，进行选品。

2. "一带一路"跨境电商卖家在进行选品之前，要注意法律问题、市场因素、侵权问题和货源问题。

3. "一带一路"跨境电商卖家在选品时，可以根据货源定位、平台、客户需求、竞争对手、本国文化、客户端等进行选品。

关键词

跨境电商选品	网站定位	货源定位
站外货源	站内货源	谷歌趋势分析法

思考题

1. 简述"一带一路"跨境电商选品的思路。
2. 根据货源定位选品时，站内选品和站外选品有何区别？
3. 跨境电商卖家在针对"一带一路"沿线国家市场进行选品时，可采取何种策略？

项目实训

【实训目的】

了解"一带一路"沿线国家不同地域的消费者在跨境电商平台上的消费偏好，针对销量好的商品进行分析，找到适合在目标市场销售的商品。通过对跨境电商平台上的数据进行分析，针对不同地区的选品提出新的思路。

【实训内容】

对"一带一路"沿线国家进行区域分类，通过当地区域常用的一些跨境电商平台，了解其主要适用的国家和地区。通过定位不同国家和地区，找到销量好的商品并且对商品的品类及风格进行对比，做出在不同地域选品的归纳总结（见表9-3）。

表9-3 在不同地域选品的归纳总结

主要地区	销量好的商品	商品的品类及风格	主要选品思路
东盟国家			
西亚国家			

续表

主要地区	销量好的商品	商品的品类及风格	主要选品思路
中亚国家			
独联体国家			
东欧国家			

第十一章

"一带一路"跨境电商平台知识产权规则与数据安全

【学习要点】

1. 在"一带一路"跨境电商活动中,知识产权已成为传递品牌信赖的标识。
2. 在"一带一路"跨境电商活动中,国内中小卖家的知识产权意识和能力不足,跨境电商的知识产权风险往往成为其面临的主要风险。识别知识产权的侵权表征有利于跨境电商的健康发展。
3. "一带一路"沿线各典型跨境电商平台制定了知识产权保护规则,有利于处理知识产权投诉,解决知识产权纠纷。
4. 近年来,跨境电商忽视数据安全和数据合规的风险逐渐显露,个人数据安全不容忽视。

【学习目标】

1. 了解知识产权的概念、特征;
2. 掌握"一带一路"跨境电商知识产权的侵权表征;
3. 熟悉"一带一路"跨境电商知识产权保护面临的问题及保护建议;
4. 熟悉"一带一路"各典型跨境电商平台知识产权保护规则;
5. 理解跨境电商纠纷解决;
6. 了解跨境电商个人数据安全与隐私保护。

随着中国出口跨境电商进入"品牌出海"的新阶段，跨境电商知识产权保护日益成为中国"品牌出海"面临的重要课题。近两年的政府工作报告中明确强调了品牌创新和跨境电商知识产权保护的重要性，中国的跨境电商知识产权保护政策也不断加码，为中国品牌"走出去"保驾护航。但由于"一带一路"沿线各国法律、文化和商业习惯的不同，中国企业在跨境电商知识产权保护方面面临着不同挑战。

在"一带一路"跨境电商活动中，知识产权已成为传递品牌信赖的标识，买家主要通过专利、商标、版权识别商品的信息、可靠度，并进行比较。在无法目睹商品的情况下，绝大多数买家只能通过知识产权辨别在万里之外的商家的信誉和商品品质，因此知识产权在"一带一路"跨境电商营销活动中就显得特别重要。

第一节 "一带一路"跨境电商知识产权概述及侵权表征

一、"一带一路"跨境电商知识产权的概述

（一）知识产权的概念

知识产权又称知识所有权，是指权利人对其智力劳动所创作的成果享有的专有权利。知识产权有一定的有效期，涉及内容包括绝大多数由智力劳动所创造出的事物，如发明、外观设计、文学作品、艺术作品、商业标志、商业图像等。

知识产权不仅可以体现在某个人身上，还可以体现在某一组织上。知识产权的诞生是人类社会发展到一定阶段的必然产物，起到了保护人们智力劳动成果的作用，而智力劳动成果往往是推动人类进一步发展的重要动力。因此，随着科学技术水平的不断进步，为了激发人们科学探索和创作的欲望，保护权利人的利益，知识产权及其相关制度也在不断完善，但与此同时，专利权、著作权、商标权等知识产权侵权的案例也越来越多。知识产权最早起源于17世纪初期，18世纪才诞生了专利说明书制度，19世纪法院开始受理知识产权侵权案件，并且产生了权利要求书制度。如今，人们生活的方方面面都涉及知识产权及相关问题，尤其是在科技发展、文学创作和商业竞争等领域。

（二）知识产权的特征

1. 知识产权的主要特点

知识产权主要有以下特点：第一，知识产权本质上是脑力劳动者的无形财产，通过合理地利用知识产权，脑力劳动者能够获得相应的利益；第二，知识产权专有于创造它的个人或组织；第三，知识产权仅在一定的时间范围内有效，不同国家甚至不同类型的创造物，其知识产权的有效期有着一定的差异，如我国发明专利权的期限为20年，外观设计专利权和实用新型专利权的期限为10年，著作权的期限为作者终生及其去世后50

年；第四，知识产权具有地域性的特点，许多内容仅在一定地域范围内生效；第五，部分知识产权需要通过一定的法律程序申报，在批准后才受到知识产权的保护，如企业商标等。

2. 知识产权的法律限制

知识产权虽然是私权，法律也承认其具有排他的独占性，但因人的智力劳动成果具有高度的公共性，与社会文化和产业的发展又密切相关，不宜为任何人长期独占，所以法律对知识产权设定了很多限制。第一，在权利的获得方面，法律规定了各种积极的和消极的条件及公示的办法，如专利权的获得须经申请、审查和批准，对授予专利权的发明、实用新型和外观设计规定了各种条件（《中华人民共和国专利法》第二十二条、第二十三条），对某些事项不授予专利权（《中华人民共和国专利法》第二十五条）。著作权虽没有申请、审查和批准这些限制，但也有《中华人民共和国著作权法》第三条、第五条的限制。第二，在权利的存续期上，法律有特别规定。这一点是知识产权与所有权不同的方面。第三，权利人负有一定的使用或实施的义务，法律规定有强制许可或强制实施许可制度，对著作权，法律规定了合理使用制度。

3. 知识产权的法律特征

知识产权具有3个明显的法律特征：一是知识产权的地域性，即除签有国际公约或双边、多边协定外，依一国法律取得的知识产权只在该国境内有效，受该国法律保护；二是知识产权的独占性，即只有权利人才能享有，他人不经权利人许可不得行使其权利；三是知识产权的时间性，各国法律对知识产权分别规定了一定期限，期满后权利自动终止。

二、"一带一路"跨境电商知识产权的侵权表征

从目前的情况来看，国内跨境电商行业的市场秩序比较混乱，侵犯知识产权、贩卖假冒伪劣产品等行为时有发生，海外消费者投诉多，存在"劣币驱逐良币"的现象，中国卖家集体知识产权形象不佳，严重影响国外消费者，尤其是"一带一路"沿线国家消费者对中国产品的信赖。一方面，我国有部分假冒伪劣产品及违反知识产权的产品通过快递出口这种方式逃避国家监管，进入国际市场，影响中国产品的国际形象；另一方面，国内企业对知识产权，特别是国际知识产权及相关法律的重视和了解度不够，在知识产权纠纷中往往是失利方。

在"一带一路"跨境电商活动中，国内中小卖家的知识产权意识和能力不足，跨境电商的知识产权风险往往成为其面临的主要风险。国内只有一些大公司有财力进行知识产权保护，更多中小企业无意识、无动力、无能力进行跨境电商知识产权能力沉淀和风

险防范。纠纷及败诉越多，越影响中国卖家的集体形象，影响消费者对中国产品的信赖和忠诚度。

（一）商标权侵权

跨境电商平台中，商标权侵权的问题最为突出，也最需要解决。商标权侵权主要有以下几种情形：网络销售侵犯注册商标专用权的商品；在相同或类似商品上使用与他人注册商标相同或近似的商标；商标被注册为域名；商标被使用于企业名称等。而且这几种情形并不是单独的，有时候会同时发生。随着跨境电商的不断发展，商标权侵权行为将越来越多地以综合化和新类型化的形式出现，这将给商标保护带来一定的困难。在跨境电商平台上，既有商家销售假货的问题，又有使用侵权商标、标识、图案的问题，还有使用侵权网店名称、网店标识的问题。

（二）著作权侵权

在跨境电商活动中，通常要将享有著作权的作品进行数字化，如将文字、图像、音乐等转换成为计算机可读的数字信息，以进行网络信息传输。将数字化的作品上传到网络后，由于网络的无国界性，任何人都可以在任何地点、任何时间通过网络下载得到该作品。除自己下载以外，侵权行为人还可以通过电子公告栏、电子邮件等传播、交换、转载享有著作权的作品，并利用享有著作权的作品在网上盈利，这显然侵犯了著作权人的网络传播权，使著作权人的利益受到损失，即著作权侵权。具体表现：商家在第三方电商平台中销售未经授权的出版物；在网店中使用未经授权的广告描述、广告语与原创性广告图片、产品图片等。

（三）专利权侵权

在跨境电商活动中，涉及专利权侵权的主要行为是非法销售专利产品或使用其专利方法。与商标权和著作权侵权的易判断性不同，专利权缺乏像著作权中的网络传播权那样详细而清晰的规范，加上专利权权属的判定是非常专业的问题，而第三方电商平台仅仅掌握产品的信息，无法掌握产品实物，因此第三方电商平台很难对相关权属做出判断，也无法清晰界定自己的责任范围。

三、预防知识产权侵权

（一）"一带一路"跨境电商知识产权保护面临的问题

1. 各方侵权认识不足

一是"一带一路"沿线国家消费者的辨别能力低，如食品安全等问题，消费者对国外商品尤其是欧美发达国家的商品信任度高，对其高品质商品需求量大，但国外商品也存在知识产权侵权的问题，也有假冒伪劣商品，对此风险，消费者普遍认识不足；二是有些商家知识产权保护意识淡薄，尊重他人知识产权、维护自身合法权益的意识和能力普遍缺乏，另外跨境电商多为邮政小包，价值较低，即使海关查到侵权商品也只能予以收缴，很难进行罚款等其他制裁措施，商家侵权成本低，使其重视不足，一再尝试。

2. 海关对侵权行为认定困难

跨境电商这种新型业务形态有别于传统贸易，呈现出境外境内两头复杂的特点。商品的境外来源复杂，进货渠道多，有些源于国外品牌工厂，有些源于国外折扣店，有些源于国外买手等。此外，商品的境内收货渠道复杂，且多为个人消费，无规律可言。商品进境时品牌众多，与其他进口渠道比较，其涉及的商品品牌更多，商品种类也更丰富，而海关执法人员对相关品牌认识不足，难以确认是否有侵权行为。这就使需要确权的商品数量、难度大大增加，给开展知识产权保护带来了一定困难。

3. 侵权责任划分困难

跨境电商涉及境内外电商平台、商家，以及支付、报关、仓储、物流等一系列企业，而电商平台又可分为自营型电商平台和第三方电商平台，主体多元、形式多样、结构复杂。其中，第三方电商平台涵盖的知识产权客体极为广泛，成为知识产权侵权的重灾区。而在第三方电商平台纠纷案件中，争议最大、最缺乏法律规范规定的就是第三方电商平台的责任问题，如审查义务、归责原则等。

4. 国际争端解决困难

一是司法管辖权认定困难。跨境电商的支撑载体是国际互联网，就网络空间中的活动者来说，他们分处于不同的国家或区域，跨境电商的随机性和全球性使绝大多数的网上活动都是跨国或跨区域的，很难判断侵权行为发生的具体地点和确切范围，使司法管辖权认定困难。二是国际立法差异较大。关于跨境电商知识产权，还没有国际组织统一的立法指导，各国根据自己的实际需要制定了不同的法律。"一带一路"沿线国家以发展中国家居多，其经济水平相对落后、立法相对不完善、对于知识产权的保护力度较弱，导致这些国家在国际知识产权争端中往往处于被动地位；而"一带一路"沿线经济发达的国家（如新西兰和韩国），在知识产权国内立法和对外政策上，也都有着各自的立场和需求；我国则缺少相关的法律法规。有关知识产权保护立法还存在很多分歧。三是国际维权困难。跨境电商涉及大量的中小电商商家，有的甚至是个人，这部分商家或个人缺乏对国外法律及跨国诉讼费用的认知，在出现侵权问题时，维权困难。例如，PayPal 曾曝出有大量（超过 5000 户）中国跨境电商商家的账户因为侵权遭到冻结，保守估计损失金额超过 5000 万美元。

(二)"一带一路"跨境电商知识产权保护建议

1. 各国应完善其现有的跨境电商知识产权法律体系

各国应将跨境电商活动纳入法律管制的范畴,制定专门的跨境电商操作规范法律,强调跨境电商交易过程中对知识产权的法律保护,使合法与非法行为有一个明确的界定,减少新形势下出现的知识产权之权利不稳定及"游离"状态。

2. 各国应建立健全跨境电商行业自律机制和信用体系

在"一带一路"沿线国家跨境电商知识产权保护相关法律法规不健全的情况下,海关、工商等政府机关可以帮助建立适应时代要求的跨境电商行业协会,建立跨境电商行业自律机制。同时,依托海关监管和行业协会自律,通过建立电商认证中心、社会信用评价体系等,建立健全跨境电商信用体系和信用管理机制,通过行业自律和信用管理打击侵犯知识产权和销售假冒伪劣产品等行为。

3. 各国应完善其海关监管体系

一是尽快出台海关跨境电商知识产权保护监管制度和标准作业程序,尽量减少需要一线海关人员主观认定结果的操作程序,降低执法难度和执法风险。二是探索跨境电商知识产权保护监管的风险分析和后续稽查制度:一方面,要加强前期信息收集工作,将跨境电商平台上的商品种类、品牌、价格等纳入信息收集范围,针对重点商品的来源地、商标、包装图案进行风险分析,确认监管重点;另一方面,将后续稽查制度纳入监管工作,尽快出台跨境电商的稽查办法,加强对跨境网购商品的后续流向监管,弥补查验放行阶段的监管漏洞。

4. 各国应借助跨境电商平台进行数据监控和管理

一是海关执法单位应加强与跨境电商平台的沟通和数据对接,对商品信息流进行合理的监控和管理,要求跨境电商运营者提供相关授权证明或采购单据等,切实加强对货物来源渠道的管理,保留必要的货物来源证明材料。二是发挥跨境电商平台的管理责任,强化事前审查、事中监控、事后处理等一系列控制制度。

5. "一带一路"沿线各国应加强国际合作

一是我国商务部、海关等部门应积极与"一带一路"沿线国家合作,推进跨境电商知识产权保护规则、条约的研究和制定,包括跨境电商侵犯知识产权行为的认定、产生纠纷的解决办法、商品的监管和溯源机制等,建立跨境电商国际合作机制,为国内企业开展跨境电商创造必要条件。二是积极利用 WTO 等相关国际组织的标准和协商体系,帮助国内企业处理如 PayPal 冻结中国商家账户等"一带一路"跨境电商贸易纠纷。三是打造"一带一路"知识产权国际合作战略平台,促进不同国家知识产权制度和文化的协调与融合,积极探索和构建在知识产权领域的对话合作机制,努力建立良好的知识产权生态体系,营造有利于创新和可持续发展的环境。四是推动世界知识产权组织为"一带一路"沿线国家合作提供技术援助和支持,就"一带一路"跨境电商活动中的知识产权海关保护、争议解决等相关问题进行协商,并形成知识产权监控的联动机制。

6. 各国应强化人才培养

知识产权保护问题涉及贸易、法律等方面的专业问题,而涉外知识产权的纠纷和诉讼的专业性更强,"一带一路"沿线国家和企业应共同努力,大力培养知识产权专业人才,并给他们提供充足的空间与资源,造就一支包括各类专业人才和管理人才在内的知识产权队伍。相关监管部门更要大力培养既精通知识产权保护管理,又了解跨境电商特性的专家,更好地为跨境电商知识产权保护做贡献。中国作为"一带一路"的倡议国,应主动帮助"一带一路"沿线国家培训知识产权专业人员、提供知识产权文献资料和设备援助等,在互利互赢的基础上,主动帮助沿线国家和地区构建并完善知识产权制度。各国应开展知识产权审批和管理人员培训、知识产权服务业从业人员能力建设,进行人才培养方面的交流与合作。

第二节 "一带一路"跨境电商平台知识产权保护规则

一、全球主流跨境电商平台知识产权保护规则

(一)阿里巴巴国际站知识产权保护规则

阿里巴巴国际站成立于1999年,是阿里巴巴集团的第一个业务板块,目前已成为推动外贸数字化的主力平台,累计服务了200多个国家和地区的超过2600万个活跃企业买家,基本覆盖了"一带一路"所有沿线国家。

为保护客户的合法权利,阿里巴巴国际站保护知识产权的力度越来越大。阿里巴巴国际站知识产权保护规则如表11-1所示。

表11-1 阿里巴巴国际站知识产权保护规则

侵权类型	定义	处罚规则
商标权侵权	严重违规:未经商标权人许可,在所发布、销售的同一种商品或其包装上使用与商标权人注册商标相同或相似的商标及其他商标侵权性使用的情况	累计被记振次数,三次违规者关闭账号
	一般违规:其他未经商标权人许可,不当使用他人商标的行为	(1)首次违规扣0分; (2)其后每次重复违规扣6分; (3)累计达48分者关闭账号

续表

侵权类型	定义	处罚规则
著作权侵权	未经著作权人许可，擅自发布、复制、销售或允诺销售受著作权保护的商品（如书籍、图片、电子出版物、音像制品、软件、工艺品等），以及其他未经著作权人许可不当使用他人著作权的行为，具体场景说明如下（仅做示例，详细内容见解读）： （1）发布或销售的商品或其包装是侵权复制品； （2）发布或销售的商品或其包装非侵权复制品，但包含未经授权的受著作权保护的内容或图片； （3）在详情页上未经授权使用著作权人的图片作品； （4）在详情页上未经授权使用著作权人的文字作品	（1）首次违规扣0分； （2）其后每次重复违规扣6分； （3）累计达48分者关闭账号
专利权侵权	严重违规：视专利权侵权案件情节而定	累积被记振次数，三次违规者关闭账号
	一般违规：未经专利权人许可，擅自发布、销售或允诺销售包含他人专利（包含外观设计专利、实用新型专利和发明专利等）的商品，以及其他未经专利权人许可，不当使用他人专利的行为	（1）首次违规扣0分； （2）其后每次重复违规扣6分； （3）累计达48分者关闭账号

（二）全球速卖通知识产权保护规则

全球速卖通于2010年正式创立，目前成为中国最大、全球第三大英文在线购物电商平台，已经开通了18个语种的站点，业务覆盖全球200多个国家和地区。在俄罗斯、巴西、美国、西班牙、法国、波兰、沙特阿拉伯等国家尤其受欢迎，在"一带一路"沿线国家交易额较高。

全球速卖通严禁用户未经授权发布、销售涉嫌侵犯第三方知识产权的商品。若卖家发布、销售涉嫌侵犯第三方知识产权的商品，则有可能被知识产权所有人或买家投诉，平台也会随机对商品（包含下架商品）信息进行抽查，若涉嫌侵权，则信息会被退回或删除。投诉成立或信息被退回、删除，卖家会被扣一定的分数，一旦分数累计达到相应标准，平台会执行处罚措施，全球速卖通知识产权保护规则如表11-2所示。

表11-2 全球速卖通知识产权保护规则

侵权类型	定义	处罚规则
商标权侵权	严重违规：未经注册商标权人许可，在同一商品上使用与其注册商标相同或相似的商标	三次违规者关闭账号
	一般违规：其他未经商标权人许可，不当使用他人商标的行为	（1）首次违规扣0分； （2）其后每次重复违规扣6分； （3）累计达48分者关闭账号

续表

侵权类型	定义	处罚规则
著作权侵权	未经著作权人授权，擅自使用受版权保护的作品材料，如文本、照片、视频、音乐和软件	（1）首次违规扣 0 分； （2）其后每次重复违规扣 6 分； （3）累计达 48 分者关闭账号
	实物层面侵权： （1）盗版实体商品或其包装； （2）实体商品或其包装非盗版，但包括未经授权的受版权保护的作品	
	信息层面侵权： 商品及其包装不侵权，但未经授权在店铺信息中使用图片、文字等受著作权保护的作品	
专利权侵权	严重违规：视专利权侵权案件情节而定	累计被记振次数，三次违规者关闭账号
	一般违规：未经专利权人许可，擅自发布、销售或允诺销售包含他人专利（包含外观设计专利、实用新型专利和发明专利等）的商品，以及其他未经专利权人许可，不当使用他人专利的行为	（1）首次违规扣 0 分； （2）其后每次重复违规扣 6 分； （3）累计达 48 分者关闭账号 （严重违规情况，三次违规者关闭账号）

（三）亚马逊知识产权规则

根据亚马逊的知识产权规则，亚马逊卖家须维护 4 类知识产权：商标权、著作权、发明专利权和设计专利权。亚马逊卖家如果不想账号被封停，就需要避免非法制造、剽窃、销售仿品和假货等行为。

1. 亚马逊禁售商品的主要类别

1）侵犯他人商标权的商品

亚马逊禁止发布侵犯他人商标权的商品和商品信息，卖家必须先获取商标权人的适当许可才能使用其商标。

2）侵犯他人著作权的商品

著作权用于保护原创作品（如图书、音乐、艺术品或照片）。亚马逊禁止发布侵犯他人著作权的内容。卖家必须在获取著作权人的适当许可后才能使用其作品。

3）侵犯他人专利权的商品

作为卖家，有责任确保所销售的商品未侵犯他人的专利权。专利权是政府授予所有者的一种产权，该权利禁止其他人在颁发专利的国家或地区内制造、使用、引进、供售或销售侵犯他人专利权的商品。

4）未经授权及无证商品

所有在亚马逊上销售的商品必须是经商业化生产，经授权或被批准作为零售商品出售的商品，未经授权及无证商品禁止在平台上销售。

5）翻版媒介类商品

亚马逊禁止非法出售未经权利人许可而再复制、配音、汇编或转换的翻版媒介类商品（包括图书、电影、CD、电视节目、软件、游戏等）。

6）经格式转换的媒介类商品

亚马逊禁止将媒介类商品从一种格式转换为另一种格式后进行销售。这包括但不限于：NTSC 制式转换为 Pal 制式、Pal 制式转换为 NTSC 制式、镭射光盘转换为视频、电视节目转换为视频、CD-ROM 转换为磁带等。

7）促销媒介类商品

亚马逊禁止销售媒介类商品的促销版，包括图书（试读副本和未校对样稿）、音乐和视频（试看录像）。这些商品仅用于推广，一般不授权零售分销或销售。

2. 亚马逊对知识产权侵权行为的处罚

亚马逊对销售假冒商品的行为是零容忍的，在亚马逊销售的商品必须是正品，如果亚马逊系统发现卖家销售假冒商品，无须相关权利人投诉，亚马逊会直接下架商品并移除卖家销售权。销售权被移除后，卖家可向亚马逊申诉，亚马逊一般会要求提交发票、授权书等文件，确保商品是正品后才恢复上架。如果亚马逊系统没有发现，只要收到相关权利人投诉，亚马逊会在 24 小时内下架商品甚至封停账号，但卖家可以申诉。

如果卖家侵犯他人的知识产权，则可能被平台删除相关商品信息，或者中止或取消销售权。卖家有责任确保他们提供的商品合法，且自身已获得相关的销售或转售授权。如果亚马逊认为商品详情页面或商品信息的内容属于违禁、涉嫌违法或不当内容，则可能予以删除或修改，且不事先通知。亚马逊保留判定内容是否恰当的权利。亚马逊遵守《数字千年版权法》的通知移除流程，并会取消一再侵犯他人知识产权的卖家的销售权。

（四）eBay 知识产权保护规则

eBay 一向致力于保护第三方的知识产权，并且为会员提供安全的交易场所。非法使用他人的知识产权是违法并违反 eBay 政策的，如未经授权而使用有版权的资料和商标或销售赝品。eBay 对规则的把控是非常严格的，轻则发送警告信给卖家、下架卖家的商品目录，重则冻结或限制卖家的账户和店铺，这些举动都会导致卖家经营成本上升，降低卖家的商品曝光率。下面重点介绍 eBay 知识产权保护规则。

1. 赝品和未经授权的复制品政策

在 eBay 进行刊登的含有公司名称、商标、品牌的物品必须是由该公司自行生产制造的官方正品。eBay 绝不允许销售任何伪造产品、赝品或未经授权的复制品。未经授权的复制品包括备份产品、私售产品、盗版产品等，这些均是违法的，会侵害其他人的知识产权。

请特别注意，以下物品可能涉及侵犯第三方知识产权或其他所有权问题，因而 eBay 限制或禁止以下物品的刊登。

（1）赝品和未经授权的复制品。

（2）学术软件、测试版软件、OEM 软件等相关物品。

（3）名人产权物品，包括肖像、照片、姓名、签名及亲笔签名。

（4）特定品牌的配饰、包装、保证书等其他未与该商品一起出售的物品。

（5）媒体类物品，包括数字化产品、电影胶片（35mm，70mm）盗版片、宣传品及可录制产品等。

（6）私制盗版录像或录音。

（7）可制作非法复制品的设备，包括可让会员复制版权产品的软件或硬件、游戏改装设置和启动盘。

2. 刊登物品时描述物品的规则

在对所销售物品进行描述时，以下行为涉及侵犯第三方知识产权。

（1）未经授权而使用来自其他 eBay 用户的文字描述或图片。

（2）未经授权而使用来自厂商或互联网的图片。

（3）不当使用 eBay 所有的知识产权的内容，包括使用 eBay 的名称、图标或链接到 eBay 网站的链接。

（4）在刊登信息中包含"真品免责声明"，或者拒绝对刊登的物品负责。

（5）怂恿或促使他人侵犯第三方著作权、商标权或其他知识产权。

eBay 用户不能使用他人创建的文字或图片内容（包括照片及其他图片），除非得到所有者、代理或相关法律的授权。用户可在物品描述中使用 eBay 商品目录中提供的文字描述和图片，商品目录可能包括部分来自卖家物品的由卖家制作的图片或照片。如果用户选择不使用 eBay 商品目录中的文字描述或图片，那么保证用户不会侵犯他人知识产权的好办法就是自己撰写文字描述、自己拍摄照片。

3. 举报用户违反知识产权保护条款

如果认为自己有合理的理由举报他人使用自己的文字描述或图片，请联系 eBay 平台进行举报。如果是知识产权所有者，也可以选择向 Verified Rights Owner（VeRO）举报。如果不是文字描述或图片的原始制作者，可考虑直接联系知识产权所有者进行举报。

在举报时，请参照以下标准。

（1）确保自己是文字描述或图片的原始所有者和制作者。

（2）如果举报文字描述，被复制的文字描述应在物品描述中。因为描述物品的标题和副标题空间有限，相同商品可能比较类似，所以 eBay 一般不会删除标题、副标题类似的物品。

（3）提供账号中的物品编号，它可以明确显示你是第一个使用所创建的文字描述或图片来刊登物品的。

二、"一带一路"跨境电商平台知识产权保护规则——东盟

东亚和东南亚地区的人口约占全球人口的 29%。作为"一带一路"倡议下的海上丝绸之路首站，东南亚地区凭借地缘优势，成为中国卖家开拓海外市场的首选地区。伴随着 RCEP 的正式签订，中国卖家将商品销售到东南亚地区也变得更加便捷，东南亚一跃成为全球跨境电商发展速度最快的地区之一。Shopee、Lazada 这些专注于东南亚市场的跨境电商平台增势迅猛。虽然东南亚电商市场前景广阔，但各个跨境电商平台的特性和规则各不相同，想要顺利进入并长远发展并非易事。

（一）Shopee 知识产权保护规则

Shopee 若发现卖家的商品存在侵权或假冒行为，且通知卖家后卖家无法提供有效的品牌授权或真实证明，平台将删除商品详细信息页面并予以处罚。

另外，平台对一段时间内多次侵权的卖家店铺出台了更严厉的处罚政策。平台规定，如果在本季度系统因卖方店铺侵权或伪造销售等扣分超过或等于 3 分，店铺将面临 28 天的冻结。

在 Shopee 上，店铺扣 3 分，相应的处罚是一级处罚，扣 6 分是二级处罚，扣 9 分是三级处罚。以这种方式类推，扣 12 分是四级处罚，扣 15 分是五级处罚（冻结账户）。

如果系统因侵权或销售假冒产品等原因，本季度扣除的卖家店铺分数大于或等于 6 分，平台将永久封禁店铺。因此，入驻 Shopee 的跨境卖家要熟悉平台规则，学会规避知识产权侵权风险，以保持店铺的稳定性。

（二）Lazada 知识产权保护规则

1. Lazada 知识产权侵权行为

（1）在未经版权所有人允许的情况下，上传的 Lazada 商品侵犯了文学版权、戏剧版权、音乐及艺术版权。

（2）在未经注册商标所有人允许的情况下，在产品标题、图片、品牌及商品描述部分使用他人的注册商标。

（3）上传的商品描述及其他商品信息含有误导或虚假陈述。

（4）其他在法律上被认定为知识产权侵权的行为。

2. Lazada 知识产权侵权处罚

如果商品被认定为侵权或假冒商品，Lazada 将会以邮件通知具体处罚措施。Lazada 知识产权侵权处罚如表 11-3 所示。

表 11-3 Lazada 知识产权侵权处罚

侵权内容	处罚
售卖假冒商品	商品锁定+最高 16 分扣分
侵犯专利权及版权	商品锁定+最高 6 分扣分
侵犯设计专利	商品锁定+最高 6 分扣分
内容侵权	商品锁定+最高 6 分扣分

卖家侵权违规，除店铺会被扣分外，每到一个扣分节点，还会导致商品被锁定、停止销售、买家无法搜索到店铺等情形。每个店铺的绩效评分为 48 分，一年清零一次。若 Lazada 卖家因侵权被扣 48 分，则会导致卖家账户关闭、店铺永久被下线，而且无法清零，同时无法通过申诉恢复，具体扣分节点处罚如下。

（1）扣分达 12 分：7 天内无法上架新商品。

（2）扣分达 24 分：14 天内无法上架新商品，且买家无法搜索到店铺商品，但店铺内可见。

（3）扣分达 36 分：21 天无法上架新商品，买家无法搜索到店铺商品，且商品全部下线。

（4）扣分达 48 分：店铺会被永久下线，无法恢复。

三、"一带一路"跨境电商平台知识产权保护规则——俄罗斯

俄罗斯与中国毗邻，其作为潜力巨大的新兴电商市场，吸引着诸多跨境电商企业的目光。俄罗斯还是"一带一路"沿线与中国有着密切合作关系的国家，具有区位优势和相当的经济基础，在政策红利与电商产业逐渐成熟的背景下，跨境电商成为俄罗斯经济的新增长点。Ozon 和 Joom 是俄罗斯知名的跨境电商平台，对知识产权保护非常重视，若卖家侵犯他人的知识产权，平台会给予严厉处罚。

（一）Ozon 知识产权保护规则

在 Ozon 上销售在俄罗斯或国际知识产权体系中注册其商标或商业牌号的品牌商品，需提供品牌使用授权文件，所有文件必须附有英文或俄文翻译，Ozon 有权随时要求卖方提交所上传文件的英文或俄文翻译公证件。

据此，Ozon 为卖家推出了一套违规评分系统。每一次违规行为都将通过一定数量的积分进行评估，Ozon 有权归档违规行为或降低其严重性并重新计算积分。

当达到一定违规等级时，卖家将会收到处罚通知及当前累计积分。收到通知后，卖家可在 3 个工作日内提出上诉，但最终决定权仍在 Ozon 手上。当处罚期限结束时，累计积分将重置为零。Ozon 有权更改违规构成、积分数量并对卖家追加处罚，但会提前通知卖家平台政策的变化。若卖家的违规积分达到 1000 分，将会被平台永久封禁账号。销售未经许可或假冒商品、非法使用 Ozon 客户数据、侵犯商标权，将会被判违规 500 分，以上积分有效期为 9 个月。使用伪造的销售商或商品许可证和证书，将会被判违规 1000 分，并将被永久封禁账号。

（二）Joom 知识产权保护规则

Joom 可以系统监测假货，按照每周一次的频率，检查所有卖家在前一周的下列商品：因为品牌售假而被限制销售的商品（已在售）；因为品牌售假而在审核阶段被拒绝上架的新品（待售状态）。

假设，在一周之内，卖家有一款或多款商品因为品牌售假而被移除，或者被拒绝上架销售，那么卖家将面临严峻处罚。处罚力度根据卖家的违规严重性，以及违规次数而定，从轻到重依次如下：警告；限制销售 7 天；封号 3 天；封号 7 天；封号 30 天。

如果到了"封号 30 天"这个程度，之后商品审核团队会认真监测卖家的商品，如果没有假货，则卖家账号恢复正常运营；如果仍然涉嫌侵权问题，则卖家账号将永久被封禁，不可恢复。

四、"一带一路"跨境电商平台知识产权保护规则——欧盟

Allegro 作为波兰本土排名第一的跨境电商平台，在欧洲市场占据了重要地位。为了创造安全稳定的交易环境，Allegro 致力于保护知识产权，对侵犯知识产权的商品或服务进行打击和限制。

Allegro 保护品牌所有者的权利。如果卖家的侵权行为是无意的则免除法律后果；买家购买违法商品的行为也是免责的。

我们知道，商品描述是影响买家是否选择该商品的重要因素，但如果在 Allegro 使用受版权保护的内容，如受版权保护的照片，你就要注意以下几条规定了。

（1）禁止。禁止将受版权保护的资料库、官方网站或其他卖家商品机制的内容，在未经授权的情况下，复制到您自己的商品机制中。

（2）注意。为了使用受版权保护的内容，您必须获得版权所有者的书面许可。此规定适用于照片、图片、图形与文字。

（3）提示。建议商家亲自准备商品描述中的所有内容——自己填写商品信息并使用自己拍摄的照片或使用 Allegro 商品资料库中的内容。若您使用的是供应商提供的商品照片，请确保您已获得品牌所有者对于您使用该商品照片的许可。

五、"一带一路"跨境电商平台知识产权保护规则——非洲

Jumia 禁止上架销售假冒伪劣商品，平台会定期抽查每个站点在售的商品，如有发现假冒伪劣商品或不合法销售商品（线上 SKU），平台将根据每个 SKU 收取 100 美金的罚金；如果在订单中发现有假冒伪劣商品或不合法销售商品，平台将根据订单中每个 SKU 收取 100 美金的罚金。

Jumia 会通过各种方式检测以阻止假冒伪劣商品的销售及流通。例如，对申请上架或已上架商品进行商品内容检查、对已发货的商品进行检查、对退货商品进行检查。如果发现假冒伪劣商品或不合格销售商品，相关商品将被立即删除，同时卖家会被收取相应罚金。罚金标准：发现假冒伪劣商品或不合格销售商品但未产生订单，每次收取 200 美金；订单中发现假冒伪劣商品或不合格销售商品，每件商品收取 200 美金。

当收到邮件或处罚通知时，卖家需在 2 个工作日内提供相关授权书（与品牌方签署可以在指定平台售卖的合同、允许销售/分销的合同、产品授权书、与品牌方或授权经销商的发票）以此证明商品不存在假冒伪劣及不合格销售的情况，并申请豁免。

第三节 "一带一路"跨境电商平台知识产权投诉及纠纷解决

一、"一带一路"跨境电商平台知识产权投诉

在跨境电商迅速发展的大背景下，网络购物潮流兴起，中国企业也将眼光瞄准了海外跨境电商平台。但由于中外文化、语言等差异，以及不熟悉海外知识产权相关法律和跨境电商平台制度，不少商家因知识产权侵权被投诉导致商品下架、被跨境电商平台封禁账号或在外国法院被提起知识产权侵权诉讼。尽管越来越多的中国卖家有意识地在销售前期进行商标权、著作权、专利权的注册，排查规避此类风险，但在排查规避手段、境外法律制度、跨境电商竞争环境等因素的限制与作用下，此类风险仍无法完全避免。同时，受境外

诉讼程序、跨境电商销售特性、跨境电商平台规则的影响，中国卖家在遭遇此类问题后，极易陷入被动局面，其在海外跨境电商平台上的业务也会受到重创。

企业在跨境电商平台上被投诉的情形很常见，通常可以采取以下4种方法解决。

一是联系投诉方。对于被投诉方而言，与投诉方联系的目的主要有以下两个：一是如果投诉属于版权或商标权侵权，可询问对方认为被侵权的版权或商标登记证书号码，以便制定下一步应对策略；二是与对方沟通，寻求和解的可能性，如通过签订许可协议说服对方撤销投诉。

二是在卖家平台进行申诉。对于所有类型的知识产权侵权投诉，被投诉方均可主张不存在侵权行为、不侵权抗辩或商品合法来源抗辩。被投诉方应尽快确认是否有相关销售记录、有无知识产权许可协议、有无商品官方供货发票等，如有上述凭证，可以考虑在卖家平台提交给平台官方作为证据。

另外，对于版权侵权投诉，跨境电商平台提供了反通知的程序，即被投诉方可向跨境电商平台提交一份声明，如果投诉方在跨境电商平台转发反通知后10个工作日以内仍未向法院提起侵权诉讼，则理论上跨境电商平台应当在收到反通知后14个工作日内恢复被下架商品。在一些跨境电商平台上，如果被投诉方不发送反通知，则会被视为同意侵权投诉的正当性并被扣分。

三是提起投诉方知识产权无效程序。美国专利及商标局负责登记、审查对于专利和商标证书的申请及异议，美国版权局则负责对于版权证书的申请和撤销。以专利为例，理论上，商品被下架的商家如果能够找到无效对方专利的在先技术（如有对方申请专利日期在先上架的链接），就可以在美国专利及商标局提起专利无效程序，从而使对方失去投诉并下架商品的权利基础。

四是向法院提起诉讼。在某些案件中，权利人在通过跨境电商平台投诉下架商品的同时或短时间内，还会在法院提起侵权诉讼并且请求法院冻结商家的电商平台账户、提供销售记录、加快证据开示等，给商家造成巨大损失。被投诉商家可依据专业律师的建议进行知识产权有效性和商品侵权的分析，向有管辖权的美国法院提起知识产权无效的诉讼和/或确认不侵权的诉讼。在法院做出最终判决之前，被投诉商家甚至可以申请商品上架。

二、"一带一路"跨境电商纠纷解决

随着跨境电商的快速发展，"一带一路"国家面临的知识产权保护问题也日益凸显。跨境电商中的知识产权纠纷主要因为图片展示过程中的盗图现象及商品侵权等，此类纠纷呈现出日益严重的趋势。

国内知名网络消费纠纷调解平台"电诉宝"显示,2021年全国跨境电商用户投诉问题类型排名前十的依次为退款问题(65.01%)、发货问题(6.47%)、商品质量问题(3.44%)、网络欺诈问题(3.44%)、虚假促销问题(2.62%)、霸王条款问题(2.62%)、退换货难问题(2.34%)、物流问题(2.20%)、网络售假问题(2.07%)、订单问题(2.07%)。

(一)"一带一路"跨境电商纠纷的特点

"一带一路"沿线国家地跨亚欧非三大洲,各国政治、经济、文化的差异较大,知识产权环境也存在着较大差异,知识产权的保护水平不高,且参差不齐,不仅如此,区域跨境知识产权的保护措施及纠纷解决方式也存在较大差异。根据各国知识产权保护水平的不同,"一带一路"沿线国家大致可以分为以下4种类型:知识产权政策法律体系处于起步阶段的国家;知识产权政策法律体系已经建立但效果尚不明显的国家;知识产权政策法律体系较为完善且具有现实功能的国家;知识产权政策法律体系完善且国际协作广泛的国家。可见,"一带一路"沿线各国融入国际知识产权保护体系的程度参差不齐,各国知识产权保护制度差异显著。不仅如此,区域内各国关于知识产权保护尤其是知识产权纠纷解决仍缺乏有效的合作机制。跨境知识产权案件诉讼本身也面临众多问题,如管辖权、法律适用和判决的承认与执行等。这给跨境电商企业应对知识产权风险增加了难度,同时也对知识产权纠纷解决方式提出了新的要求。

在跨境电商纠纷中,商家与消费者分属于不同的国家。纠纷在一定程度上是因为依存于互联网而不是线下交易而产生的,商家与消费者缺少面对面的沟通和对实物的事先充分了解,双方之间相对更有可能因为表意不明确而出现纠纷,在维权过程中不可避免会存在举证难的问题。同一个商家因同样的商品可能与来自多个国家的消费者产生纠纷。交易过程涉及不同国家的多个交易主体,与国内电商交易相比更加复杂,其中物流运输、海关出入境检验及文化差异等因素使整个交易过程产生了更多的不确定性,也会使售后服务面临诸多困难。正是这种跨境交易所带来的诸多复杂性问题,让众多消费者与境外商家产生纠纷之后,选择放弃处理。这样的行为会使消费者对境外商家的信用度降低,在一定程度上制约了跨境电商的健康发展。

(二)在线纠纷解决机制之探索

目前,国际民商事纠纷的解决方式包括诉讼和非诉讼两种途径,主要涵盖诉讼、当事人自行协商、第三方调解及申请仲裁4种方式。然而,既有的途径在一定程度上无法满足跨境电商虚拟性、灵活性、管理去中心化等特点,也因此限制了跨境电商的发展。

传统的纠纷解决方式已经不能完全适应跨境电商这一新兴贸易途径,探索一种新型的纠纷解决方式已经刻不容缓。近些年来,欧美各国在发展电商的过程中,探索出一套新型的ODR方式。这一新型的纠纷解决方式可以很好地满足以私人主体为主的电商纠纷当事人

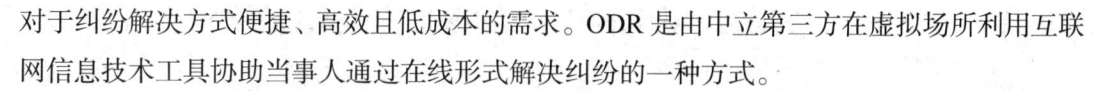

对于纠纷解决方式便捷、高效且低成本的需求。ODR 是由中立第三方在虚拟场所利用互联网信息技术工具协助当事人通过在线形式解决纠纷的一种方式。

ODR 诞生于 20 世纪 90 年代的美国，具有程序简洁、方便快捷、费用低廉等特点，是解决跨境电商纠纷的一种行之有效的方式，因此一经推出就受到了市场的欢迎。ODR 主要具备以下 3 种功能：在线协商；在线调解；在线仲裁。其中，在线协商因为无须中立第三方进行调解、仲裁，仅通过计算机程序自动处理纠纷，因此也被称为自助式 ODR 模式。在线调解和在线仲裁则需要中立第三方参与，协助当事人解决跨境电商纠纷，因此这两种在线纠纷解决方式也被称为交互式 ODR 模式。

1. 在线协商

在线协商是指当事人在第三方没有实质性参与的情况下，通过互联网在线纠纷解决平台，自行沟通、交流，最终化解纠纷、达成一致的一种纠纷解决方式。在线协商并不代表没有第三方参与到纠纷解决当中，而只是没有"实质性"地参与。

2. 在线调解

在线调解是指当事人双方通过互联网在线纠纷解决平台，由中立第三方实质性地参与到纠纷解决当中，不断协调双方的和解要求，并最终引领双方达成调解协议的一种纠纷解决方式。在线调解程序在跨境电商纠纷解决当中运用最为频繁，其适用于通过在线协商程序仍无法解决的纠纷案件。

3. 在线仲裁

在线仲裁是指当事人双方依托于互联网技术，根据当事人在事前或纠纷发生后达成的仲裁协议，在线上完成一系列文件提交程序，交由网站专职仲裁员对文件进行审查并最终形成仲裁裁决的一种纠纷解决方式。

在全球诉讼爆炸及诉讼延迟的背景下，各国和地区都在努力通过发展诉讼外纠纷解决机制以使法院摆脱不堪重负的困境。从最新的立法趋势来看，各国和地区都在大力发展在线调解等非诉讼程序来解决日益增多的知识产权纠纷。其中，亚太地区新加坡知识产权纠纷调解制度非常有特色并具有竞争力，它主要通过专业化与职业化建设推动知识产权纠纷调解制度的发展，在新加坡，知识产权纠纷调解制度的适用范围已经扩展到异议、撤销及无效等案件。印度知识产权局也在商标异议及撤销案件中引入调解程序，推动知识产权纠纷调解制度的发展；波兰、捷克、匈牙利等国已经通过专门调解立法推动调解程序在各类纠纷中的适用；土耳其等国的调解制度也得到快速发展；哈萨克斯坦等内陆国家也开始关注和重视调解程序的作用。这些都为区域内各国建立知识产权纠纷调解合作机制提供了坚实的基础。

第四节 "一带一路"跨境电商个人数据安全与隐私保护

一、"一带一路"跨境电商个人数据安全

近年来,跨境电商忽视数据安全和数据合规的风险逐渐显露。2021年5月,网络安全专家 SafetyDetectives 发现了一个位于中国的 AWS ElasticSearch 数据库,其中涉及大量虚假评论的店铺和买家账号,有20万~25万人的私密信息被泄露。这一数据库的发现也被视为亚马逊封店潮的开端。

2021年11月1日,《中华人民共和国个人信息保护法》(以下简称《个人信息保护法》)生效,它与《中华人民共和国网络安全法》(以下简称《网络安全法》)、《中华人民共和国数据安全法》(以下简称《数据安全法》)一起构成了我国网络空间治理和数据保护的法律体系。不同于《网络安全法》侧重于网络空间的综合治理,《数据安全法》作为数据领域的基础性法律主要围绕数据处理活动展开,《个人信息保护法》从自然人个人信息的角度出发,给个人信息上了一把"法律安全锁"。

在跨境电商全生命周期过程中,海关等政府部门、境内外消费者、跨境电商企业、平台企业、境内外服务商等主体在线上及线下场景深度交织,形成诸多主体之间的数据交互关系。消费者每一笔交易衍生的支付、物流信息等个人信息,都是跨境电商交易闭环的重要组成部分。跨境电商生态中,各主体对个人信息的处理离不开《个人信息保护法》的规制。

《个人信息保护法》第五十八条增设了平台企业保护个人信息的"守门人义务",要求提供重要互联网平台服务、用户数量巨大、业务类型复杂的个人信息处理者,应当履行下列义务:一是按照国家规定建立健全个人信息保护合规制度体系,成立主要由外部成员组成的独立机构对个人信息保护情况进行监督;二是遵循公开、公平、公正的原则,制定平台规则,明确平台内产品或服务提供者处理个人信息的规范和保护个人信息的义务;三是对严重违反法律、行政法规处理个人信息的平台内的产品或服务提供者,停止提供服务;四是定期发布个人信息保护社会责任报告,接受社会监督。

据不完全统计,目前超过半数的"一带一路"沿线国家和地区已出台个人数据保护立法。其中,韩国、新加坡、马来西亚、菲律宾、格鲁吉亚、亚美尼亚、土耳其、以色列、也门、阿曼、阿联酋迪拜金融中心自贸区、卡塔尔、巴基斯坦、哈萨克斯坦、吉尔吉斯斯坦、新西兰、俄罗斯、乌克兰、摩尔多瓦、波黑、黑山、塞尔维亚、阿尔巴尼亚、马其顿、南非、特立尼达和多巴哥及15个欧盟成员国的现行数据立法含有专门个人数据跨境传输条款,构成当前"数字丝绸之路"沿线个人数据跨境传输各国规则体系的主体,内容主要涉及个人数据跨境传输行为的调整范围、传输要件、传输监管等方面,共识与分歧并存。

二、"一带一路"跨境电商个人隐私保护

大数据商业化在当今时代已经成为一种必然的、不可逆转的趋势。在数字经济时代，数字就是企业的血液，决定着企业的生死存亡。收集到足够的数据并将其最大限度地商业化成为企业关注的重点。然而，数据的商业利用必须控制在国家安全和尊重个人信息安全的边界内，这也已成为世界各国的共识。

在欧盟各国，公民隐私是极为重要的，是不容侵犯的。2016年，欧盟通过了《通用数据保护条例》（General Data Protection Regulation，GDPR），该条例最大的特点是对数据保护规则的适用不像之前那样传统，它是一份严格的数据保护法案，目标在于保护欧盟公民免受隐私和数据泄露的影响，同时重塑欧盟组织机构处理个人隐私和数据保护的方式。2018年11月14日，欧盟制定了有别于个人数据保护的非个人数据自由流动框架。该框架显示了对GDPR的进一步规范，从而使欧盟可以更好地建设"数字单一市场"。从这些措施中可以看出，欧盟把公民的数据隐私当作公民的一项基本权利，对其的保护力度也比较大。其他国家与欧盟国家进行贸易往来时，必然受到来自这方面的影响，但就欧盟内部成员国来讲，贸易往来将会比较方便。

该条例之所以受到国际社会的高度认可，主要基于以下原因。

第一，不再限制该条例必须符合成员国的法律才能适用，其可以直接作为成员国处理数据跨境的依据。

第二，该条例的地域适用范围极为广泛，任何机构在搜集、传送、整理、使用欧盟成员国公民的个人数据时都必须遵守。

第三，该条例与很多国际数据条例的解释有很大不同，它对数据重新进行了定义并归类，根据社会实际情况创立了"假名数据"。

第四，该条例完善了数据主体的多项权利，如知情权、许可权、删除权等，这意味着数据在被使用的时候须经过数据主体的同意，如果数据主体认为该使用行为侵犯个人隐私权益时，数据主体有权要求从数据库当中删除相关数据。

第五，该条例要求企业提高数据保护标准，通过多种途径和手段妥善保存、使用个人数据，并接受相关机构的监管。

第六，该条例规定了针对数据泄露的预防及补救措施，并要求企业与监管机构相互合作。

在GDPR的影响下，用户数据与个人隐私的安全已经被放到了一个至关重要的高度，欧盟市场是我国跨国电商企业的必争之地，条例众多，复杂的概念、规则、条款给跨国电商企业的营销带来了挑战。但GDPR也为我国跨境电商企业提供了一个规范地使用和管理企业客户数据，同时更负责地对待客户，获取信任、增强竞争力的机遇。

GDPR 规定：只要数据控制人或数据使用人在欧盟境内设有办公地点，且对个人信息的收集和使用属于该机构的业务活动范围，无论收集和使用行为是否发生在欧盟境内，该数据控制人或数据使用人都应遵守条例。在两种特殊情形下（向欧盟境内数据主体提供商品或服务，无论有偿或无偿；监控数据主体在欧盟境内的行为），只要数据控制人或数据使用人收集或使用了欧盟境内数据主体的个人信息，即使其并未在欧盟境内设有办公地点也要遵守该条例。

也就是说，只要中国跨境电商企业的市场是欧盟市场，只要通过网络为辨别用户身份而储存在用户本地终端上的数据或以其他方式记录、监控用户在欧盟境内的线上浏览活动，不管企业在欧盟境内有无办公地点都要遵守条例。哪怕远在中国，只要违规照样被罚。

条例规定没有完成合规，一旦被调查判定违法，那么企业将面临 2000 万欧元或公司年收入 4% 的巨额罚款，两者取高者。

三、"一带一路"数据跨境流动的合作与协调

数据跨境流动关乎国家利益、产业利益、风险控制三者之间的动态平衡——这既需要尊重各国数据主权，又需要建立彼此认同的共同规则体系。这种规则体系涉及许多复杂且有争议的议题，包括数据主权、隐私与安全、法律适用及管辖权、竞争政策等。

近年来，很多国家希望利用 G20、WTO、APEC 等多边机制探索具有共识的数据跨境流动机制，但至今尚未形成具有全球约束力的数据跨境流通规则体系。例如，尽管在 WTO 现行框架下已有一些相关条款，但诞生于互联网发展早期的《服务贸易总协定》（GATS）难以充分认识数据跨境流动的潜在影响和重大隐患，相关规则很不完善，各成员国也并未达成共识。实际上，数据跨境流动既涉及国内政策，又离不开国际协调，在全球层面面临着"数据跨境自由流动"与"有效的数据保护"、"各国数据保护自主权"之间难以同时兼顾的窘境。已有的多边机制未能及时解决各国在政策诉求、价值理念和监管模式上的重大分歧，致使"规制单边化"和"规则标准俱乐部化"并存。

（一）欧美主导下的合作机制

美国采取"战略进攻"模式，加紧构筑所谓的"数据同盟体系"。凭借自身强大的数字经济实力，美国借助区域贸易协定推广和开辟新的双边或多边规则，谋求"美国优先"。一方面，通过美墨加三国协议（USMCA）、美日自由贸易协定、美韩自由贸易协定、美智自由贸易协定等强化对贸易伙伴的规则约束，借助 G20、WTO 和 APEC 等与盟友一起推行其数据流动主张。另一方面，美国严格限制涉及重大科技及关键基础设施领域的本土数据转移，并借助长臂管辖权和庞大的情报网络加以执行。

欧盟因产业竞争力不足，采取"防守反击"模式，筑起"制度高墙"以谋求引领国际规则。第一，欧盟高度注重隐私保护，设立高标准的数据保护条例 GDPR，仅允许个人数据流入与其隐私保护水平相当的国家和地区。与美国将数据跨境政策和贸易政策深度捆绑不同，欧盟更重视从个人权利保护的视角考虑数据跨境流动，如 GDPR 大幅扩展了管辖范围，从过去的"属地"向"属人"转变。这种管辖不仅加剧了欧盟辖区外企业的合规成本，更凸显出欧盟试图主导个人数据保护国际标准的战略意图。GDPR 规定，除极少数外，欧盟境内的个人信息只允许流入欧盟认可的能够提供"充分保护"或"适当保障措施"的国家和地区。第二，欧盟不断扩大数据立法的国际影响，在一定程度上实现了欧盟标准向国际规则的转换，即所谓的布鲁塞尔效应。例如，澳大利亚、日本、巴西等数十个国家都效仿 GDPR 进行国内立法。

（二）"一带一路"沿线成员国参与的合作机制

2019 年 1 月，美国、日本、中国、巴西及欧盟各国等 75 个国家和地区在 WTO 框架下共同签署了《关于电子商务的联合声明》（以下简称《声明》），WTO 在《声明》签署后的 6 个月内收到了各个国家和地区提交的 18 份以倡导数据跨境自由流动为主的电商提案和文件。例如，欧盟在基于《声明》向 WTO 提交的提案（INF/ECOM/22）中就强调禁止以"数据本地化"作为数据跨境流动的前提条件，在数据跨境流动的同时，各国有权采取有效措施对个人数据进行保护。

2020 年 11 月，中、日、韩等 15 个国家正式签署了 RCEP。RCEP 由东盟 10 国发起，其不仅是东盟经济一体化的进一步深化，还是打造"数字丝绸之路"的重要一环。RCEP 第十二章第十四条规定缔约方不得将要求其他缔约国的贸易主体使用该缔约方领土内的计算设施或将设施置于该缔约方领土之内，作为在该缔约方领土内进行商业行为的条件。可以看出，RCEP 也规定了禁止"数据本地化"的内容。RCEP 第十二章第十五条进一步规定，除保护其基本安全利益和实现合法的公共政策目标外，缔约方不得阻止其他缔约国的贸易主体为进行商业行为而通过电子方式跨境传输信息。

2021 年 1 月，东盟发布《东盟数据管理框架》（ASEAN Data Management Framework，DMF）和《东盟跨境数据流动示范合同条款》（ASEAN Model Contractual Clauses for Cross Border Data Flows，MCCs）。DMF 在于指导东盟成员国国内企业建立规范化的数据管理体系。而 MCCs 则是专注数据跨境治理的重要文件，也是"一带一路"倡议和中国—东盟区域合作机制下产生的又一成果。MCCs 是基于 2016 年发布的《东盟个人数据保护框架》制定而成的，其规定了东盟成员国在进行数据跨境流动时应当遵守的最低义务，包含定义、数据出口商义务、数据进口商义务和商用条款 4 部分内容。MCCs 要求数据出口商应该履行数据收集、使用和披露义务，数据进口商应该遵守《东盟个人数据保护框架》中有关数据安全保障、访问与更正等基准数据保护条款。MCCs 并不要求东盟成员国修改现有的数据保护立法或引入额外的法规，也不具有强制性，其目的在于鼓励东盟成员国使用 MCCs 作为企业间数据跨境流动的最低标准，以此提升东盟整体的数据保护水平。

（三）数据跨境流动的中国应对

"一带一路"倡议为中国与其他国家提供了一个极佳的对话平台，我国应该借助平台优势加强数据规则体系的国际对话与合作。首先，我国应该积极助力"一带一路"沿线国家制定与该国国情相符的数据保护规则。当前，许多"一带一路"沿线国家还未建立起完善的国内数据保护规则，较低的数据保护水平阻碍了数据跨境流动。基于此，我国可以通过人才互动、立法交流平台等渠道帮助数据保护规则缺失的"一带一路"沿线国家建立数据保护体系，推动东盟 DMF 和 MCCs 的实施，提升"一带一路"整体的数据保护水平，以此促进数据跨境流动。其次，我国应与"一带一路"沿线各国建立起数据跨境流动互信机制。当前，我国的数据跨境流动互信机制建设还处于空白状态，其进一步阻碍了我国数据跨境的自由流动。因此，我国应该通过双边或多边协议建立起良好的国际互信机制，通过提高司法协作等方式扩大数据自由流动生态圈。最后，我国要积极参与国际数据规则的制定。在欧美主导的数据跨境流动体系下，我国应该积极参与数据保护和数据跨境流动规则的制定，借助亚洲基础设施投资银行、"一带一路"倡议等由中国主导的多边合作机制，制定高水准的数据保护和流动体系，提高我国在国际数据规则领域的话语权，同时促进我国国内数据跨境流动规则的完善。

本章小结

1. 跨境电商知识产权侵权主要表现为商标权侵权、著作权侵权、专利权侵权。跨境电商知识产权保护面临着各方侵权认识不足、海关对侵权行为认定困难、侵权责任划分困难、国际争端解决困难等问题。"一带一路"跨境电商知识产权保护需要"一带一路"沿线各国政府、平台和社会的共同努力。

2. 全球主流跨境电商平台及"一带一路"典型跨境电商平台均制定了知识产权保护规则，对卖家的知识产权侵权行为进行严厉处罚。

3. 近年来，跨境电商忽视数据安全和数据合规的风险逐渐显露，"一带一路"跨境电商生态中各主体应该对消费者履行保护其个人信息安全的义务，加强地区合作，形成高水准的数据保护和跨境流动体系。

第十一章 "一带一路"跨境电商平台知识产权规则与数据安全

关键词

知识产权　　　　商标权侵权　　　　著作权侵权　　　　专利权侵权
知识产权纠纷　　在线协商　　　　　在线调解　　　　　在线仲裁

思考题

1. 简述跨境电商知识产权的侵权表征。
2. 简述"一带一路"跨境电商知识产权保护面临的问题。
3. 如何进行"一带一路"跨境电商知识产权保护？
4. 在线纠纷解决方式有哪些？

讨论题

随着我国与"一带一路"沿线国家贸易规模的不断扩大，运往相关国家的出口货物也日益增多。在海关总署的统一部署下，全国海关连续五年开展"龙腾行动"，持续加大对出口至"一带一路"沿线国家货物的知识产权保护力度，不断提高知识产权保护水平，有效履行了中国知识产权保护的国际义务，维护了中国的国际声誉。

重庆海关加大对通过跨境电商渠道运往"一带一路"沿线国家的货物的查验力度，一次性查获侵权太阳镜、运动鞋、服饰、挎包等货物8万余件，涉及30多个品牌，申报货值合计69万余元，成为中欧班列（重庆）开行十年以来该关最大宗铁路口岸侵权案件。该案已由重庆海关移送公安机关办理。沈阳海关在跨境电商货运包机渠道查获侵权货物6批次，扣留侵权服装、鞋帽、充电器等各类货物共计7000多件。大连海关加大对海上丝绸之路沿线国家的关注度，通过梳理近年来查获的侵权案件，对部分高风险国家及高风险商品，开展知识产权专项布控，在出口货物中查获侵权运动鞋1000多双。南昌海关在铁路运输渠道加大知识产权布控及查验力度，在一批货物中查获侵犯商标权的陶瓷杯近3000个。

问题：中国跨境电商企业在"一带一路"跨境电商活动中应如何进行知识产权保护？

第十二章

"一带一路"跨境电商海关监管政策

【学习要点】

1. 为了维护国家主权和利益,一国往往通过海关对对外贸易进行监管,跨境电商企业应该遵守各国海关的各项相关政策。

2. 关税是一国财政收入的重要来源,也是国家对进出口贸易进行管理的有力手段。为了开展外贸业务及合理避税,跨境电商企业应该了解贸易国及本国的相关关税制度。

3. 中国业已出台了若干跨境电商的海关监管政策规定,提高了监管效率,促进了跨境电商的便利化与规范化发展。

【学习目标】

1. 了解"一带一路"沿线国家跨境电商海关监管政策的具体规定;
2. 掌握"一带一路"沿线国家跨境电商关税征收标准;
3. 掌握中国对跨境电商的海关监管及关税制度;
4. 了解中国有关提升贸易便利化的其他政策规定。

"一带一路"倡议的推进极大地促进了我国跨境电商的发展。在政府规制层面上,政策制定者与学术界都在探索进一步提振中国跨境电商的可能政策途径,为中国跨境电商的高质量发展注入新动力。本章聚焦于中国与"一带一路"沿线国家跨境电商海关监管政策,以期更好地推动中国跨境电商的高质量发展。

案例 3

第十二章 "一带一路"跨境电商海关监管政策

第一节 "一带一路"沿线国家跨境电商海关监管政策

一、"一带一路"沿线国家跨境电商海关监管政策的具体规定

随着"一带一路"倡议的推进,我国与沿线各国的经贸往来日益频繁和密切,因此有必要密切关注沿线各国的跨境电商海关监管政策,促进我国跨境电商的高质量发展。

海关监管是指海关运用国家赋予的权力,通过一系列管理制度与管理程序,依法对运输工具、物品的进出境活动实施的一种行政管理。为保证一切进出境活动符合国家政策和法律的规范,各国海关对进出境物品通关会制定较详细的监管政策规定。海关除对运输工具、物品的进出境活动通过备案、查验、放行、后续管理等方式实施监管外,还要执行或监督执行国家其他对外贸易管理措施,如进出口许可制度、外汇管理制度、进出口商品检验检疫制度、文物管理制度等。

跨境电商企业如果违反海关监管政策规定,可能会被海关扣货并引起商业纠纷,造成钱货两空。例如,海关查验时,若发现物品申报价格和估价不一致、品名和产品不符、申报清单不详、私人物品超过一定货值或违反当地国家的相关政策时,可能会扣货。为防止被海关扣货,跨境电商企业应做到以下几点。

(一)严格遵守本国和贸易国禁限寄物品规定

各国海关对通过邮寄渠道进境的物品有禁止或限制的规定,跨境电商企业在进行交易之前需要明确贸易国禁限寄物品的相关规定。企业可以参考《国际及台港澳邮件处理规则》《国际特快专递邮件处理规则》中禁止邮寄物品的规定,《中华人民共和国海关对进出口邮递物品监管办法》及贸易国海关对进出口邮寄物品监管办法中禁止和限制邮寄物品的规定。

一般而言,下列物品禁止邮寄。

(1)具有爆炸性、易燃性、腐蚀性、毒性、酸性和放射性的各种危险物品,如雷管、火药、爆竹、汽油、酒精、煤油、桐油、生漆、强碱、农药等。

(2)麻醉药物和精神类药品。

(3)国家法令禁止流通或邮寄的物品,如军火、武器、货币等。

(4)容易腐烂的物品,如鲜鱼、鲜肉、鲜水果、鲜蔬菜等,但经加工制作,已经干燥或制成罐头的食品不在此限(寄达国另有规定的除外)。

(5)妨碍公共卫生的物品,如尸骨(不包括附有证明已焚化的骨灰)、未经硝制的兽皮、未经药制的兽骨等。

(6)反动报刊书籍、宣传品和淫秽或有伤风化的物品。

（7）各种活的动物（但蜜蜂、水蛭、蚕、医药卫生科学研究机构封装严密并出具证明交寄的寄生虫及用作药物或用以杀灭害虫的虫类不在此限）。

（8）具有私人和现实通信性质的文件、旅行支票、不记名票据、白金、黄金、白银及其制成品、首饰、宝石及其他贵重物品。

（二）选择较安全的邮寄方式

对通过邮件和特快专递方式运送货物的跨境电商企业而言，有多种快递公司可供选择，企业可以根据物品性质、贸易国海关等情况，选择价格适中同时安全性较好的快递公司来进行运输。

（三）如实申报邮寄包裹的价值

海关要求跨境电商企业通关包裹进行价值申报，并通过对通关包裹进行抽查来查验申报价值与包裹实际价值是否相符。近年来，各国海关对物品价值申报采取了严格的监管措施来防止出现逃税的情况，如欧盟海关认为重量大于8千克的包裹，如果申报价格低于22欧元，可能存在申报不符，包裹会在海关滞留并要求重新申报。跨境电商企业明显低值申报或零申报除有可能被停止提供物流服务之外，还有两大风险：一是要承担因包裹被扣关、清关延误，或者海关强制退运等产生的全部损失；二是若出现包裹丢失情况，各快递公司将根据包裹的申报金额进行赔偿，跨境电商企业将因此承担部分损失。所以，跨境电商企业在邮寄包裹的时候一定要正确、合理、如实申报邮寄包裹的价值，且各处填写的申报价值应一致。

（四）规范填写国际货运单

国际货运单是海关对邮寄包裹进行清查的重要依据，跨境电商企业只有规范填写国际货运单，才能够保证货物顺利送到国外客户手中。跨境电商企业在填写国际货运单时，要注意清楚填写发件人的姓名、公司、邮编地址等各项信息，如实填写所寄快递的物品名称及数量、价值。在填写时，最好打印，如果手写，字迹规范清晰，用英文或贸易国语言进行填写，避免出现空格。

二、"一带一路"沿线国家跨境电商关税征收标准

关税是一国财政收入的重要来源，也是国家对进出口贸易进行管理的有力手段。对跨境电商企业而言，关税是其成本构成的重要组成部分，了解贸易国及本国的关税制度，对于企业开展跨境电商业务及合理避税有着重要意义。一国在制定关税时，为了提高工作效率，避免一些繁杂的征税手续，降低企业的税收压力，通常会对课税对象的价值设置起征点，跨境电商企业可以利用关税起征点对货物进行适当拆分，以达到合理避税的目的。

一国海关通常参考课税对象的类型、原产国、货值等多种因素并根据本国相关规定对课税对象进行征税，因此跨境电商企业在计算关税税额时要了解出口货物的应征税率、本国与贸易国之间是否有关税优惠措施、本国与贸易国综合关税的构成等。

"一带一路"沿线部分国家的关税起征点和综合关税、产品关税的算法如下。

（1）日本起征点为10000日元，

综合关税=产品关税+消费税

产品关税=产品货值×适用税率

（2）韩国起征点为100美元，

综合关税=产品关税+附加税

产品关税=产品货值×适用税率

（3）德国起征点为150欧元，

综合关税=增值税+产品关税+清关杂费

增值税=（产品货值+运费+产品关税）×19%/7%

产品关税=（产品货值+运费）×适用税率

（4）俄罗斯起征点为10000卢布（2023年4月10日—2023年9月30日跨境B2C起征点为1000欧元），

综合关税=增值税+产品关税+清关杂费

增值税=（产品货值+运费+产品关税）×适用税率

产品关税=产品货值×适用税率

（5）意大利起征点为150欧元，

综合关税=增值税+产品关税+清关杂费

增值税=（产品货值+运费+产品关税）×适用税率

产品关税=产品货值×适用税率

（6）法国起征点为150欧元，

综合关税=增值税+产品关税+清关杂费

增值税=（产品货值+运费+产品关税）×适用税率

产品关税=（产品货值+运费）×适用税率

（7）马来西亚：根据马来西亚皇家关税局（马来西亚海关）2023年1月6日发布的公告，从2023年4月1日起，马来西亚对该国网上销售的低价值商品征收10%的销售税。低价值商品的范围：来自马来西亚境外的商品，在网上以不超过500令吉（马来西亚货币单位）的价格出售，并通过空运、海运或陆运方式进入马来西亚，包括纳闽、浮罗交怡、刁曼岛、邦阁岛和自由区等特殊区域。

第二节　中国跨境电商的海关监管及税收政策

一、关境

关境是各国海关管辖范围内，能执行其颁布的各项政策法规的领域。在第二次世界大战后，自贸区、自贸港及关税同盟的出现，使国家的国境和关境渐渐出现差异。

（一）关境大于国境

当几个国家结成关税同盟时，这几个国家实行统一的行政法规及关税制度，组成共同关境，成员国之间相互进出口时不征收关税，只对非成员国的货物进出关境时征收关税，此时关境大于各个成员国的国境。关境大于国境的区域称为关境内、国境外。例如，欧盟、东盟等一些区域经济一体化地区都存在关境大于国境的情况。

（二）关境小于国境

有些国家国境内设立了自贸区、自贸港，这部分区域虽然在国境内，但进出自贸区、自贸港的货物可以免征关税，这些特定区域在关境范围之外，此时关境小于国境。关境小于国境的区域称为关境外、国境内。一般而言，这部分关境外、国境内区域不属于关境管辖范围，不受该国海关监管。我国虽然属于关境小于国境的国家，但根据《中华人民共和国海关法》规定，经国务院批准在中华人民共和国境内设立的保税区等特殊区域，由海关按照国家有关规定实施监管，所以我国的自贸区、保税区等是关境内区域，不属于关境外区域。我国关境外、国境内区域是指国境内拥有单独关境的区域，如中国香港、中国澳门。

二、海关监管

目前，中国海关对于跨境电商主要采取集中监管、清单核放、汇总申报、平台管理的基本监管模式。海关利用支付单、订单及物流单"三单"比对核验，对跨境电商企业进行监管，提高了监管效率，促进了跨境电商的规范化发展。

（一）跨境电商进口海关监管政策

直购进口，又称"跨境贸易电子商务"，其海关监管代码为"9610"，是由海关总署2014年第12号公告予以增列的海关监管方式。此方式适用于境内个人或电商企业通过电商交易平台实现交易，并采用清单核放、汇总申报模式办理通关手续的电商零售进出口商品（通过海关特殊监管区域或保税监管场所一线的电商零售进出口商品除外）。

网购保税进口，又称"保税跨境贸易电子商务"，其海关监管代码为"1210"，是由海关总署2014年发布的《关于增列海关监管方式代码的公告》（总署公告〔2014〕57号）予以增列的海关监管方式。此方式适用于境内个人或电商企业在经海关认可的电商平台实现跨境交易，并通过海关特殊监管区域或保税监管场所进出的电商零售进出口商品[海关特殊监管区域、保税监管场所与境内区外（场所外）之间通过电商平台交易的零售进出口商品不适用该监管方式]。海关总署的数据显示，截至 2023 年 3 月底，我国已有 153 个综合保税区，网购保税进口已渐渐成为跨境电商零售进口的主力军。

两者的通关模式主要有两种情况：一种是跨境电商企业在海关进行报关单位注册登记，获取《海关报关单位注册登记证书》；另一种是无须取得《海关报关单位注册登记证书》，而是向海关进行信息登记，获得无报关权企业注册登记编号。

跨境电商零售进口商品申报前，跨境电商平台企业或跨境电商商务企业境内代理人、物流企业、支付企业应当分别通过国际贸易"单一窗口"或跨境电商通关服务平台向海关传输交易、支付、物流等电子信息，并施加电子签名，对数据的真实性负责，实现"三单"信息一致，还要按照外汇和税务部门的要求，向海关申请签发报关单证明联，助力快速通关。直购进口模式下，邮政企业、进出境快件运营人可以接受跨境电商平台企业或跨境电商商务企业境内代理人、支付企业的委托，在承诺承担相应法律责任的前提下，向海关传输交易、支付等电子信息。

（二）跨境电商出口海关监管政策

跨境电商企业或其代理人、物流企业分别通过国际贸易"单一窗口"或跨境电商通关服务平台向海关传输交易、收款、物流等电子信息。境外消费者在平台上下订单后，跨境电商企业及电商平台将交易、支付、仓储和物流等数据实时传输给海关，海关凭清单核对后放行出境，商品以邮件、快件方式运送出境。

特殊区域出口也称"保税出口"，是指跨境电商企业及电商平台同海关联网，将跨境电商零售出口商品批量统一报关进入海关特殊监管区，即保税区内，进行先期备货，而进入保税区的商品实行"入区即退税"。待境外消费者在跨境电商平台上下订单后，跨境电商平台实时向海关传输交易、支付、物流等信息，海关凭清单核放。这种方式一方面可以提高卖家资金的使用效率，另一方面也为跨境电商企业测试新品及退换货带来了便利，提高了贸易效率。随着跨境电商的发展和相关配套设施及政策的出台，保税出口模式渐渐成为跨境电商出口的主流。

（三）中国海关与"一带一路"沿线国家互联互通

自"一带一路"倡议提出以来，中国海关以促进"五通"（进行政策沟通、推动设施联通、促进贸易畅通、服务资金融通、带动民心相通）为目标，以共识、共通、共赢为着力点，以监管互认、执法互助、信息互换"三互"为合作支柱，努力推动"一带一路"沿线国家海关大通关合作机制的建立。

中国海关为推动"一带一路"国家（地区）海关合作，构建沿线国家（地区）海关合作网络，先后主办"互联互通，共建共赢——'一带一路'海关高层论坛"、"中国—东盟互联互通海关合作研讨会"、"中俄海关、口岸、铁路部门联席会议"、"中马两国双园通关便利化专题会议"和"'丝绸之路经济带'与欧亚经济联盟对接框架下中俄海关合作研讨会"等会议,深化沿线各国海关合作共识,为推动沿线各国互联互通创造条件。

  截至 2023 年 6 月,中国已经同 152 个国家和 32 个国际组织签署 200 余份共建"一带一路"合作文件,为"一带一路"沿线海关合作提供了法律依据与机制化保障。文件内容涉及推动贸易便利化、支持中欧陆海快线建设和中欧班列发展、中欧安全智能贸易航线试点计划、风险管理、打击走私、经认证的经营者(AEO)合作、监管结果互认、能力建设等各个重要合作领域。

  同时,依托区域和多边舞台,中国海关主动宣传,积极引领讨论,形成广泛影响,扩大了"一带一路"建设在国际海关界的影响力,并推动将"三互"理念纳入世界海关组织(WCO)《全球贸易安全与便利标准框架》和亚太经合组织《海关监管互认、执法互助、信息互换战略框架》等重要指南和标准性文件,还加强与沿线各国海关在区域和多边事务上的沟通与合作,互为支持,形成国际海关大协作,维护沿线国家和地区的共同利益。

  中俄海关宣布,两国海关商定在简化海关手续、改善通关环境、促进贸易便利化等方面多下功夫,支持两国重点产业发展和促进欧亚外贸增长,积极开展信息交换框架下的"绿色通道"项目,逐步扩大参与试点企业范围,在试点成功的基础上,推广到海运口岸,为更多进出口企业提供便利。

  中国海关还与欧亚经济联盟建立了有效对接的战略安排。双方商定加强在战略性大项目合作上的相互支持,增强国际贸易供应链的安全保障能力,为"渝新欧""郑欧"在内的中欧班列过境欧亚经济联盟关境提供通关便利,重点推动中国海关与联盟成员国海关互联互通,有效提升贸易便利化水平。

  中国海关与哈萨克斯坦海关亦宣布携手促进战略对接。中哈双方把在通关监管等方面开展的合作,统筹纳入共建丝绸之路经济带的合作框架,如农产品"绿色通道"、AEO 互认、预先信息交换等,并研究在哈萨克斯坦境内中哈铁路沿线重要节点城市,建设受《京都公约》监管的自由贸易园区。

三、我国的关税制度

(一)关税

  关税是由海关代表国家向纳税人征收的以进出境货物为课税对象的流转税,是一国财政收入的重要来源。

  1. 进口关税税率

  按照《中华人民共和国进出口关税条例》,进口关税设置最惠国税率、协定税率、特惠税率、普通税率等税率，对进口货物在一定期限内可以实行暂定税率。

最惠国税率适用于包括原产于共同适用最惠国待遇条款的 WTO 成员、与我国签有互惠条款协定的国家和地区，以及我国境内的进口货物。

协定税率适用于原产于与我国签有关税优惠条款协定的国家和地区的进口货物。

特惠税率适用于原产于与我国签有特殊关税优惠条款协定的国家和地区的进口货物。

普通税率适用于上述情形之外的或原产地不明的进口货物。

如有暂定税率，暂定税率优先于最惠国税率；协定税率、特惠税率和暂定税率从低适用；暂定税率不适用于普通税率进口货物。

2. 出口关税税率

根据《中华人民共和国进出口关税条例》第九条和第十一条，对出口货物在一定期限内可以实行暂定税率，暂定税率优先于出口税率。

3. 不同标准下的进出口货物关税计征方式分析

根据跨境电商进出口商品种类的区别，按照不同的计征方式，关税分为从价税、从量税、复合税、选择税、滑准税、差价税、季节税等。其中，最常见的是从价税、从量税和复合税。

1）从价税

从价税是以货物的完税价格作为计税依据而课征的关税。从价税的税率表现为货物价格的百分比数值。从价税的计算公式如下：

从价税税额=进口货物总值（完税价格）×从价税税率

2）从量税

从量税是以货物的计量单位（如重量、数量、长度、容量、面积等）作为计税依据而课征的关税。其中，重量单位是最常用的从量税计量单位。从量税的计算公式如下：

从量税税额=货物计量单位数×从量税税率

3）复合税

复合税是指对同一税目的货物同时采用从价税和从量税两种计税方法。我国对录像机、放像机、数字照相机和摄录一体机实行复合税。计征公式如下：

复合税额=从量税税额+从价税税额

（二）综合税

跨境电商零售进口综合税自 2016 年 4 月 8 日税改后开始实施，对通过跨境电商零售进口的商品按照货物来征收进口关税和进口环节产生的增值税、消费税。目前，通过跨境电商保税模式进口的商品适用综合税。

根据 2018 年《关于完善跨境电子商务零售进口监管有关工作的通知》，跨境电商零售商品在《跨境电子商务零售进口商品清单》内、限于个人自用并满足跨境电商零售进口税收政策规定条件的，可以实现交易、物流、支付"三单"数据对比；或者未通过与海关联网的跨境电商交易平台交易，但物流企业能够向海关提供交易、支付等电子信息，并且可以承诺承担相应法律责任的跨境电商零售商品适用综合税。

在综合税下，单次交易限值在人民币 5000 元以内，个人年度交易限值在人民币 26 000 元以内的跨境电商零售进口商品，关税税率暂设为 0%，进口环节增值税、消费税暂按法定应纳税额的 70%征收，取消免征税额；对于单次交易完税价格超过 5000 元限值但低于 26 000 元年度交易限值的单一商品，可以按照跨境电商零售渠道进口适用货物税率全额征收关税和进口环节增值税、消费税；对于单次交易完税价格超过年度交易限值的商品，要按照一般贸易管理。

公式如下：

$$应纳税额=应征关税+应征消费税+应征增值税$$

（1）以按从价税计征消费税为例，在限额之内时：

$$应纳税额=应征关税+（法定计征消费税+法定计征增值税）×70\%$$

$$应征关税=完税价格×0\%$$

$$法定计征消费税=（完税价格+关税税额）/（1-消费税税率）×消费税税率$$

$$法定计征增值税=（完税价格+关税税额+法定计征消费税）×增值税税率$$

化简后可得：

$$应纳税额=完税价格×（消费税税率+增值税税率）/（1-消费税税率）×70\%$$

（2）超过限额时：

$$应纳税额=应征关税+法定计征消费税+法定计征增值税$$

$$应征关税=完税价格×关税税率$$

化简后可得：

$$应纳税额=完税价格×（关税税率+消费税税率+增值税税率+关税税率×增值税税率）/（1-消费税税率）$$

四、我国跨境电商相关支持政策

自 2013 年"一带一路"倡议提出以来，我国对跨境电商进出口税收政策进行了密集调整，主要包括对跨境电商综合试验区的出口退税政策"松绑"、持续优化跨境电商零售进口税率结构等方面，有利于通过跨境电商实现我国进出口的"优进优出"，从而起到刺激出口、扩大内需的作用，更好地服务"一带一路"倡议。

（一）从特殊措施到一般措施：促进跨境电商规范发展

我国跨境电商相关税收政策经历了一个不断发展、完善的过程。

根据《关于跨境贸易电子商务进出境货物、物品有关监管事宜的公告》（海关总署公告〔2014〕56号）的规定，跨境电商企业以《中华人民共和国海关跨境贸易电子商务进出境货物申报清单》方式办理申报手续时，应按照一般进出口货物有关规定办理征免税手续；通过经海关认可并且与海关联网的跨境电商交易平台实现跨境交易进出境物品的个人以《中华人民共和国海关跨境贸易电子商务进出境物品申报清单》方式办理申报手续时，应按照进出境个人邮递物品有关规定办理征免税手续。

这一政策极大地促进了国内跨境电商的发展，但也引起了跨境电商与传统商户税负不公平的问题，从长远看，不利于跨境电商的规范发展。

为解决上述问题，2016年发布的《关于跨境电子商务零售进口税收政策的通知》（财关税〔2016〕18号，以下简称18号通知）规定，从2016年4月8日起，取消跨境电商零售进口商品按物品征收行邮税的规定，改按货物征收关税、增值税、消费税等。这一规定被称为"四八新政"。

18号通知第三条规定："跨境电子商务零售进口商品的单次交易限值为人民币2000元，个人年度交易限值为人民币20 000元。在限值以内进口的跨境电子商务零售进口商品，关税税率暂设为0%；进口环节增值税、消费税取消免征税额，暂按法定应纳税额的70%征收。超过单次限值、累加后超过个人年度限值的单次交易，以及完税价格超过2000元限值的单个不可分割商品，均按照一般贸易方式全额征税。"

这一规定出台后，跨境电商的发展一度受到较大影响。为此，海关总署对跨境电商新政中规定的有关监管要求给予了一年的过渡期，旨在支持跨境电商零售进口税收政策平稳过渡，促进我国跨境电商健康发展。

此后，2018年出台的《关于完善跨境电子商务零售进口税收政策的通知》（财关税〔2018〕49号，以下简称49号通知）规定，从2019年1月1日起，跨境电商零售进口单次交易限值由2000元提高至5000元，年度交易限值由每人20 000元提高至26 000元。49号通知第二条规定："完税价格超过5000元单次交易限值但低于26 000元年度交易限值，且订单下仅一件商品时，可以自跨境电商零售渠道进口，按照货物税率全额征收关税和进口环节增值税、消费税，交易额计入年度交易总额，但年度交易总额超过年度交易限值的，应按一般贸易管理。"

至此，跨境电商税收政策基本完成了从特殊措施到一般措施的转换，逐渐走上规范发展的道路。

(二）从一般措施到特殊措施：促进跨境电商快速发展

跨境电商毕竟具有不同于传统商户的属性特点，在满足税负公平的前提下，也应该在税收政策方面有所区别。

2013 年，《国务院办公厅转发商务部等部门〈关于实施支持跨境电子商务零售出口有关政策的意见〉的通知》提出，要为跨境电商出口企业制定专门的税收政策。之后，《财政部 国家税务总局关于跨境电子商务零售出口税收政策的通知》（财税〔2013〕96 号）出台，规定了自建跨境电商平台的跨境电商出口企业和利用第三方跨境电商平台开展跨境电商出口的企业有关增值税和消费税的退税、免税政策，这些措施与传统贸易方式适用的政策一致，为一般措施。

为促进跨境电商快速发展，《财政部 税务总局 商务部 海关总署关于跨境电子商务综合试验区零售出口货物税收政策的通知》（财税〔2018〕103 号，以下简称 103 号文）以及《国家税务总局关于跨境电子商务综合试验区零售出口企业所得税核定征收有关问题的公告》（国家税务总局公告〔2019〕36 号，以下简称 36 号公告）相继发布。103 号文规定，自 2018 年 10 月 1 日起，对在跨境电商综合试验区内未取得有效进货凭证，但符合某些条件的电商出口货物试行增值税、消费税免税政策（又被称为"无票免税"政策），这就有别于传统贸易适用的税收政策，为特殊措施。作为 103 号文的配套政策，36 号公告规定，对于出口货物未取得有效进货凭证的综合试验区内的跨境电商企业，其增值税、消费税享受免税政策，同时符合其他条件的，统一按照 4% 应税所得率，核定征收企业所得税。

此举解决了有关跨境电商企业因为缺乏进货凭证导致的无法查账征收企业所得税的问题。相比传统贸易方式企业适用的税收政策，此为特殊措施。上述增值税与企业所得税特殊措施的配套出台，以更加灵活、务实的姿态，较好地解决了跨境零售电商企业无票难以出口的问题，对跨境电商的发展起到了较大的促进作用。

（三）其他政策规定

我国高度重视跨境电商的发展，为优化跨境电商环境，除上述海关监管政策及税收政策以外，我国还出台了相关的外汇支付政策、开设了中欧班列、设立了跨境电商试点城市及综合试验区等，提升了贸易便利化水平，促进了"一带一路"倡议的发展。

1. 跨境支付与结算

2009 年 7 月，中国人民银行公布《跨境贸易人民币结算试点管理办法实施细则》，落实上海、广州、深圳、珠海、东莞 5 个城市进出口企业以人民币报关和结算的要求。2018 年 1 月 5 日，中国人民银行发布《关于进一步完善人民币跨境业务政策 促进贸易投资便利化的通知》，支持凡依法可以使用外汇结算的跨境电商企业使用人民币结算，这被视为优化人民币跨境业务、促进贸易便利化的有力举措。

在跨境支付和结算系统建设方面，我国自 2015 年上线 CIPS，向境内外金融机构等提供资金清算与结算服务。截至 2019 年第一季度，CIPS 已吸引"一带一路"沿线 661 家金融机构参与，业务覆盖"一带一路"沿线 63 个国家和地区。为规范 CIPS 的运营和使用，中国人民银行于 2015 年 9 月和 2018 年 3 月先后发布《人民币跨境支付系统运营机构监督管理暂行办法》与《人民币跨境支付系统业务规则》。目前，CIPS 已在账户管理、业务处理、结算机制、应急处置等方面建立起一套有效的制度，正在为跨境电商等不同类别的跨境贸易提供支付与结算支撑。此外，在跨境电商支付和结算方面，还出现了一批具有代表性的跨境电商服务企业，如 PingPong、连连支付、KJY 跨境翼、一达通等，都已颇具品牌影响力。

2. 跨境物流

跨境物流一直是阻碍跨境电商发展的主要因素之一，建立陆海空"多位一体"的高效跨境物流配送体系是跨境电商发展的基本基石。为支撑"一带一路"倡议，我国在原有海上运输通道的基础上，积极布局和协调"一带一路"沿线国家陆上交通基础设施的互联互通和高效合作，其中中欧班列便是重要一环。中欧班列是由中国铁路总公司组织，按照固定车次、线路、班期和运行时刻开行，运行于"一带一路"沿线国家间的集装箱等铁路国际联运列车。自 2011 年 3 月 9 日首开以来，中欧班列铺划了西、中、东 3 条通道，经哈萨克斯坦、蒙古国、俄罗斯等联通欧洲各国。为引导中欧班列有序开行，2016 年 10 月，国家发展改革委和中国铁路总公司联合制定《中欧班列建设发展规划（2016—2020 年）》，提出至 2020 年，中欧班列年开行 5000 列的目标。据统计，2018 年中欧班列共开行 6363 列，已提前两年完成规划目标。自"一带一路"倡议提出以来，中欧班列年均开行班次增长率达 140%，2020 年中欧班列在新冠疫情期间有力保障了全球产业链、供应链稳定。2020 年，中欧班列开行 1.24 万列，单年开行数量首次突破万列大关，同比增长 50%，为中国与"一带一路"沿线国家的跨境电商贸易提供了有力的物流服务支撑。

3. 贸易便利化

贸易便利化主要是指颁布法律法规，通过基础设施建设、降低税率、增强银行的稳健性、普及互联网的使用、推行无纸化办公等措施，降低交易成本，提高贸易效率。作为"一带一路"基础设施互联互通的依托，六大经济走廊的建设可以节约沿线国家之间的贸易时间，提高贸易便利化水平，促进要素跨区域有效流动，使各国融入全球价值链体系。

《关于促进跨境电子商务健康快速发展的指导意见》提出，政府要着重提高跨境电商方面的办事行政效率，减少对跨境电商市场的行政干预，完善各项管理措施，优化通关流程，加强跨境电商市场的国际合作。

根据《推动共建丝绸之路经济带和21世纪海上丝绸之路的愿景与行动》文件，中国应致力于构建区域内良好的营商环境，提高贸易便利化水平，降低非关税壁垒，激发区域内各国之间的合作潜力。虽然我国政府公布了一系列文件以提高我国与"一带一路"沿线国家的贸易便利化水平，但不可能一蹴而就，应更有针对性地提出贸易便利化相关措施以为今后多边贸易提供指引，为跨境电商发展扫清障碍。

五、《丝绸之路经济带海关合作协议》

2015年4月27日，青岛、济南、郑州、太原、西安、兰州、银川、西宁、乌鲁木齐、拉萨10个海关在青岛签署《丝绸之路经济带海关合作协议》。

按照协议，丝绸之路经济带沿线10个海关将以互信合作、遵循法治、优势互补、资源共享为原则，重点从提升通关便利化水平、服务丝路经济新发展、深化执法协作和互助、进一步强化外部合作、深化友好共建合作等方面加强合作，以构建区域通关监管一体化管理格局，提升把关服务整体效能，助推国家战略的实施和开放型经济的新发展。

本章小结

海关监管是指海关运用国家赋予的权力，通过一系列管理制度与管理程序，依法对运输工具、物品的进出境活动所实施的一种行政管理。跨境电商企业如果违反海关监管政策规定，可能会被海关扣货并引起商业纠纷，因此跨境电商企业应做到：严格遵守本国和贸易国禁限寄物品规定；选择较安全的邮寄方式；如实申报邮寄包裹的价值；规范填写国际货运单。关税是一国财政收入的重要来源，也是国家对进出口贸易进行管理的有力手段。对跨境电商企业而言，关税是其成本构成的重要组成部分，了解贸易国及本国的关税制度，对于企业开展跨境电商业务及合理避税有着重要意义。

我国海关对于跨境电商主要采取集中监管、清单核放、汇总申报、平台管理的基本监管模式。对于直购进口、网购保税进口，以及一般出口和特殊区域出口都有相应的海关监管政策和要求。对于税收制度来说，我国不断完善跨境电商税收政策，促进跨境电商快速发展。我国最常见的关税是从价税、从量税和复合税。除此以外，我国还出台了相关的外汇支付政策、开设了中欧班列、设立了跨境电商试点城市及综合试验区等，提升了贸易便利化水平，促进了"一带一路"倡议的发展。

第十二章 "一带一路"跨境电商海关监管政策

关键词

海关监管	直购进口	网购保税进口	关税
从价税	从量税	复合税	综合税
贸易便利化	关境		

思考题

1. 我国海关对于跨境电商主要采取的基本监管模式是什么？
2. 最常见的关税分别有哪些？
3. 什么是贸易便利化？
4. 综合税中对通过跨境电商零售进口的商品按照货物来征收的税种有哪些？
5. 跨境电商进口海关监管政策有哪些？
6. 我国与"一带一路"沿线国家实现了哪些互联互通？
7. 如果一家跨境电商企业要把商品销售至"一带一路"沿线国家，在进出境时需要注意哪些问题？

案例3 分析思路

讨论题

跨境电商作为发展速度最快、潜力最大、带动作用最强的外贸新业态之一，显示出强大的市场活力和增长韧性，为我国外贸增添了一抹新亮色。2022年，海关总署积极支持跨境电商、市场采购等新业态、新模式快速发展，及时出台系列举措，形成多项可复制、可推广的制度创新成果，进一步助企纾困降低成本，为贸易新业态高质量发展注入新动能，全力以赴促进外贸保稳提质。例如，广州海关在全国首创跨境电商出口退货"合包"一站式监管模式，不断完善南沙海港、机场空港卡口系统，实现两大枢纽港有机对接，支持"合包"出口全天候运作。在跨境电商出口退货"合包"模式下，企业可通过在广州南沙综合保税区设立跨境电商全球退货中心仓，将多口岸出口货物集中从南沙口岸退回南沙综合保税区，与新出口货物拼配复出口，有效降低了企业的综合经营成本。2022年，广州海关关区跨境电商申报进出口商品超2500亿元，同比增长超七成。

问题：如何多维度理解海关在助力跨境电商高质量发展中的作用？

参考文献

[1] B. 帕夫里奇. 南南合作的挑战[M]. 北京：中国对贸易经济出版社，1987.

[2] 阿里巴巴商学院. 跨境电商基础、策略与实战[M]. 北京：电子工业出版社，2016.

[3] 毕吉耀，朱泊怡，李超. "一带一路"倡议对共建国家收入差距的影响效应研究[J]. 宏观经济研究，2021（11）：103-111.

[4] 蔡宏波，遑慧颖，雷聪. "一带一路"倡议如何推动民族地区贸易发展？：基于复杂网络视角[J]. 管理世界，2021，37（10）：73-85，127，86.

[5] 曹虹剑，赵雨，李姣. "一带一路"倡议提升了中国先进制造业的创新能力吗？[J]. 世界经济研究，2021（04）：104-119，136.

[6] 曹翔，李慎婷. "一带一路"倡议对沿线国家经济增长的影响及中国作用[J]. 世界经济研究，2021（10）：13-24，134.

[7] 曹亚军，胡婷. "一带一路"倡议对我国 OFDI 的影响效应：投资流出和风险偏好研究[J]. 中国软科学，2021（01）：165-173.

[8] 柴利，董晨. "一带一路"沿线亚洲国家贸易便利化对中国跨境电商出口规模的影响[J]. 商业经济研究，2019（14）：134-138.

[9] 常广庶. 跨境电子商务理论与实务[M]. 北京：机械工业出版社，2021.

[10] 陈岩，李飞. 跨境电子商务[M]. 北京：清华大学出版社，2019.

[11] 程中海，王小月. 中国跨境电商出口贸易便利化影响因素研究[J]. 商业经济研究，2020（05）：139-143.

[12] 戴翔，宋婕. "一带一路"倡议的全球价值链优化效应：基于沿线参与国全球价值链分工地位提升的视角[J]. 中国工业经济，2021（06）：99-117.

[13] 戴翔，杨双至. 中国"一带一路"倡议的出口促进效应[J]. 经济学家，2020（06）：68-76.

[14] 董战山，谭伟，刘琳，等. 跨境电商相关税收政策国际比较研究[J]. 国际税收，2022（07）：58-67.

[15] 杜婕，胡世丽. 论"一带一路"倡议驱动人民币国际化的机制[J]. 广西大学学报（哲学社会科学版），2021，43（02）：99-105.

[16] 高琦. 日本跨境电商发展的特征及借鉴[J]. 价格理论与实践, 2020（05）: 57-60.

[17] 郭继文, 马述忠. 目的国进口偏好差异化与中国跨境电子商务出口: 兼论贸易演变的逻辑[J]. 经济研究, 2022, 57（03）: 191-208.

[18] 国家标准化管理委员会. 电子商务管理体系要求: GB/T36311—2018[S]. 北京: 中国标准出版社, 2018.

[19] 国家标准化管理委员会. 电子商务质量管理术语[M]. 北京. 中国标准出版社, 2017.

[20] 韩旭. 跨境电子商务与知识产权保护[M]. 北京: 电子工业出版社, 2021.

[21] 胡再勇, 付韶军, 张璐超. "一带一路"沿线国家基础设施的国际贸易效应研究[J]. 数量经济技术经济研究, 2019, 36（02）: 24-44.

[22] 鞠雪楠, 赵宣凯, 孙宝文. 跨境电商平台克服了哪些贸易成本？: 来自"敦煌网"数据的经验证据[J]. 经济研究, 2020, 55（02）: 181-196.

[23] 柯丽敏, 张彦红. 跨境电商运营从基础到实践[M]. 北京: 电子工业出版社, 2020.

[24] 匡增杰, 于偭. 区块链技术视角下我国跨境电商海关监管创新研究[J]. 国际贸易, 2021（11）: 51-59.

[25] 冷柏军. 国际贸易实务[M]. 3版. 北京: 中国人民大学出版社, 2020.

[26] 黎孝先, 王健. 国际贸易实务[M]. 7版. 北京: 对外经贸大学出版社, 2020.

[27] 李金萍, 朱庆华, 张照玉. 国际贸易实务[M]. 山东: 经济科学出版社, 2013.

[28] 李世杰, 刘文革, 郭庆宾. 中国特色地缘政治经济学的理论探索与体系构建: 第五届地缘政治经济学论坛综述[J]. 经济研究, 2020, 55（05）: 199-203.

[29] 李小平, 余娟娟, 余东升, 等. 跨境电商与企业出口产品转换[J]. 经济研究, 2023, 58（01）: 124-140.

[30] 李晓. "一带一路"建设中推进人民币国际化进程研究[M]. 北京: 人民出版社, 2021.

[31] 李笑影, 李玲芳. 互联网背景下应对"一带一路"贸易风险的机制设计研究[J]. 中国工业经济, 2018（12）: 97-114.

[32] 栗丽. 国际货物运输与保险[M]. 4版. 北京: 中国人民大学出版社, 2015.

[33] 刘雪婷. 数字经济时代个人信息保护的法治规范及机制构建[J]. 吉首大学学报（社会科学版）, 2022, 43（04）: 137-147.

[34] 刘益灯. 跨境电商发展的法律问题及规范引导[J]. 人民论坛, 2020（26）: 100-102.

[35] 卢盛峰, 董如玉, 叶初升. "一带一路"倡议促进了中国高质量出口吗: 来自微观企业的证据[J]. 中国工业经济, 2021（03）: 80-98.

[36] 陆端等. 跨境电子商务物流[M]. 2版. 北京: 人民邮电出版社, 2022.

[37] 逯宇铎等. 跨境电商物流（微课版）[M]. 北京：人民邮电出版社，2021.

[38] 吕雪晴，周梅华. 我国跨境电商平台发展存在的问题与路径[J]. 经济纵横，2016，(03)：81-84.

[39] 吕越，马明会，李杨. 共建"一带一路"取得的重大成就与经验[J]. 管理世界，2022，38（10）：44-55，95，56.

[40] 马述忠，房超. 跨境电商与中国出口新增长：基于信息成本和规模经济的双重视角[J]. 经济研究，2021，56（06）：159-176.

[41] 马述忠，郭继文. 制度创新如何影响我国跨境电商出口？：来自综试区设立的经验证据[J]. 管理世界，2022，38（08）：83-102.

[42] 马述忠，梁绮慧，张洪胜. 消费者跨境物流信息偏好及其影响因素研究：基于1372家跨境电商企业出口运单数据的统计分析[J]. 管理世界，2020，36（06）：49-64，244.

[43] 马述忠，卢传胜，丁红朝等. 跨境电商理论与实务[M]. 杭州：浙江大学出版社，2018.

[44] 马忠法. 国际知识产权法律制度的现状、演进与特征[J]. 安徽师范大学学报（人文社会科学版），2018，46（03）：56-66.

[45] 孟凡琳，王文平. "一带一路"倡议对中国制造业资源错配的影响[J/OL]. 管理学刊，2022（01）：51-69.

[46] 农家庆. 跨境电商：平台规则+采购物流+通关合规全案[M]. 北京：清华大学出版社，2020.

[47] GB/T34941—2017，信息技术服务数字化营销服务程序化营销技术要求[S]. 国家标准化管理委员会、国家质检总局. 2017.

[48] 沈玉良，彭羽，高疆，等. 是数字贸易规则，还是数字经济规则？：新一代贸易规则的中国取向[J]. 管理世界，2022，38（08）：67-83.

[49] 施薇. 我国农产品跨境电商贸易碎片化形态及其发展进路研究[J]. 农业经济，2019（04）：122-124.

[50] 石静霞. "一带一路"倡议与国际法——基于国际公共产品供给视角的分析[J]. 中国社会科学，2021（01）：156-179，207-208.

[51] 宋芳. 从一则实例看中小跨境电商海关清关风险的有效防控[J]. 对外经贸实务，2020（09）：78-80.

[52] 唐惠钦，陈鼎庄. 亚马逊平台产品责任转变对我国跨境电商行业发展的影响及对策[J]. 商业经济研究，2022（12）：108-110.

[53] 陶平生. 全球治理视角下共建"一带一路"国际规则的遵循、完善和创新[J]. 管理世界，2020，36（05）：161-171，203，16.

[54] 涂玉华，何燕. 跨境电商：政策与实务[M]. 成都：西南财经大学出版社，2020.

[55] 王晨光. "一带一路"是疫情下全球化发展的重要推动力[J]. 当代世界，2021（12）：58-63.

[56] 王国浩. 保护知识产权可顺利"通关"[N]. 中国知识产权报. 2019-04-04（2）.

[57] 王健. 跨境电子商务[M]. 北京：机械工业出版社，2020.

[58] 王俊娟. 我国跨境电商发展的贸易便利化效应：基于"一带一路"沿线国家的经验分析[J]. 商业经济研究，2021（02）：70-73.

[59] 王孝松，周钰丁，肖尧. 地缘经济因素的贸易效应：来自"一带一路"沿线国家的证据[J]. 经济研究，2022，57（09）：174-191.

[60] 王亦虹，田平野. "一带一路"倡议对中国节点城市经济增长的影响：基于 284 个城市的面板数据[J]. 软科学，2021，35（05）：43-49.

[61] 王永贵，洪傲然. 千篇一律还是产品定制："一带一路"背景下中国企业跨国渠道经营研究[J]. 管理世界，2020，36（12）：110-127.

[62] 韦大宇，张建民. 中国跨境电商综合试验区建设成果与展望[J]. 国际贸易，2019,（07）：18-24.

[63] 习近平. 论把握新发展阶段、贯彻新发展理念、构建新发展格局[M]. 北京：中央文献出版社，2021.

[64] 习近平. 习近平关于社会主义文化建设论述摘编[M]. 北京：中央文献出版社，2017.

[65] 习近平. 习近平谈"一带一路"[M]. 北京：中央文献出版社，2018.

[66] 习近平. 习近平谈治国理政（第三卷）[M]. 北京：外文出版社，2020.

[67] 习近平. 习近平在推进"一带一路"建设工作 5 周年座谈会上的讲话[N]. 人民日报，2018-8-28（1）.

[68] 习近平. 在庆祝中国共产党成立 100 周年大会上的讲话[J]. 求是，2021（14）.

[69] 北京.习近平在博鳌亚洲论坛 2021 年年会开幕式上发表主旨演讲[N]. 中国改革报，2021-04-21（1）.

[70] 小岛清，周宝廉. 对外贸易论[M]. 天津：南开大学出版社，1987.

[71] 肖建忠，肖雨彤，施文雨. "一带一路"倡议对沿线国家能源投资的促进效应：基于中国企业对外投资数据的三重差分检验[J]. 世界经济研究，2021（07）：107-119，137.

[72] 肖秋惠.俄罗斯因特网与电子商务立法概述[J].图书馆论坛，2005（05）：47-49.

[73] 邢光远，史金召，路程. "一带一路"倡议下中国跨境电商的政策演进与发展态势[J]. 西安交通大学学报（社会科学版），2020，40（05）：11-19.

[74] 邢光远, 史金召, 路程. "一带一路"倡议下中国跨境电商的政策演进与发展态势[J]. 西安交通大学学报（社会科学版）2020, 40（05）: 11-19.

[75] 熊励, 许肇然, 李医群. 跨境电商[M]. 北京: 高等教育出版社, 2020.

[76] 杨海芳. 国际货物运输与保险[M]. 3版. 北京: 北京交通大学出版社, 2018.

[77] 杨权, 汪青. "一带一路"倡议有利于沿线国家外部财富增值吗: 基于估值效应的视角[J]. 国际贸易问题, 2021（07）: 125-141.

[78] 易静, 王兴, 陈燕清. 跨境电商实务[M]. 北京: 清华大学出版社, 2020.

[79] 易静, 王兴, 陈燕清. 跨境电子商务实务[M]. 北京: 清华大学出版社, 2020.

[80] 约瑟夫·熊彼特. 经济发展理论[M]. 北京: 商务印书馆, 1990.

[81] 张莉. 我国跨境电子商务税收制度的演进与实践[J]. 中国流通经济, 2018, 32（10）: 48-55.

[82] 张伟年, 卢晓静, 李孟华. 中国跨境电商发展的影响因素研究[J]. 海南大学学报（人文社会科学版）, 2019, 37（03）: 57-63.

[83] 张夏恒. "一带一路"倡议下跨境电商与跨境物流协同研究[J]. 当代经济管理, 2020, 42（04）: 27-32.

[84] 张夏恒. 跨境电商类型与运作模式[J]. 中国流通经济, 2017, 31（01）: 76-83.

[85] 张益丰, 王晨. 中国跨境电商出口贸易潜力及影响因素研究[J]. 西部论坛, 2019, 29（05）: 85-92.

[86] 张宇. "一带一路"倡议是否降低了中国出口的隐性壁垒?[J]. 世界经济研究, 2020（11）: 3-14, 135.

[87] 赵海乐. 贸易自由的信息安全边界: 欧盟跨境电商规制实践对我国的启示[J]. 国际商务（对外经济贸易大学学报）, 2018（04）: 134-145.

[88] 赵慧娥, 岳文. 跨境电商[M]. 北京: 中国人民大学出版社, 2021.

[89] 赵亚南, 杨鹤, 李爽, 等. 跨境电商操作实务[M]. 北京: 清华大学出版社, 2020.

[90] 中共中央宣传部. 习近平新时代中国特色社会主义思想三十讲[M]. 北京: 学习出版社, 2018.

[91] 中华人民共和国教育部. 高等职业学校网络营销专业教学标准[S]. 2019.

[92] 周学仁, 张越. 国际运输通道与中国进出口增长: 来自中欧班列的证据[J]. 管理世界, 2021, 37（04）: 52-63, 102, 64-67.

[93] 朱华, 张文君, 陈锐敏. "一带一路"倡议对中国企业跨国投资合法性的影响[J]. 投资研究, 2021, 40（07）: 21-36.

反侵权盗版声明

电子工业出版社依法对本作品享有专有出版权。任何未经权利人书面许可，复制、销售或通过信息网络传播本作品的行为；歪曲、篡改、剽窃本作品的行为，均违反《中华人民共和国著作权法》，其行为人应承担相应的民事责任和行政责任，构成犯罪的，将被依法追究刑事责任。

为了维护市场秩序，保护权利人的合法权益，我社将依法查处和打击侵权盗版的单位和个人。欢迎社会各界人士积极举报侵权盗版行为，本社将奖励举报有功人员，并保证举报人的信息不被泄露。

举报电话：（010）88254396；（010）88258888
传　　真：（010）88254397
E-mail：dbqq@phei.com.cn
通信地址：北京市万寿路173信箱
　　　　　电子工业出版社总编办公室
邮　　编：100036